Harry Stürmer

Der Hund des Terroristen

AF558532

Impressum

2. Auflage, Februar 2026

creative commons
Verlag immergrün
www.verlag-immergruen.de
berlin@verlag-immergruen.de

Covergestaltung und Satz: elemer
Druck: mcp

ISBN 978-3-910281-14-1

Harry Stürmer

Der Hund des Terroristen

IMMERGRÜN

Inhalt

Vorbemerkung

Scheißtitel. Alles Lüge. Erstmal bin und war ich nie Hund. »Der Hund.« Maskulinum.

Ich bin eine Sie. Lebe, fühle, denke und beobachte als Sie. Feminin. Hündin. Die Hündin an der Seite von HAP. 25 Jahre lang. Mein Zyklus geht dem Ende entgegen. Normal. Weniger normal (für eine Hündin) sind meine intellektuellen Fähigkeiten. Beobachten. Verstehen. Aufschreiben. Ein Vierteljahrhundert lang habe ich HAP begleitet und beobachtet, ihn und seine Umgebung. Sein Umfeld. Und schließlich aufgeschrieben. Für die Mit- und Nachwelt. HAP selbst hatte sich ja zeitlebens (unseres gemeinsamen Lebens) hartnäckig gesträubt, dem Beispiel von vielen seiner Mitstreiter:innen zu folgen, die mit so illustren Titeln wie *Nie war ich furchtloser*, *Staatsfeind* oder *Das Projektil sind wir* ihre Memoiren auf den Markt warfen. Immer in der ersten Reihe. Immer irgendeinen Senf dazugeben. Das eigene Ego bauchpinseln. Ich bin der Nabel. Ich weiß, wo's langgeht. HAP dagegen bewegte sich vorzugsweise im Mittelfeld. Oder Hintergrund. Er hat nie gerne über sich selbst gesprochen. Deshalb trete ich hier in Aktion.

Meine (auto)biografischen Aufzeichnungen in diesem Buch erstrecken sich über den Zeitraum von 1968 (HAP beim Bundesgrenzschutz in Bodenteich und auf den »Essener Songtagen«), 1969 (Studium in Bochum), 1971 (Umzug nach Westberlin, Studium mit Diplomabschluss an der FU), 1977 (Haft in Berlin-Moabit und Verlegung in den Hochsicherheitstrakt in Celle), 1981 (Freilassung, Hausbesetzung, Knast- und Drogenarbeit) bis 1992 (Emigration ins Baskenland).

»Die Hündin des Terroristen« hätte der Titel gendermäßig korrekt heißen müssen. Aber das klingt in den Ohren des Herrn Verlegers offensichtlich nicht reißereisch genug. Und der Verleger will schließlich Bücher verkaufen. Mehr Marktanteil. Mehr Bücher. Mehr Geld.

Da kann man schon mal einen absatzfördernden Geschlechtswechsel vollziehen.

It's a man's world.

Und Punkt zwei meiner Titelkritik: wieso »des Terroristen«?

Okay. Genitiv der n-Deklination. Ist mir bekannt. Schließlich hat HAP – im Volksmund auch »Herrchen« genannt –lange Jahre als Deutschlehrer sein Brot und meine Knochen verdient (während ich ruhig unter dem Schultisch von »Babylonia«[1] gelegen und auf das Ende der Klasse gewartet habe).

»Die Hündin des Deutschlehrers« ...? Naja. Seh ich ein. Niemand würde ein Buch mit diesem Titel kaufen.

Zwecks Umsatzförderung hat sich Herr Verleger also eine Anleihe bei der bürgerlichen Presse erlaubt, die – wie z. B. die *WAZ* – am 13.Mai 1977 titelt: »Essener Terrorist in Berlin verhaftet.«

Aber – halt! Immer der Reihe nach. So weit sind wir noch nicht.

Bevor es zu spät ist (niemand lebt ewig), will ich im Folgenden versuchen, mich zu erinnern. Subjektiv aus meiner Sicht. Mein Leben und meine Erlebnisse an der Seite von HAP. Sein stürmisches Leben im Mittelfeld. Sein Engagement. Seine Niederlagen und (kleinen) Erfolge. Sein *Alter Ego.*

Ein kleiner persönlicher und zeitgeschichtlicher Beitrag gegen die herrschende globale Geschichtsschreibung. Der Zeitraum zwischen 1968 und 1992. In Essen und Westberlin. Gegen das Vergessen. Für das Verständnis von Personen und

---

1 Interkulturelles Zentrum mit Sprachschule in Berlin-Kreuzberg.

die Umstände, die Personen machen. Lebendige Menschen, die sich dialektisch in ihrem Umfeld entwickeln und gegen die Anpassung und das Unrecht des lebenszerstörenden Kapitalismus anrennen. Das Verstehen einer Person, um eine globale Revolte zu verstehen. Geschichten, die das Leben schreibt/geschrieben hat. Im 20. Jahrhundert. In der BRD – die übrigens genauso alt ist wie mein Herrchen.

Viel Spaß beim Lesen.

Wenn irgendjemand von den erwähnten Personen, Hunden oder Hündinnen, eine andere Erinnerung an die hier beschriebenen Ereignisse hat, werde ich das ebenso tolerieren wie der oder die Andere meine subjektive Erinnerung akzeptieren müssen wird.

Wie immer gibt es verschiedene Möglichkeiten, sich den Inhalt dieses Werks anzueignen:

Den QR-Code für spotify

oder youtube

kopieren, den link öffnen und der *playlist* mit den Musikzitaten folgen, um sich der message und dem Inhalt anzunähern. (Bei youtube kann man die gesamte Liste chronologisch anhören. Spotify schaltet – in der Gratisversion – auf Zufallswiedergabe. Die gesamte Musikliste ist chronologisch im Anhang aufgeführt.)

Mit Leselicht und/oder Lesebrille – mehr oder weniger – chronologisch dem Text folgen. Und dabei die im Text erwähnten *songs* auf spotify oder youtube anhören.

Wer zu Hause einen intelligenten Hund oder Hündin hat, kann sich den Text auch gerne vorlesen lassen. In Etappen. Mit Musik.

Die im Buch erwähnten Geschehnisse und Personen sind allesamt real. Bei einigen Personen habe ich allerdings den Namen verändert, um ihnen nicht im Nachhinein vielleicht noch irgendwelche juristische oder persönliche Probleme zu bereiten. Andere musste ich neu erfinden, weil mir der wirkliche schlichtweg nicht mehr einfallen wollte. Und last but not least hat mir der Verlag nahegelegt, einige reale Namen zu verändern, um evtl. Klagen zu verhindern, die sich auf das Persönlichkeitsrecht berufen könnten.

Mein Name ist übrigens Sheila.

(DIE TOTEN HOSEN – *Wort zum Sonntag*)
Ich bin noch keine 60/und ich bin auch nicht nah dran./
Und erst dann werd' ich erzählen/ was früher einmal war.

PART I

Stammbaum

Ich weiß nicht mehr genau das Datum, kann mich aber noch gut an die Situation erinnern. Muss noch in seiner Wohnung in Essen-West gewesen sein. HAP sitzt auf seinem Lieblingsplatz, dem Korbsessel, den er aus dem Sperrmüll mitgenommen hat. Der Sessel ist bis auf eine fehlende Sprosse komplett in Ordnung. Ein dunkelblaues Kissen verdeckt die Lücke, die zwischen den Sprossen klafft. Bequem finde ich den Sessel allerdings nicht. Als ich mich einmal drauflegen wollte, bin ich mit meiner linken Hinterpfote zwischen den Sprossen durchgerutscht und hatte Mühe, sie wieder hochzuziehen. Ich liege also lieber vor dem Sessel, HAP zu Füßen.

HAP ist guter Dinge und in Gesprächslaune. Sein Schulfreund Piet, Dylan-Fan wie er, ist zu Besuch. HAP legt die nagelneue LP *New Morning* von Bob Dylan auf. Als der ungewöhnlich arrangierte song *If dogs run free* erklingt, wendet er sich Piet zu.

(Bob Dylan – *If Dogs Run Free*)
If dogs run free/ then what must be/
must be/ and that is all.

»Es ist ja kein Geheimnis, dass Sheila eine Mischlingshündin ist. Sieht man doch auf den ersten Blick. Aber weißt du auch, wer ihr Vater ist und woher er kommt?«

Ich bin von dem *song* noch etwas abgelenkt. Zuerst denke ich, dass im Hintergrund ein Hund jault, bis ich merke, dass es eine Frauenstimme ist. Jetzt spitze ich aber die Ohren, da ich wissen will, was HAP über meinen Erzeuger weiß. Ich selbst habe meinen Vater ja nie kennen gelernt.

»Ihr Vater war aus der DDR. Er war kräftig und ziemlich gewandt. Dazu wachsam, furchtlos und gehorsam. Ein Deutscher Schäferhund eben, aber schwarz. Trotz – oder wegen dieser Charaktereigenschaften bekam er schon in jungen Jahren eine verantwortungsvolle Aufgabe zugewiesen: einen Abschnitt der DDR-Grenze zwischen Salzwedel (DDR) und Bodenteich (BRD) gegen unbefugtes Übertreten zu überwachen. Zu diesem Zweck wurde ihm eine Laufstrecke von 200 m zugewiesen. Über dieser Strecke war ein Drahtseil gespannt, an dem entlang er sich an seiner daran befestigten Laufleine bewegte: 24 Stunden am Tag, 7 Tage die Woche, 365 Tage pro Jahr. Sheilas Vater war unermüdlich. Wenn er außerhalb seiner Laufstrecke etwas Verdächtiges wahrnahm, warnte er die Grenzposten durch lautes Bellen. Innerhalb der Laufstrecke biss er zu. Wind und Wetter hatten ihn hart gemacht. Und er war dankbar für das Essen, das ihm die uniformierten Wachposten der NVA regelmäßig brachten. Schon von Weitem begrüßte er sie freudig und wedelte ihnen mit dem Schwanz zu. Ansonsten gab sein emotionales Leben nicht viel her.«

(Sandow – *Born in the GDR*)
Wir können bis an unsere Grenzen geh'n/
Hast du schon mal drüber hinweggeseh'n?

»Aber du hast doch immer erzählt, dass du Sheila aus Dänemark mitgebracht hast«, wirft Piet ein. »Was war denn mit ihrer Mutter?«

Genau. Das hätte ich jetzt auch nicht gedacht. Ich bin immer davon ausgegangen, dass ich hundert Prozent Dänin bin. Reines Wikingerblut. Meine Mutter kenne ich – im Gegensatz zu meinem Vater – ja gut. Aber mal hören, was HAP über meine Mutter erzählen kann, was ich nicht selbst schon weiß.

»Ihre Mutter war fast das Gegenteil. Zwar auch eher groß und kräftig, aber nicht schwarz sondern mit gelb-goldigem Fell. Und charakterlich ganz anders. Gutmütig und freundlich. Und Menschen gegenüber aufgeschlossen, neugierig und geduldig. Aggressivität gegen Menschen, egal ob mit oder ohne Uniform, war ihr fremd. Eine typische Labrador-Retrieverin. Aufgewachsen ist sie in Brunshaab (Dänemark), auf dem Bauernhof der Eltern von Birgit. Brunshaab liegt in der Nähe von Viborg, auf der Halbinsel Jütland.«

»Und wer ist Birgit?« fragt Piet.

»Das ist die Frau, die mit meinem Lieblingsonkel Kjeld verheiratet war. Ihre Hochzeitsreise haben sie Anfang 1969 durch die Lüneburger Heide gemacht. Zusammen mit der Labradorhündin namens Ditte[2] im dunkelroten R4 (mit weißen Streifen). Sie hatten sich vorgenommen, mir bei der Gelegenheit einen Besuch abzustatten. Du weißt ja, dass ich gleich nach dem Abi zum BGS (Bundesgrenzschutz) gegangen bin, um da in Bodenteich meinen Militärdienst abzuleisten. Am 15.2. mieten sich Onkel und Tante aus Dänemark also in Bodenteich im Braunschweiger Hof ein.«

»Komische Idee, eine Hochzeitsreise mit Hund in die Lüneburger Heide zu machen«, meint Piet.

»Ja, aber hör mal gut zu. Jetzt kommt's nämlich. Ein paar Tage vor ihrer Ankunft hatte es aufgrund eines Unwetters

2 Kjeld hatte sie so getauft nachdem er, tief beeindruckt, das soziale Epos *Ditte Menschenkind* von Martin Andersen Nexø gelesen hatte. Originaltitel: *Ditte Menneskebarn*, 1946. Deutsche Erstausgabe: 1958, Dietz-Verlag, DDR.

an der deutsch-deutschen Grenze zwischen Bodenteich und Salzwedel einen Zwischenfall gegeben. Ein Blitz war in den Grenzzaun eingeschlagen und hatte u.a. die Konstruktion der Hundelaufanlage zerstört. Der Grenzhund bleibt unverletzt und kann sich losreißen. Verstört läuft er durch ein Loch im Zaun auf die Westseite, wo er eine Zeitlang herumirrt, bis er schwanzwedelnd auf unsere uniformierte Patrouille trifft. Unser Truppführer, Leutnant Ullrich, gibt dem Hund Wasser und etwas von seinem Proviant, ein dick geschmiertes Leberwurstbrot. Er beschließt, sich des verwaisten, freundlichen Tiers anzunehmen und nimmt es mit in die Bodenteicher Kaserne. Der ebenfalls tierliebe Spieß[3] der Kaserne, Obermeister Wieland, erlaubt Ullrich, den schwarzen Schäferhund mit auf seine Stube zu nehmen, bis wir Grenzjäger[4] in der Kaserne eine spezielle Unterkunft herrichten würden.«

Piet unterbricht HAPs Redefluss. »Woher weißt du das so genau? Warst du etwa dabei?«

»Natürlich. Ich hab doch gesagt, dass ich da mit einer Patrouille unterwegs war. Pass mal auf.

Zwei Tage später hat Leutnant Ullrich Wochenendurlaub. Er duscht und rasiert sich im Bad, wo er auch die Unterwäsche mit dem BGS-Emblem wechselt und seine Zivilkleidung anzieht – die graue Hose mit dem dunkelblauen Blazer, der seiner Freundin so gut gefällt. Als er derart fesch gekleidet die Tür zu seiner Stube öffnet, fällt der frisch adoptierte Grenzhund ihn laut bellend an und verbeißt sich in seinen Arm. Der zufällig vorbeikommende diensthabende Major Zimmermann hört das Gebell und die Schreie, reißt die Tür auf und brüllt mit markerschütterndem Tonfall: ›Aus!!‹.

3 Für den Innendienst verantwortlicher Kompaniefeldwebel.

4 Unterster Dienstgrad beim Bundesgrenzschutz.

Freudig schwanzwedelnd lässt der Hund Ullrichs Arm los, stellt sich stolz neben Major Zimmermann und genießt dessen liebevolles Tätscheln.«

»Das glaub ich jetzt aber nicht. Wieso hat der Hund denn euren Leutnant angegriffen, als der sich umgezogen und rasiert hat?« fragt Piet.

»Was weiß ich. Ich bin doch kein Tierpsychologe. Jedenfalls kannte sich der Major offensichtlich mit Polizei- und Militärhunden aus«, erwidert HAP. »Der Major befiehlt also Ullrich, sein Wochenende in Uniform zu verbringen und den Hund mitzunehmen. Etwas benommen und verängstigt verstaut der lädierte und jetzt wieder uniformierte (wenn auch ohne BGS-Unterwäsche) Leutnant den Grenzhund, der beim Anblick der (westdeutschen) BGS-Uniform sofort wieder freudig mit dem Schwanz wedelt, in seinem Auto. Sie fahren zum Marktplatz von Bodenteich, wo Ullrichs Freundin wohnt. Auf dem Weg zu ihrer Wohnung begegnen der uniformierte Leutnant und sein Grenzhund einem händchenhaltenden Pärchen, das mit einer gelben Labradorhündin über den Markt spaziert. Rate mal, wer das Pärchen ist.«

Sind sicherlich Kjeld und Birgit mit Ditte, denke ich mit meinem dänischen Riecher und hab natürlich wieder mal recht.

»Die Hündin ist nicht angeleint«, fährt HAP fort. »Fröhlich tänzelnd macht sie ein paar Schritte in Richtung Schäferhund. Dieser reißt sich los, riecht kurz am Hinterteil der Hündin und bespringt sie dann ohne viel Aufhebens. Alles Rufen und Fluchen auf Dänisch und Deutsch ist zwecklos. Hund und Hündin – die sonst immer gehorcht, wenn man sie mit dem Namen Ditte ruft – kleben fest zusammen. Erst nach vollendetem Kopulationsakt gelingt es Leutnant Ullrich, den keuchenden Schäferhund zurückzuziehen und wieder anzuleinen.«

»Warst du dabei? Oder woher willst du das wissen?« fragt Piet skeptisch.

»Nee, ich war da noch in der Kaserne. Aber Kjeld hat mir das danach beim Essen erzählt. Genau so war das. Und das Resultat siehst du ja hier.« Stolz zeigt er auf mich und streichelt mir über den Kopf.

»True love needs no company/ It can cure the soul/ it can make it whole/ If dogs run free,« singt Bob Dylan.

Bundesgrenzschutz

Da ich, wie die aufmerksame Leserin – oder der Leser – festgestellt haben wird, 1969 gezeugt und geboren bin, kann ich keinen Augenzeuginnenbericht über 1968 abgeben. Aus HAPs eigenen Aussagen und späteren Unterhaltungen mit Freunden weiβ ich aber, dass er sich gleich nach dem Abitur – im Mai 1968 – freiwillig zum Bundesgrenzschutz gemeldet hatte, um dort seinen Militärdienst abzuleisten.

Er spricht nicht gerne über diese Zeit, weil ihm der Entschluss im Nachhinein, als eine wenig kämpferische und eher opportunistische Entscheidung, irgendwie peinlich ist. Es geht ihm da ähnlich wie dem Nobelpreisträger Günter Grass, der viele Jahre lang verheimlicht hat, dass er in der Nazizeit Mitglied der Waffen-SS war.[5]

Der zwanzigjährige HAP hat 1968 bereits eine feste Freundin, Gudrun, die vier Jahre jünger ist als er. Sein Hauptziel beim BGS – er will Geld sparen, um in Essen eine eigene Wohnung mieten zu können. Im Gegensatz zur Bundeswehr erhielt man beim BGS als Beamtenanwärter von Anfang an

---

5 In einem Interview mit der *FAZ* gibt Günter Grass zu, dass er Mitglied der Waffen-SS war. Bislang hieß es in den Biographien des 1927 geborenen Schriftstellers, er sei 1944 als Flakhelfer eingezogen worden und habe dann als Soldat gedient. Einundsechzig Jahre nach Kriegsende sagt Grass: »Es musste raus.«

einen Sold, 1968 stattliche 600 DM pro Monat. In gewisser Weise hat HAP sich also kaufen lassen. Sein Interesse, Geld für eine eigene Wohnung zu sparen, war für ihn vorrangig. Und die Vorstellung, bei der voll motorisierten Truppe den LKW- und Motorradführerschein zu machen. Dabei war es ihm auch relativ egal, dass der BGS 1951 von ehemaligen Offizieren der Wehrmacht in der entmilitarisierten BRD aufgebaut worden war, die sich auch 1968 noch in den Befehlsstäben tummeln.

Als ein Jahr später die neuen und alten Nazis im Gewand der NPD eine Wahlkundgebung in Hannover ankündigen, hält HAP es allerdings nicht länger aus. Mit vier anderen *Kameraden* fahren sie nach Dienstschluss, in Zivil gekleidet, mit dem alten Mercedes von Grenzjägerkamerad Lange nach Hannover, um sich der antifaschistischen Gegendemonstration anzuschließen. Die niedersächsische Polizei ist von der Gegendemo nicht sehr angetan. Massenhaft ist sie aufgezogen, um die Nazis zu schützen und die Gegendemonstrant:innen niederzuknüppeln. Stundenlang hetzen sie alles, was nicht nach Nazi aussieht, zu Pferd, mit Knüppeln und Wasserwerfern durch die Straßen und den Park vor dem Kundgebungsort. Atemlos und erschöpft können HAP, Lange und die anderen drei Kameraden aber unversehrt entkommen. Im Dunkeln lenkt Lange den Mercedes auf dem Rückweg zur Kaserne die Landstraße entlang, während HAP und alle anderen Mitfahrer schlafen. Und Lange schließlich auch.

Kurz vor Sprakensehl kracht der Mercedes gegen eine dicke Eiche am Straßenrand, die ihn auf die Straße zurückschleudert. Der Wagen überschlägt sich und bleibt kopfüber als Wrack auf der Straße liegen. Außer der Fahrgastzelle ist der Schrotthaufen kaum noch als Auto zu erkennen. Blutüberströmt holt HAP Hilfe in einem nahegelegenen Bauernhaus. Gemeinsam ziehen sie den bewusstlosen H. C. aus dem qualmenden, frenetisch hupenden und völlig zusammengequetschten Wrack, bis die Krankenwagen eintreffen und die Grenzjäger ins Krankenhaus nach Celle transportieren.

Während HAP danach in der Krankenabteilung der Kaserne seine Gehirnerschütterung auskuriert (daher stammen also wahrscheinlich seine Migräneattacken, die ich danach häufig empathisch mitleiden musste, denke ich), wird in der Kaserne das Todesopfer eines anderen Autounfalls mit Militärkapelle und Deutschlandfahne auf dem Sarg ehrenvoll verabschiedet.

Gleich nach seiner Entlassung aus der Krankenabteilung meldet HAP sich beim Spieß[6] zurück und überreicht ihm ein Schriftstück:

»Für den Fall meines vorzeitigen Ablebens beantrage ich hiermit, **ohne** militärische Ehren bestattet zu werden«.

Obermeister Wieland ist empört über diese unpatriotische Haltung und tobt mit hochrot angelaufenem Kopf.

»Dafür werden Sie noch bezahlen! Abtreten zum Revierdienst!«

HAP ist dann einer der wenigen Grenzjäger in Bodenteich, der nicht zum Grenztruppjäger (mit der entsprechenden Gehaltsaufbesserung) befördert und auch zu keiner Führerscheinprüfung zugelassen wird.

Ohne schwerwiegendere Folgen verläuft dagegen eine Agitprop-Aktion Ende '68 in der Kaserne Bodenteich. HAPs Stubenkamerad H. C. hatte von seinem Vater (seines Zeichens General beim Bundesgrenzschutz) ein Abonnement der US-Zeitschrift *Life* bekommen, um sich sprachlich wei-

6 Kompaniefeldwebel. Der Name Spieß geht auf den früher vom Feldwebel getragenen Spieß zurück. Der Spieß als letzter Mann einer Einheit trieb mit dem gleichnamigen Spieß die Mannschaften an und sorgte dafür, dass kein Soldat zurückblieb.

terzubilden. Aus verschiedenen Berichten und Fotos vom Vietnamkrieg fertigen HAP und H.C. eine Wandzeitung über die bestialischen Gräueltaten der US-Soldaten, die sie mit Tesafilm an die Tür kleben. (Eigentlich handelt es sich in dem Fall also um eine **Tür**zeitung.) Beim Stubenappell wird die Wandzeitung konfisziert und der Fall auf dem Dienstweg bis zum Standortkommandanten weitergeleitet, wo alle Stubeninsassen einzeln verhört werden. Seltsamerweise gibt es in diesem Fall bis auf Verwarnungen und Drohungen aber keine weiteren Folgen.

Währenddessen brodelt es zur gleichen Zeit überall in der Welt. In Paris hatten im Mai Demonstranten und Demonstrantinnen auf der Suche nach dem Strand das Straßenpflaster aufgerissen, in Berlin ist der Teufel los, und HAP sitzt mit seinen Kameraden in dem Kaff namens Bodenteich in der Kaserne fest: Wochenend- und Urlaubssperre.

Der Grund: Im Osten was Neues.

Der tschechische Parteivorsitzende Dubçek will auf sein Volk hören und Reformen im Partei- und Regierungsapparat durchsetzen. Aber der Kreml sagt: »*Njet*«. In Prag fahren am 21. August 1968 Panzer auf, und die BRD-Grenzjäger sollen rund um die Uhr die Grenze schützen. Und lernen, dass die kommunistischen NVA-Soldaten Todfeine sind. Und dass sie eigentlich auch gar keine Menschen sind sondern Dienstgrade, die man an ihren Schulterklappen erkennen kann. Die müssen die BGS-Rekruten auswendig lernen.

HAP meinte später dazu, dass man die Schulterklappe ohnehin nicht erkennen konnte, wenn man während des Streifelaufens mal auf ein NVA-graues Streifenpärchen auf der anderen Seite des Grenzzauns – *drüben,* wo der Zaun *antifaschistischer Schutzwall* genannt wurde – stieß. Stattdessen ließ sich mit den Kommunisten gut über, beispielsweise, das Wetter kommunizieren, oder darüber, wie das beste Bier in der jeweiligen deutsch-deutschen Region hieß. (HAP ließ natürlich nie was über das Essener Stern-Pils kommen.)

Nach Verabschiedung der Notstandsgesetze und der Neuorganisierung der Polizeitruppen soll der BGS als Bundespolizeitruppe ab 1968 auch bei inneren Unruhen weit weg von der Grenze im Landesinnern eingesetzt werden. Zu diesem Zweck steht beim Jahrgang 1968 erstmals das Verprügeln von Demonstranten auf dem Lernprogramm. Bei einem Großmanöver mit Anwesenheit von mehreren Generälen und Politikern meint das Los es gut mit HAP und schickt ihn auf die Seite der Demonstranten.

»Ho-Ho-Ho, Ho-Tschi-Minh!« skandieren sie spontan und werfen lustvoll Stofflumpen gegen die vorrückende Polizeikette, bis sich Leutnant Ullrich mit hochrotem Kopf vor ihnen aufpflanzt und atemlos brüllt, dass sie sofort mit dem Brüllen aufhören sollen.

Im zweiten Probelauf wird dann die Demonstrantenparole vorgeschrieben: *»eins-zwei-drei«* dürfen sie rufen, was – nach HAPs späterer Aussage – wesentlich weniger Spaß macht. Ein Demonstranten-Kamerad wird zudem nach der Übung mit Schulterbeinbruch durch Knüppeleinwirkung der probeprügelnden Grenzschützer ins Krankenhaus eingeliefert.

Es verwundert nicht, dass HAP die Zeit beim BGS als vergeudete Zeit betrachtet. Später hält er dennoch in einem Bericht fest, dass er außer dem Verfassen von schriftlichen Eingaben bei seinem Militärdienst trotzdem noch viele andere nützliche Sachen für das Leben lernen konnte.

HAP beschreibt seine Lernerfolge:

»1. *Schießen.*Mit Erschrecken stelle ich fest, dass mir das Scharfschießen sogar Spaß macht. Und ich treffe so gut, dass sie mir statt der erhofften LKW-Fahrerausbildung eine Ausbildung zur Karriere eines Scharfschützen vorschlagen. Mit einer eloquent formulierten schriftlichen Eingabe kann ich das gerade noch abbiegen. (Das Leben des *Schakal*s war zu dem Zeitpunkt ja auch schon längst verfilmt worden.)

2. Beatles. Der dritte Stubenkamerad, Alfred aus Oldenburg, hat neben seiner Pritsche einen tragbaren Plattenspieler installiert, auf dem er öfters die Beatles dudelt. Eigentlich gar nicht so schlecht, wie ich als eingefleischter Stones-Fan immer vertreten habe, denke ich (leise) für mich. Vor allem *Norwegian Wood* geht mir echt unter die Haut. Schöne Musik eigentlich. Oder auch *Hide Your Love Away*.

3. *Verstecken*. Die meiste Zeit bringt ein Wehrpflichtiger in der Kaserne mit Reinigen zu: Stubenreinigen, Stiefelreinigen, Waffenreinigen, Revierreinigen, Fahrzeugreinigen … alles sauber. Größte Kreativität entwickelt er – oder zumindest ich –in dieser Zeit beim Entwickeln von Strategien, um sich vor diesen lehrreichen Tätigkeiten zu drücken. Das sicherste Versteck, das ich schließlich nach mehreren Fehlschlägen entdecke und perfektioniere, ist unsere Stube, wo ich mich ganz oben auf meinem mit einem Konzertplakat von Esther & Abi Ofarim (statt *Playboy*) verschönten Spind kauere, um dort in Ruhe zu lesen oder Liebesbriefe an Gudrun zu schreiben. Da schlicht und einfach kein Mensch mit einem oben auf seinem Spind kauernden Grenzjäger rechnet, schaut in der Regel auch niemand dort nach. Selbst wenn mal irgendein Unteroffizier auf der Suche nach meinem Verbleib zielgerichtit in unsere Stube läuft.

Ich dagegen kann von diesem Beobachtungsposten aus genau sehen, wer eines Tages mein geliebtes Frank-Zappa-Plakat (das mit dem Klo) von der Wand reißt, um es zu konfiszieren. Wobei er den Holzrahmen gleich mit zerstört. Meine schriftliche Eingabe muss ich natürlich gegen *Unbekannt* formulieren. Und ich gewinne tatsächlich. Auf schriftliche Anweisung von oben müssen sie mir das Plakat wieder aushändigen. Schließlich handelt es sich um Privateigentum, das höchste Gut in unserer Gesellschaft. Ich kann den Zappa also tatsächlich als Kunstwerk mitsamt zerbrochenem Holzrahmen wieder aufhängen.

4. Haare. Jeden Freitagnachmittag, unmittelbar vor dem Wochenendurlaub, lässt Obermeister Wieland die Rekruten zum Haarappell antreten. Während die Grenzer in Reih und Glied strammstehen, läuft der Spieß die Rückseite der Reihen ab, um seinen ausgestreckten Zeigefinger in den Rücken der Grenzbewacher zu bohren, deren Haare eine Ohrmuschel oder den Hemdkragen berühren. »Haaarrrre! … Haaarrrre! … Haaarrrre!« Die so Gebrandmarkten müssen dann am Samstag zum Nach-Appell antreten und können somit am Freitag nicht in den ersehnten Wochendurlaub fahren. Mit guten Beziehungen kann ich mir nach einiger Zeit aber eine so genannte *Großraummütze* besorgen, unter der man die widerspenstigen Haare gut verbergen kann."

Das Thema Haare war HAP – wie anderen Zeitgenossen – nicht unbekannt. Auf dem Pausenhof des neusprachlichen Humboldt-Gymnasiums für Jungen in Essen hatte Oberstudiendirektor Dr. Arnold Loos es sich nicht nehmen lassen, HAP und andere Schüler unter Androhung des Schulverweises zum Friseur zu schicken. Von seinem Elternhaus konnte HAP dabei keine Unterstützung erwarten. Ganz im Gegenteil. Wenn sein Vater am Wochenende von der Auswärtsbaustelle nach Hause kam, waren die Haare in der Regel der erste Konfliktpunkt. Auch aus diesem Grund identifiziert er sich zu diesem Zeitpunkt voll und ganz mit dem Liedermacher Hanns Dieter Hüsch, der davon ebenfalls ein Lied singen kann.[7]

---

7 Hüsch zitiert hier typische Reaktionen deutscher Bundesbürger seiner Zeit:
Sie könnten sich auch mal die Haare schneiden lassen! – Sie haben wohl wieder Ihre Trotzphase. – Ich müsste Ihr Friseur sein! – Bei

(Hanns Dieter Hüsch/ Quartett 67 –
Ich bin ein deutscher Lästerer)
Ich habe mir dann sagen lassen müssen,/
dass ich doch mal zum Friseur gehen solle

Adolf hätten Sie so nicht herumlaufen können. – Ich kann Ihnen ja nichts sagen, nicht wahr, das ist ja diese Demokratie. – Wenn ich Ihr Vater wäre, wenn ich Ihr Vater wäre, ich würde Sie mit einer Heckenschere, würde ich Sie in die Mache nehmen! – Ein Jahr Arbeitsdienst und die Haare wären ab. – Ihr Friseur hat sich wohl den Arm gebrochen, gell. – Ich kann Sie in meinem Wagen rasch zum Friseur fahren.

Essener Songtage

Das wichtigste Erlebnis des Jahres 1968 ist für HAP – wie er immer wieder versichert hat – der Besuch der »Internationalen Essener Songtage« (IEST)[8] im September 1968.

Dank *Großraummütze* übersteht er den Haarappell in Bodenteich. Und dank der Panzer des Warschauer Pakts, die das tschechoslowakische Volk mitsamt ihrem frühlingshaften Reformwillen überrollen und die alte Stabilität wiederherstellen, wird beim BGS die Wochenend- und Urlaubssperre aufgehoben. Erwartungsvoll fährt er am 25. September in seine Heimatstadt. Gudrun hat das Programm, ein kleines psychedelisch verschnörkeltes Buch mit kurzen Texten und Fotos von teilweise sehr bärtigen und langhaarigen Musikanten besorgt, das HAP danach pflegt und hegt als handele es sich um das Werk eines Nobelpreisträgers.[9]

Zum open-air-Konzert mit GURUGURU, AMON DÜÜL, THE FUGS und TIME IS NOW (mit dem zu der Zeit noch unbekannten Gitarristen John McLaughlin) auf dem Kennedyplatz

8 Drahtzieher und Chef-Organisator ist der musikbesessene freie Journalist Rolf-Ulrich Kaiser, der nach dem US-Festival in Monterey etwas Ähnliches in Deutschland auf die Beine stellen will. Gemeinsam mit Henryk M. Broder, Reinhard Hippen, Tom Schroeder und Martin Degenhardt macht er sich an die Organisation. Zum Geschäftsführer wird der Essener Liedermacher Bernd Witthüser auserkoren. Über den Kontakt zum Leiter des Essener Jugendzentrums, Bernhard Graf von Schmettow, bekommen sie Kontakt zur Stadt, die mit 300.000 DM das Festival vorfinanziert.

9 »Wie einen Schatz habe ich das Büchlein jahrzehntelang aufbewahrt und über alle Umzüge hinweg gerettet. Bis ich dann in Berlin eine platonische Liebschaft zu einer etwas jüngeren Essenerin entwickelte. Statt Platon schenkte ich ihr eines Tages wild entschlossen das Songtagebuch. Das Buch war weg und Platon blieb«, schreibt er später bedauernd über seinen Verlust.

schafft er es zeitlich noch nicht. Dafür hat er Eintrittskarten für den *Protestabend* am nächsten Tag im Saalbau. Hanns Dieter Hüsch, Franz-Josef Degenhardt und Dieter Süverkrüp sind dabei, die spanischen Antifaschisten Joan & José, Julie Felix, Alexis Korner u. a.

Weil der Abend sehr lang ist und die Liebe zu Gudrun sehr heiß, gehen sie zwischendurch im Stadtpark spazieren. Ein bisschen knutschen. Im Saalbau waren beide etwas angenervt von den ewigen Unterbrechungen der Konzerte durch diskussionswütige Besucher:innen, die zur Revolution aufrufen wollen statt Musik zu genießen (*»Konsumscheiße!«*). Pünktlich sind HAP und Gudrun aber zurück zur Hauptattraktion des Abends: Julie Driscoll & Brian Auger, wo dann auch die rebellionssüchtigen Kritiker:innen verstummen. Die von dem Musikergespann ausgehenden Schwingungen treffen HAP und sämtliche Anwesenden mit der gleichen Wucht. HAP ist fasziniert von der zierlichen, kurzgeschorenen, wunderhübschen und powervollen Julie mit der gewaltigen Stimme. Und von dem animalischen Traktieren der *keyboards* durch den verschwitzten Brian Auger. Einzigartig und unvergesslich.

Am nächsten Vormittag stehen – wie an jedem IEST-Tag – politische Debatten und Konferenzen auf dem Programm. HAP bleibt aber zu Hause in Essen-Frillendorf bei Eltern und Geschwistern und verabredet sich für den Nachmittag mit Gudrun.

Sie treffen sich in der sturmfreien Wohnung von Piet, dessen Eltern am Wochenende nicht da sind. Piet ist zu der Zeit HAPs bester Freund, während Maggie die beste Freundin von Gudrun ist. Kennengelernt, bzw. angefreundet, hatten sich die Paare in der Tanzschule Thielemann, die zu der Zeit von den Essener Gymnasiast:innen reichlich frequentiert wurde. HAP hatte die beiden Blondinen allerdings vorher schon mal auf dem Schulweg angesprochen. Und stand anfangs eigentlich mehr auf Maggie, wie er Piet später mal beichtet. In Piets

Wohnung essen sie Kartoffelsalat, trinken Stern Pils und Lambrusco, hören Platten von BOB DYLAN und den STONES und legen sich paarweise in zwei verschiedenen Zimmern ab. HAP bekennt später ohne viel Reue, dass er an diesem Abend das erste Mal seinen persönlichen Boykott gegen BOB DYLAN gebrochen hat. Nachdem der von den Folgen seines Motorradunfalls genesene Dylan mit veränderter Stimme und belanglosem Inhalt Platten mit JOHNNY CASH aufgenommen hatte, verbat HAP sich konsequent den Kauf und das Anhören von neuen DYLAN-Platten. Bei Piet überwindet er dann zum ersten Mal seinen Dogmatismus und hört mit Genuss die LP *John Wesley Harding*. Später lernt er den Text *Love minus Zero* auswendig, um Gudrun das Lied manchmal vorzusingen.

»Nur gut, dass er mir das Lied nicht vorgesungen hat«, denke ich. »Sicher hätte ich dann nicht so viele Jahre bei ihm ausgehalten. Und es spricht auch nicht unbedingt für Gudruns Gehörnerven.«

Auf dem Nachhauseweg kommt HAP spätabends gutgelaunt am Olympia-Kino in der Steeler Straße vorbei, wo offensichtlich noch ein Konzert im Gange ist, das er nicht auf dem Schirm hatte. Da der Eintritt zu diesem Zeitpunkt frei ist – umsonst & drinnen –, geht HAP neugierig rein, und wirft einen Blick in den rauchgeschwängerten Raum.

»Ich traue meinen Augen und Ohren nicht«, vermerkt er in einem späteren Bericht. »Auf der Bühne stehen 7, 8, 9 – viele Musiker, alle langhaarig und dünn, z.T. mit Haaren wirklich bis zum Arsch, und spielen und spielen und improvisieren ohne Ende. Zwischendurch geht mal einer von ihnen raus, kommt nach 5 Minuten qualmend wieder rein und steigt einfach in das immer noch gleiche Stück wieder ein.

Irgendwie hab ich das zu dem Zeitpunkt nicht so richtig gerafft, außer dass hier etwas Ungeheuerliches vor sich ging. In diesem Fall waren es ZAPPA und seine MOTHERS, die einfach ausscherten aus dem Gewohnten, Althergebrachten.

Einfach raus aus den vorgegebenen, den von der Musikindustrie vorgeschriebenen Bahnen. Raus aus der Spur.

Am nächsten Tag hab ich mir Zappas Scheißhausposter gekauft, das dann beim BGS in Bodenteich noch Karriere gemacht hat.«

(Frank Zappa & Mothers of Invention – *Willie the Pimp*)
I'm a little pimp/ with my hair gassed back/
Pair of khaki pants/ with my shoes shined black

Am Wochenende verlagern sich die Konzerte in die Grugahalle. Gemeinsam mit Gudrun unternimmt HAP – frisch rasiert und BGS-mäßig frisiert – einen Rundgang durch die Vorhalle, die reich bevölkert ist von gammligen Parkas und Rucksäcken nebst dazugehörigen langhaarigen und bärtigen Jugendlichen. Und coolen Blondinen. Viele sind hierher – zum »Mekka des Undergrounds« – getrampt. Aus Süddeutschland oder auch aus Belgien und den Niederlanden. Die meisten schlafen in der von der Stadt eingerichteten Zeltstadt »Schralaffia«, oberhalb des Baldeneysees, ganz in der Nähe der Villa Hügel von Familie Krupp. Für die einheimische Bevölkerung und die Presse sind Anblick und Geräusche neu und ungewohnt. »Guru-Guru-Urwaldmusik wie die Faust im Magen«, titelt der Reporter der *Ruhr-Nachrichten* am 26.9. seinen Bericht. Gleichzeitig ist er aber offensichtlich fasziniert von der »Kostümierung« der Zuschauer:innen. »Sie reichte vom Rembrandthut mit angebauter Perücke bis zu Großmutters abgetragenem Schafspelz-Bettvorleger. Nicht minder farbenfreudig waren auch die miniberockten Damen …«

Die Zeitungsberichte und die live-Begegnungen in der Grugahalle verunsichern HAP, der sich in diesem Ambiente mit seinem Grenzjäger-Aussehen deplatziert vorkommt. Die Attraktivität dieser anderen Welt vermischt sich mit Neid und Unsicherheit. Irgendwie ist das wilde Aussehen und Benehmen seiner Altersgenossen und -genossinnen extrem anziehend, gleichzeitig für ihn aber auch fremd und verunsichernd. Der Eingang zur Grugahalle ist voll von Ständen, wo alle möglichen politischen und subkulturellen Druckerzeugnisse angeboten werden. Und andere. Es qualmt und riecht irgendwie merkwürdig. Mit Kiffen und Drogen hat HAP aber sein Leben lang nie viel am Hut. Und eigentlich auch nicht viel mit dem psychedelisch angehauchten Krautrock. Seine Musikwelt ist bis dato vom Pop-Rock der Top Twenty im *BFBS* geprägt – dem britischen Soldatensender, den man überall in der Britisch Besetzten Zone (BBZ) gut empfangen kann. (Außer, wenn HAPs Vater ins Zimmer stürzt und mit militärischem Tonfall befiehlt: »Mach sofort diese Negermusik aus!«)

Als HAP und Gudrun in der Grugahalle im Dunkeln nebeneinander auf dem Boden sitzen, steht oben auf der Bühne die deutsche Rockgruppe Amon Düül. (Im englischen Sprachgebrauch sind die Deutschen »krauts«. Und wenn Krauts Rockmusik machen, handelt es sich logischerweise um »Krautrock« – ein Begriff, der 1968 in Essen geprägt und ab dem Zeitpunkt in der internationalen Musikwelt benutzt wird.) Auf der Bühne stehen 6 oder 7 Musiker:innen (auf jeden Fall mehr als die klassischen vier) aus Deutschland, die eigentlich gar nicht so richtig deutsch aussehen. Sie spielen Stücke, die – ähnlich wie bei Zappa mit seinen Mothers of Invention – gar nicht mehr aufhören. Harte drums und Gitarrenriffs, die sich abwechseln mit Klängen, die einen entführen, auch wenn man nicht gekifft hat. Dazu eine Sängerin im körperbetonten langen Kleid, die sich, ihre Rasseln und ihre Stimme wie in Trance bewegt. Angeblich leben alle zusammen in einer Kommune irgendwo in Süddeutschland. Sogar Bayern?

Egal, im Gegensatz zu Rainer Langhans hätte HAP es sicher nie gewagt sie anzusprechen. (Langhans hatte in Essen den Platz von dem gerade wieder mal in Berlin verhafteten Fritz Teufel eingenommen, der von den Organisatoren der Songtage eingeladen worden war. Und während Fritze in Moabit in seiner Zelle schmort, macht sein Stellvertreter dann – zusammen mit der rasselnden Uschi Obermeier – Karriere als Traumpaar der bunten Presse, wo sie zahlreiche Titelbilder der Illustrierten zieren und auch in einigen Filmen mitspielen.)

Auf den beiden Bühnen spielen dann abwechselnd noch etliche andere deutsche und internationale Gruppen.

Ein Musiker aus den USA, TIM BUCKLEY, zieht HAP komplett in seinen Bann.

»Schon auf dem Foto im Programmbuch sieht er extrem schön und attraktiv aus«, bekennt HAP in einem späteren Beitrag über die Songtage. »Er selbst spielt, nein, eigentlich ist er die 12-saitige Gitarre, oder die Gitarre ist er. TIM BUCKLEY geht in seiner akustischen Gitarre auf, kriecht in sie hinein, vereinigt sich mit ihr, zerschmilzt in ihr und ihrem Klang, und ihr Klang in ihm. Dazu singt er mit einer sanften, klaren, schmerzvollen, sensiblen Stimme, dass ich heute noch Gänsehaut bekomme. Ich sitze, oder stehe, in einer der ersten Reihen und hänge an seinen Lippen und Fingern, blicke ab und an zu seinen Begleitmusikern, zu den Bongos und zu dem ungewöhnlichen Xylophon. Nie habe ich bis dahin so ein Konzert, eine derartige Intensität, einen derartigen Musikgenuss erlebt. Nie wieder werde ich so ein Konzert erleben.«[10]

10 Tim Buckley starb am 29. Juni 1975 im Alter von 28 Jahren auf einer Party an einer Dosis Crack, nachdem er von allen vorangegangenen intensiven Drogenkonsumphasen entzogen hatte, sein Körper also clean war. Sein Sohn, der Musiker und Sänger Jeff Buckley, ertrank

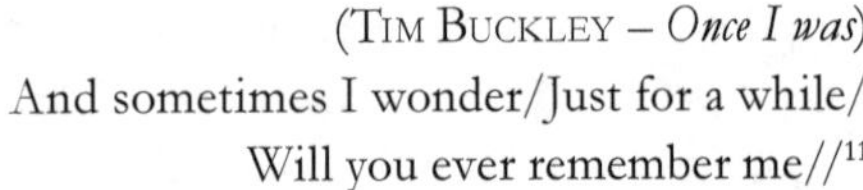

(Tim Buckley – *Once I was*)
And sometimes I wonder/Just for a while/
Will you ever remember me//[11]

Für Sonntagnacht steht die Rückfahrt in die Kaserne auf dem Programm. Aber vorher geht's nochmal in die Grugahalle. Der Vater des weißen Blues, Alexis Korner, der mit seinen guten Deutschkenntnissen gleichzeitig die Moderation zwischen den verschiedenen Gruppen übernimmt, steht auf dem Programm. (Später gibt er auf dem Vordach der Grugahalle gratis ein improvisiertes Zusatzkonzert, als bekannt wird, dass wegen zahlreicher gefälschter Eintrittskarten etlichen Besucher:innen der Eintritt in die Halle verwehrt wird). Gemeinsam mit Schnuckenack Reinhardt, Guru Guru, Tangerine Dream, Cuby and the Blizzards, Family (mit Sänger Roger Chapman), The Fugs, David Peel, Peter Brötzmann ...

HAP ist am Sonntag wieder begeistert von einem anderen US-Musiker, David Peel, der auf der gleichen Bühne auftritt wie tags zuvor Tim Buckley, aber das genaue Gegenteil ist. Eigentlich handelt es sich um einen Straßenmusiker aus

---

am 29. Mai1997 im Alter von 30 Jahren beim Baden im Mississippi. Ohne die geringste Spur von Drogen im Körper.

11 Der Musiker und Jazzredakteur Joachim E. Behrendt beschreibt das Konzert von Tim Buckley wie folgt: »Expressive Gesänge in einer bestechenden Verbindung von Psychedelic, Rock und Folk, deren Anklagen, deren Botschaften, romantisch verschlüsselt, zum Zuhören zwingen. Von Entsagung singt er, von Sehnsucht und von einer Flucht ins Mystische – Chronist seiner ganzen Generation.« (Vom Missverhältnis zwischen Anspruch und Leistung. In: *Jazz Podium* 11, 1968, S. 346.).

New York, der dort normalerweise mit seinen Freunden von der *Lower East Side* auf der Straße und im Central-Park gegen Polizeiwillkür und für Freigabe von Marihuana musiziert. Für die Flugtickets der zahlreichen Lower-East-Side-Freunde hatte Essen kein Geld, sodass David Peel allein mit seiner verschrammelten akustischen Gitarre und seiner dunklen John-Lennon Sonnenbrille auf der Bühne steht. »*I wanna beer!!!. Somebody give me some fuckin' beer!!!*« brüllt er in die Menge. Und erst als ihm jemand eine Flasche Bier hochreicht, singt – nein, brüllt er mit einer unglaublich dreckigen Stimme seinen Hit: »*I like Marihuana.*«[12]

David Peel – –*I like Marijuana*
I like marijuana
You like marijuana
We like marijuana too

Der Auftritt der Fugs um die bärtigen New Yorker Undergroud-Poeten Ed Sanders und Tuli Kupferberg lässt von den Songtexten her keinen Zweifel an der politischen Gesinnung der Musiker. Aufsehen erregen sie aber vor allem durch das

12 Im Jahr 2006 war der Name David Peel erneut in aller Munde, als er das verhasste FBI – unfreiwillig – der Lächerlichkeit preisgab. Über 30 Jahre hat es Angehörige und Freunde von John Lennon gekostet, um die Freigabe der FBI-Akten zu erreichen, die dessen Leben wegen seiner »gefährlichen« Kontakte und Sympathien zu linken Gruppen und Ideen durchforsteten. Sie entdeckten dabei, dass das FBI zur Observierung von John Lennon seine Agenten mit einem Foto von David Peel ausgestattet hatte, der schließlich auch lange Haare und eine Sonnenbrille mit runden dunklen Gläsern trug.

bei einem Bauern in Essen-Werden gemietete Schwein, das sie auf der Bühne platzieren und als neuen Präsidentschaftskandidaten für die USA präsentieren.

(The Fugs – *Kill for Peace*)
Kill, kill, kill / Kill for peace

Für HAP sind und bleiben die Songtage das größte musikalische und gesellschaftliche Ereignis, das er je erlebt hat. Und ihn für die Zukunft geprägt hat.

Das ging nicht nur HAP so. Eine ähnliche globale Wertschätzung kann man auf der website von *kulturwest.de* unter der Überschrift »Der kurze Sommer der Anarchie« nachlesen.

»Essener Songtage (IEST) – ein Mega-Ereignis zwischen Monterey 1967 und Woodstock 1969, und doch selbst am Ort des Geschehens fast vergessen. Fünf Tage lang experimentelle Rockmusik und melodische Anti-Kriegslieder. Freejazz und anarchistisches Kabarett. Internationale Folklore und Heine-Lieder. Zigeuner-Swing und sphärische Elektronik-Klänge. Blues und Chanson. Lieder aus dem KZ und Multimedia-Shows. Protestlieder und Referate, geplante und erzwungene Diskussionen.

Mehr als 200 Musiker(innen) aus zehn Ländern, 40 Veranstaltungen vor insgesamt 40.000 Besuchern: biederen Bürgern und glücklichen Gammlern, lustfeindlichen Linken und kunstfreundlichen Kiffern, intoleranten Intellektuellen und kritiklosen Konsumenten. Geburtsstunde einer eigenständigen deutschen Rockmusik, des ›Krautrock‹.

IEST – das ist 1968 eine Manifestation der gesamten internationalen subkulturellen Szene, eine, wie es sie in dieser Breite danach nie mehr gegeben hat. Ein Meilenstein der Pophistorie Deutschlands.«

Die Stadt Essen selbst war diesem Meilenstein nicht gewachsen. Dazu beigetragen haben neben dem ungewohnten Anblick der Massen von langhaarigen Besuchern sicherlich auch die Bierdeckelwürfe auf den Regierenden OB Nieswandt und die Plünderung des Buffets beim offiziellen Empfang der Stadt im Saalbau, was von der regionalen Presse sensationsheischend aufgeputscht wurde. Darunter vor allem ein Hetzartikel der *Ruhr-Nachrichten*, dessen Verfasser bei der Happening-Nacht unter dem Titel »A Trip to Assnidi« in seiner verklemmten Fantasie überall Sex und Orgien gesehen haben will. »Das war Sauerei im Schweinestall«, titelt er am 2. Oktober 1968 seinen Artikel, der die Öffentlichkeit, Behörden und CDU aufschreckt. Ein parlamentarischer Untersuchungsausschuss kann zwar nichts dergleichen finden und die juristischen Ermittlungen werden allesamt eingestellt, aber der verursachte Schaden ist nicht wiedergutzumachen. Auf der anderen Seite hat das politisch bestimmte Anti-Konsum-Konzept der Veranstalter im Gegensatz zu Woodstock (1969) bewusst auf eine Vermarktung des Festivals verzichtet, sodass das größte und politischste Musikereignis eigentlich nur noch in der Erinnerung der damals Anwesenden weiterlebt. Lediglich bei YouTube findet man im Kanal *Degenhardt TV* ein paar Originalaufnahmen der Essener Songtage 1968. Wenn auch nicht in bester Qualität.[13] Auch Druckerzeugnisse sind weitgehend *missing*.

13 In der *WDR*-Mediathek kann man noch drei andere Dokumentationen zu den Songtagen und ihrer Zeit einsehen. https://www1.wdr.de/mediathek/video/sendungen/rockpalast/video-panoptikum-essener-songtage--100.html

Ausnahme die von Detlev Mahnert und Harry Stürmer 2008 herausgegebene Chronik: *Zappa, Zoff und Zwischentöne*, die allerdings vergriffen und trotz Insistieren der beiden Herausgeber sowie der Leitung der Stadtbücherei Essen beim Klartext-Verlag nicht wiederaufgelegt worden ist. (Im Antiquariat suchen.)

Hochzeitsreise

Im Frühjahr '69 geht es an die Umsetzung der Idee, Psychologie zu studieren. HAP schickt von Bodenteich aus einen Aufnahmeantrag an die Psychologie-Fakultät der neu entstehenden Ruhr-Universität Bochum. Zwar existiert zu der Zeit bereits ein Numerus Clausus für Psychologie. Allerdings hat sich die Studentenschaft in der 68er Revolte ein Mitspracherecht erkämpft, das die Entscheidung zur Zulassung einer bestimmten Anzahl von Student:innen in begründeten Ausnahmefällen einschließt. Offensichtlich stößt HAPs persönliche Begründung zur Wahl dieses Studienfachs beim paritätischen Aufnahmeausschuss auf Gefallen, sodass ihm zum Wintersemester 1969 ein Studienplatz erteilt wird. Und das, obwohl (oder weil?) er in dem Aufnahmeantrag verschwiegen hatte, dass er als Unterprimaner davon träumte, zusammen mit seinem Freund Udo P. nach dem Studium eine Werbeagentur zu gründen. Ziel: endlich attraktive Werbekampagnen für die DKP zu machen, um der Partei zu Wahlerfolgen zu verhelfen. Auslöser dafür war ihr Besuch einer Wahlveranstaltung der DKP in Essen mit einem Konzert der Rockgruppe Jeronimo und schrecklich langweiligen Plakaten und Reden.

Obwohl die Wehrpflichtdauer zu diesem Zeitpunkt 18 Monate beträgt, kündigt HAP nach 15 Monaten beim BGS. Obermeister Wieland droht ihm wutentbrannt, alles daranzusetzen, damit HAP bei der Bundeswehr nachdienen müsse. Dieses Risiko geht HAP bedenkenlos ein. Mit seinen Ersparnissen bezahlt er die Kaution für eine kleine Mansardenwohnung in Essen-West, die Gudrun gefunden hatte und die sie mit Sperrmüllmöbeln liebevoll einrichten.

Gudrun ist zu dem Zeitpunkt 17 Jahre alt und wohnt weiter bei ihren Eltern. Jedes Mal, wenn die dem Gesetz nach Minderjährige bei HAP übernachtet, gibt es Ärger mit ihren Eltern, die am Ende sogar mit einer Anzeige bei der Polizei drohen. (»Unzucht mit Minderjährigen«)

Als HAP im Februar 1970 volljährig wird, bestellt er deshalb beim Standesamt in Essen-Rüttenscheid das Aufgebot, wo sie dann zwei Monate später offiziell Mann und Frau werden. Seine Klassenkameraden Hans-Helmut P. und Johannes S. (»Osram«) schalten im Flur den Kassettenrecorder mit dem Hochzeitsmarsch von PROCOL HARUM auf volle Lautstärke, dass es nur so scheppert und die Beamten verstört ihre Türen aufreißen.

(PROCOL HARUM – *In Held 'Twas In I*
Grand Finale

Hochzeitsessen ist danach im kleinen Familienkreis von Gudrun in der Rüttenscheider Wohnung der Schwiegereltern von HAP.

Für die Hochzeitsreise nach Dänemark kauft HAP einen alten VW-Käfer. Nicht gerade das praktischste Auto, was Stauraum und die Möglichkeit zu einem Nickerchen betrifft. Aber robust. Und leicht zu reparieren.

Als sie am 2. Mai 1970 in Brunshaab auf den Hof fahren und aussteigen, springt meine Mutter Ditte HAP freudig bellend an. Ich weiß zwar nicht, was los ist, folge aber instinktmäßig dem Beispiel meiner Mutter. HAP nimmt mich auf den Arm und krault mir liebevoll das Fell. HAPs Onkel Kjeld, der zu der Zeit nur noch halbtags in der Metzgerei arbeitet, weil er seinen Beruf wechseln und sich auf das Studium des Volksschullehrers vorbereiten will, kommt ebenfalls raus auf den Hof, um HAP und Gudrun zu begrüßen. »Das ist sie«, sagt er lachend und zeigt auf mich. »Deine kleine Hündin – made in Bodenteich. Wir haben sie Sheila genannt. Sweet little Sheila – wie der *song*, der uns letztes Jahr nach dem ›Unfall‹ auf dem Marktplatz im Autoradio begleitet hat. Sheila, das ist dein Herrchen.«

Kurz danach kommt zufällig Kjelds bester Freund vorbei, Arne von den Færøer-Inseln. Die Männer trinken Tuborg-Bier (*øl*) aus der Flasche, während Birgit mit viel Liebe und Geschick eine kalte Platte mit Feldsalat und Kresse, frisch aus dem Garten, süß-sauer eingelegten Heringen (*sild*) und *smørebrød* (die typischen kunst- und geschmackvoll belegten Brote in Dänemark) vorbereitet. Kjeld erklärt Arne, dass ich jetzt mit HAP, seinem Neffen, nach Deutschland aussiedeln werde.

»Wie? Nach Deutschland?«, fragt Arne verdutzt. »HAP ist dein Neffe und kommt aus Deutschland? Seit wann hast du Familie in Deutschland? Hast du mir ja nie erzählt.«

»Ähh, ja, ähm, also Marie, meine älteste Schwester –… also damals war ja Krieg …«

Es ist das erste Mal, dass ich sehe, wie Kjeld verlegen wird. HAPs Lieblingsonkel, der immer genau weiß, was er will und das auch klar in Worte fassen kann. Kjeld, ein echter Wikinger, der weiß, wie der Wind weht. Und der mit seiner sonoren Bariton-Stimme immer klar und überzeugend zu argumentieren weiß. Ohne die Empathie für andere zu vernachlässigen.

Zum Glück ruft im selben Moment seine Mutter – HAPs Oma (*mormor* oder *bedstemor*) – aus der nahegelegenen Stadt Viborg an. Sie will auf einen Kaffee vorbeikommen. Eine knappe Stunde später knattert sie mit ihrem Moped (*knallert*) auf den Hof. Am Strahlen in HAPs Augen sehe ich, wie sehr er seine dänische Oma liebt. Seit HAP 3 Jahre alt war, ist sie Witwe und arbeitet als Reinigungskraft bei der staatlichen dänischen Eisenbahn (DSB). Die robuste und sozial sehr offene Oma hat dort einen großen Freundeskreis, mit dem sie regelmäßig auf Wanderungen und Reisen geht. Normalerweise nach Norwegen. Weil sie jetzt aber nächsten Sommer nach Spanien fliegen wollen, hat sie einen spanischen Sprachkurs begonnen. Und, inspiriert von Kjelds Studienunterlagen, einen Fernstudienkurs Biologie. HAP ist stolz auf seine Oma. Einen weiteren Pluspunkt bekommt sie in seinen Augen, als sie nach dem Kaffee mit ihrem Sohn Kjeld Zigarillos raucht und einen Aquavit trinkt.

Drei Tage nach *bedstemors* Besuch in Brunshaab geht's los. Birgit bringt meine Schlafdecke, die HAP für mich auf der hinteren Sitzbank ausbreitet. Und eine Provianttasche mit Getränken und *smørebrød.* »Das mit der Leberpastete *(leverpostej)* ist für Sheila.«, sagt sie mit ihrer sanften Stimme und dem warmen Lächeln, während sie mir den Kopf streichelt. Birgit ist einfach unglaublich nett und umwerfend süß mit ihren strahlenden dunklen Augen. Irgendjemand müsste mal einen *song* schreiben: *Sweet little Birgit.* Und das sage ich nicht nur wegen des Brotes mit Leberpastete. Viele Jahre später sollte ich ja in Deutschland noch öfters mit Leberwurstbroten verwöhnt werden. Aber wirklich, nie wieder hat mir ein Wurstbrot dermaßen gut gemundet.

Unterdessen füllt Kjeld im Hof einen Plastikkanister mit Wasser, den er vor meiner Sitzbank verstaut. Er krault mir die Ohren. »Pass gut auf dein Herrchen auf«, sagt er eindringlich in seinem Deutsch mit Baritonstimme und unverwechselbarem dänischem Akzent. »Herrchen heißt übrigens Harry Axel Paul. Den Axel hat er von meinem Vater, den Paul von Hermanns Vater. Für mich ist der komplette Name aber auch übertrieben lang und ein bisschen kompliziert. Nenn' ihn einfach HAP!«

Ok. Mach ich. Beides.

HAP dreht den Zündschlüssel und lässt den Motor an. Langsam fahren wir vom Hof. Meine Mutter (Ditte) springt laut bellend um den VW herum. Mir ist klar: sie will, dass ich bleibe. Als es zu wild und zu gefährlich wird (HAP hat Angst sie zu überfahren), ruft Kjeld sie mit bestimmter und klarer Stimme, die keinen Widerspruch zulässt, zurück. »*Ditte, kom straks her!*« Ditte gehorcht widerwillig. Und knurrt ärgerlich.

Vom Hof runter geht's zuerst Richtung Viborg und dann immer schnurgerade aus. An weißgekalkten Bauernhäusern vorbei, die sich friedlich in die weiten Wiesen und Weizenfelder ducken. Zur deutsch-dänischen Grenze. Im Käfer.

Ich habe eine Mission. Und bin gespannt auf mein Leben in Deutschland.

Kurz nach Mitternacht kommen wir am 6. Mai 1970 in Essen-West an. In der kleinen Mansardenwohnung organisiert HAP meinen Schlafplatz unter der Dachschräge der kleinen Wohnküche. Meine Decke, die noch ein bisschen nach Birgit duftet, breitet er neben dem Fressnapf auf dem Fußboden aus. Über mir hängt ein Schwarz-Weiß Foto an der Wand, das HAP von Gudrun gemacht hat. Daneben ein Poster mit dem Songtext von LEONARD COHENS »*Suzanne*«. Das Schlafzimmer von Gudrun und HAP ist nebenan, dekoriert mit anderen Fotos, einem Poster von ROGER DALTREY mit weißer Fransenweste und dem Plattencover der Doppel-LP *Blonde on Blonde* von BOB DYLAN, die HAP 1966 bei einer Klassenfahrt in London gekauft hatte. Da es die LP in dieser Form in Deutschland nie gab, hütet er sie wie ein kostbares Kleinod. Die Tür zum Schlafzimmer lassen die beiden offen. Aber als ich ihnen kurze Zeit später einen Besuch abstatten will, schickt Gudrun mich auf meinen Schlafplatz zurück.

Kriegsmutter

Erst ein Jahr später, bei einem Besuch von HAP, Gudrun und mir in der neuen Wohnung von HAPs Eltern in Hannover-Laatzen – direkt am Maschinenpark der Baufirma Hochtief, den HAPs Vater betreut – sollte ich aus dem Mund von Kjelds Schwester – d.h. HAPs Mutter – Marie Nielsen, erfahren, welches historisches Ereignis sich hinter Kjelds Verlegenheit seinem Freund Arne gegenüber verbirgt. Während der Vater sich gleich nach unserer Ankunft zu den Maschinen im Hof zurückzieht, schüttet Marie uns ihr Herz aus.

Als ältestes Kind war Marie schon als 14-jährige daran gewöhnt zu arbeiten, um ein paar Kronen für den fünfköpfigen Haushalt mitzuverdienen. Einige Jahre als Haushalts- und später als Kaufmannshilfe. Im April 1940 besetzen Hitlers Wehrmachtstruppen Dänemark und bauen in Karup, in der Nähe vom Wohnort der Familie Nielsen einen Flughafen als strategischen Stützpunkt aus. Als sie einheimisches Personal für die Flughafenkantine suchen, meldet sich Marie, damals gerade mal 20 Jahre alt, blond, blauäugig, hohe Stirn, ausgeprägte Wangenknochen, kräftige Schultern – exakt der Typ arische Frau, von der Hitler und Goebbels träumen – für einen der gutbezahlten Jobs. Die Wehrmachtsleitung nutzt Dänemark und den Flughafen Karup gleichzeitig als Erholungsurlaub für verdiente Frontsoldaten, zu denen zu dem Zeitpunkt HAPs Vater Hermann gehört.14 Als Marie an einem milden Frühlingsabend 1942 das Flughafengebäude verlässt, hat sie längst den schlanken, schwarzhaarigen Soldaten in Wehrmachtsuniform bemerkt, der in einem offenen VW-Kübelwagen lässig Runden auf dem Flugplatz dreht und jetzt direkt vor ihr abrupt abstoppt. »*Smuk-*

14 Anfangs hat Sheila immer »Herr Mann« verstanden

ke pige, jeg elsker dig. Har du ikke smørmærker til mig[15]*?*«, radebrecht er lachend auf Dänisch. Marie lächelt zurück. »In seiner Uniform sah er total attraktiv aus«, erklärt sie uns.

Buttermarken hatte sie keine. Sie hatten ja zu Hause selbst kaum genug Essen zum Überleben. Trotzdem lädt der attraktive schwarzhaarige Deutsche die blonde dänische Küchenhilfe zu ein paar Runden im VW- Kübelwagen ein. Und offensichtlich auch zu mehr, wie sich bald herausstellen sollte.

Nach zwei Wochen deutsch-dänischer Intimität ist der aufbauende Fronturlaub für Hermann zu Ende. Und Marie wieder allein. Ein paar Wochen später macht ihr häufige Übelkeit zu schaffen, die sie sich aber nicht anmerken lässt. Dass danach ihre Regel ausbleibt, behält sie ebenfalls für sich. Als aber nach 6 Monaten ihre neuen Rundungen nicht mehr zu übersehen sind, und die Nachbar- wie Verwandtschaft etwas von schwanger insinuiert, stellt ihre Mutter sie zur Rede.

Tränen fließen. Nachbarn und Verwandte meiden die Familie Nielsen. Was tun? Marie will nicht abtreiben. Dafür ist es zu dem Zeitpunkt ohnehin zu spät. Aber wie und wo kann sie ein Kind in diese Welt setzen? Wie und wo soll das von einem deutschen Besatzer gezeugte Kind aufwachsen? Außer der Frucht unter ihrem Leib hat sie von Hermann nur einen handschriftlich in Sütterlinschrift[16] verfassten Zettel mit der Adresse seiner Eltern in Kölzig[17] bei Arnswalde (Pommern). Sie will mit ihrem Bauch nach Pommern fahren,

---

15 Schönes Mädchen, ich liebe dich. Hast du nicht ein paar Buttermarken für mich?

16 1925 wurde in Preußen die von Sütterlin entwickelte Schrift in der Schule eingeführt und 1935 von der NS-Regierung als »Deutsche Volksschrift« für ganz Deutschland vorgeschrieben.
ordentlichen jungen Mann

17 Heute *Kolsk*. Seit der neuen Grenzziehung durch die Alliierten im Jahr 1945 auf polnischem Staatsgebiet.

erklärt sie provokativ ihrer Mutter – und hofft dabei, dass die Mutter (HAPs Großmutter, »bedstemor«) sie in den Arm nimmt und sagt: »Ach, komm, Kind. Bleib hier. Wir finden schon einen Ausweg.«

So hofft sie bis zuletzt, erklärt sie uns. Bis sie auf den Bahnsteig treten, wo der Zug Richtung dänisch-deutsche Grenze laut zischend Dampf ablässt. »Mach's gut (*har det godt*)«, sagt die Mutter, die Maries kleinen Bruder Kjeld an der Hand hält. Kjeld ist zu dem Zeitpunkt 5 Jahre alt. »*Farvel* (tschüs)«, sagt Kjeld und umarmt seine Schwester. Marie besteigt den Zug, wo ein älterer Mitfahrer, der Mitleid mit ihrem Bauch und ihren Tränen hat, ihren Koffer auf die Gepäckablage hievt.

In Padborg steigt sie aus und versucht vergeblich, ein Zugticket nach Arnswalde (Deutschland) zu kaufen. Zu Fuß überquert sie die Grenze und zeigt dem deutschen Schalterbeamten auf der anderen Seite Hermanns Zettel. Marie versteht nicht, was er sagt, bekommt aber am Ende ein Papier, mit dem sie in den Zug Richtung Hamburg einsteigen kann.

(Edwin Starr – *War*)
War, huh, yeah/ What is it good for/
Absolutely nothing

In Neumünster fallen dann die ersten Bomben und beschädigen die Gleisanlagen. Am Horizont brennen die Häuser. Man spricht von Phosphorbomben. Der Zug wird umgeleitet, kommt aber wegen der zerstörten Gleisanlagen nicht bis Hamburg durch. Marie schließt sich mit ihrem Koffer, dem runden Bauch und dem Stein im Herzen einem älteren Ehepaar an. Gemeinsam suchen sie in der Nacht Schutz in einem Getreideschuppen gleich neben den Gleisen. In einem nahegelegenen Brunnen finden sie Trinkwasser, mit dem sie sich am Morgen frisch machen für die Suche nach irgendeinem fahrenden Zug. Nach mehreren Kilometern Fußmarsch erreichen sie einen, der sich im Schritttempo Richtung Süden bewegt. Sie holen den Zug ein und steigen auf, obwohl Marie eigentlich nach Osten will. Nach Kölzig. In das Dorf von Hermanns Eltern, wo sie hofft, ihr gemeinsames Kind gesund zur kriegsgeschüttelten Welt zu bringen.

Nach weiteren Bombardierungen und unzähligen Reiseunterbrechungen kommt sie nach mehr als einer Woche völlig erschöpft aber unversehrt am Zielort an. Da sie kein Wort Deutsch spricht, zeigt sie den Leuten auf der Straße immer wieder Hermanns Zettel. Bis sie schließlich vor dem Gasthof auf ein altes, gekrümmtes Mütterchen trifft. Die alte Frau liest den Zettel, nimmt Marie an die Hand und geleitet sie zu einem kleinen Backsteinhaus mit großem und gepflegtem Gemüsegarten und Blumenrabatten. An der Tür klopft sie an. Eine ebenfalls gebeugte Frau mit Kopftuch öffnet und mustert Marie neugierig mit ihren kleinen, wachen Mäuseaugen. Dann macht sie ihr Zeichen, ins Haus zu treten. Marie gibt ihr den Zettel und bricht in Tränen aus. Immer wieder. Mehrere Stunden lang. Hermanns Mutter versucht sie zu trösten und bettet sie im Zimmer ihres an der russischen Front für den deutschen Endsieg kämpfenden Sohnes.

Nach 14 Stunden Schlaf weckt Hermanns jüngster Bruder Arthur Marie und bringt ihr einen Malzkaffee ans Bett. In den folgenden Wochen wird er dann ihr ständiger aufmerksamer Begleiter, der ihr auch die ersten Worte Deutsch beibringt. »*Ich heiße Marie. Ich komme aus Dänemark. Mein Haar ist blond. Meine Augen sind blau. Ich habe arisches Blut.*« Arthur ist es auch, der schnell zum Bahnhof radelt, als sie per Feldpost erfahren, dass Hermann eine Woche Fronturlaub hat und nach Kölzig kommt. Arthur soll Hermann warnen, damit er nicht als erstes Else, seine langjährige Verlobte im Dorf, aufsucht.

Marie erzählt uns nicht viel von diesem ersten Wiedersehen auf deutschem Grund und Boden. Nach einer Woche muss Hermann wieder an die Front zurück. Russen killen. Sechs Wochen später kommt Hans-Jürgen, Sohn von Marie und Hermann, in Kölzig zur Welt. Das (Über-)Leben ist hart. Hans-Jürgen stirbt an Diphterie, als er ein Jahr alt ist.

Gleichzeitig bricht die Front der deutschen Wehrmacht in Russland total zusammen.

Die Rote Armee ist auf dem Vormarsch Richtung Westen. Begleitet von dem Ruf, dass sie aus Rache für das barbarische Vorgehen der Wehrmacht auf sowjetischem Gebiet wild plündern und vergewaltigen würden. Barbaren im Krieg. Auf beiden Seiten. Marie und alle andern im Dorf – vor allem die Frauen – haben Angst. Sie packen das Nötigste in einen Bollerwagen, den Hermanns Vater Paul aus Holzleisten zusammengebaut hat, und flüchten Richtung Westen. Monatelang sind sie unterwegs. Völlig ausgezehrt von Hunger und Qualen. Ständig mit der Angst vor Bombardierungen, Russen und Vergewaltigung im Rücken. Marie stockt immer noch der Atem, als sie sich zurückerinnert.

»Man kann das Elend unmöglich beschreiben«, sagt sie. »Es gibt keine Worte dafür. Weder auf Dänisch noch auf Deutsch.«

Sie erzählt von der jungen Mutter am Straßenrand, die ihr totes Baby in den Armen hält und schreit und schreit. Sie will nicht weiter. Sie kann nicht. Hermanns Mutter nimmt ein wollenes Tuch aus dem Bollerwagen und legt es ihr über die Schultern. Marie ist froh, dass Hans-Jürgen schon vorher in Kölzig gestorben ist und dort wenigstens ein ordentliches Grab hat.

Komplett am Ende ihrer Kräfte erreichen sie schließlich völlig ausgemergelt Schleswig Holstein, wo sie in einem Auffanglager für Flüchtlinge untergebracht werden. Hier erreicht sie auch die Nachricht von der bedingungslosen Kapitulation der deutschen Wehrmacht am 8. Mai 1945.

Was ist mit Hermann? Hat er überlebt? Wo ist er?

Beim Roten Kreuz suchen seine Eltern Antwort auf ihre Fragen. Und erfahren, dass ihr Sohn sich in Österreich in amerikanischer Kriegsgefangenschaft befindet. Bei bester Gesundheit kümmert er sich dort auf einem Flughafengelände um die Instandhaltung der US-Jeeps. Im offenen Armee-Jeep dreht er routiniert Proberunden auf dem Flugplatz. Wegen guter Führung wird er vorzeitig aus der Gefangenschaft entlassen und seiner Familie in Schleswig-Holstein, der britisch besetzten Zone, zugeführt.

»Warum bist du denn nach Kriegsende nicht nach Dänemark zurück zu deiner Familie?«, fragt HAP seine Mutter an jenem Abend in Hannover, als sie uns ihr Herz ausschüttet.

»Wie hätte ich denn zurückgehen können? Meine eigene Mutter und meine ganze Familie hatten mich doch verstoßen, weil ich mich mit einem Deutschen eingelassen hatte. In Dänemark wäre ich als *feldmadras* (Feldmatratze) beschimpft und vielleicht kahlgeschoren worden.«[18]

»Aber wolltest du denn wirklich wieder mit Hermann zusammenkommen? Du warst doch nach dem Tod von Hans-Jürgen eigentlich frei. Oder hast du Hermann richtig geliebt?«, will HAP von seiner Mutter erfahren. »Geliebt? Liebe? Was weiß ich … Ich hatte doch keine Wahl.«

---

18 Nach Ende der Besatzung wurden viele der 40.000 – 60.000 dänischen Frauen, die sich mit deutschen Besatzern eingelassen hatten, in ihren Heimatorten öffentlich angeprangert und unter Beleidigungen durch die Straßen getrieben. Einigen wurden die Kleider vom Leib gerissen und etlichen wurden die Haare abgeschnitten.

Ohne Wahl – und ohne Liebe – hat sie dann ihr ganzes Leben an der Seite von Hermann verbracht und ihm – neben einigen Abtreibungen und Fehlgeburten – drei weitere Kinder geboren: HAP und seine beiden jüngeren Geschwister Hans-Dieter und Ingrid.

(The Clash – *Should I stay or should I go*)
Should I stay / or should I go now

Im Grunde verdankt HAP seine Existenz – wie wir alle – dem Zusammenspiel von mehr oder weniger zufälligen Faktoren. In meinem Fall war es die Hochzeitsreise von Kjeld und Birgit, die meine Mutter Ditte in direkten und fruchtbaren Körperkontakt mit dem geflohenen Grenzhund brachte. In dem konkreten Fall von HAP der 2. Weltkrieg, die deutsche Besatzung Dänemarks, die Blauäugigkeit der jungen und attraktiven Marie Nielsen sowie die Anziehungskraft des uniformierten deutschen Soldaten Hermann. Mit direktem und fruchtbarem Körperkontakt.

Hermann, HAPs Erzeuger, hat seinen Sohn übrigens nach diesem Besuch in Hannover offiziell verstoßen. Für einen Antrag auf die einkommensabhängige Studienförderung nach dem Honnefer Modell benötigt HAP die Steuererklärung seines Vaters. Hermann verweigert. Die Begründung teilt er dem Studentenwerk schriftlich mit.

»Mein ehemaliger Sohn Harry hat von mir eine Steuererklärung für ein Stipendium verlangt, was ich hiermit verweigere. Mein ehemaliger Sohn will Psychologie studieren, womit ich nicht einverstanden bin. Da mein ehemaliger Sohn immer alles besser weiß, kann er sich auch ohne meine Hilfe selbst um die Finanzierung seines Studiums kümmern.«

20 Jahre lang haben die beiden sich dann nicht mehr gesehen oder gesprochen. (Mit Marie, seiner Mutter, die diese Situation geduldig aber leidvoll erträgt, organisiert HAP in der Zeit 4 oder 5 klandestine Treffen unter dem Reiterdenkmal von Ernst August am Hauptbahnhof von Hannover. Hermann hat nie davon erfahren.)

Ich dagegen habe meinen Vater überhaupt nie kennen gelernt. Ehrlich gesagt, weiß ich nicht, was besser ist.

Ähnlich wie ich, ist auch HAP nicht sonderlich stolz auf seinen Stammbaum. Und ähnlich wie ich, trägt auch er zwei genetisch unterschiedliche Seelen in seiner Brust.

Studium in Bochum

Zwei Tage nach unserer Ankunft in Essen fährt HAP nach Bochum, wo er an der neuen Ruhr-Universität im ersten Semester Psychologie studiert. Am meisten interessieren ihn die Vorlesungen über kindliche Sozialisation von Professor Heckhausen, der mit Vorliebe über die Beobachtungen und Erfahrungen mit seinen eineiigen Zwillingen berichtet. HAP ist überzeugt davon, dass der Einfluss der Umgebung wesentlich wichtiger für die Entwicklung eines Kindes (oder Hundes bzw. Hündin) ist als die genetischen Erbanlagen. Als Beleg dienen ihm die Fotos von eineiigen Zwillingen aus den USA, die als Babys getrennt wurden und in unterschiedlichen sozialen Milieus aufwuchsen. Im Erwachsenenalter unterschieden sich die Zwillinge sichtlich bis hin zu Statur und Körpergröße. Auf den ersten Blick schienen sie Personen unterschiedlicher Herkunft zu sein. (Über die Entwicklung von Hunden und Hündinnen aus dem gleichen Wurf sind keine Untersuchungen bekannt.)

Ein anderes Gebiet, von dem er zu Hause gerne berichtet, sind die Tierversuche, die die Studenten und Studentinnen mit weißen Laborratten zur Untermauerung der Skinner'schen Lerntheorie durchführen. HAP kümmert sich zusammen mit seinem Kommilitonen Wolfgang J. – dessen Haarpracht ihn an TIM BUCKLEY oder JIMI HENDRIX erinnert – um die Versorgung und Lernerfolge von Ratte *Nostradamus*. Nach 5 Tagen hat Nostradamus den Bogen raus und weiß, wie er zu seinem Futter kommt. Er stellt sich auf die Hinterbeine und drückt pausenlos die Taste, die über einen einfachen Mechanismus Futterkügelchen auswirft. Einmal drücken, einmal Futter. Wolfgang und HAP wollen ihm einen Preis für das intelligenteste Wesen auf Erden verleihen.
Bei der vom AStA organisierten Studienberatung für die Neuen, lernt HAP Adam Z., einen Psychologiestudenten aus einem höheren Semester kennen, der ihm von der Projektgruppe Brelohstraße erzählt und ihn zum nächsten Plenum der Studentengruppe einlädt.

Brelohstraße ist die Bochumer Adresse für Obdachlose. Die Notunterkünfte der Brelohstraße stellen im sozialen Verwaltungswesen der Stadt Bochum die unterste Stufe dar. Als HAP seine Mitarbeit in diesem Projekt beginnt, befinden sich rund 600 Personen in diesem Asyl, das sich fernab von den bürgerlichen Vierteln und abgekoppelt vom öffentlichen Verkehrssystem in der Nähe des Hauptfriedhofs befindet. Hinter Fabrikruinen und einem Schrottplatz, gleich neben dem Bahndamm. Außer einer Gruppe von Sinti und Roma sind hier hauptsächlich kinderreiche Familien der untersten Arbeiterschicht eingewiesen, die aufgrund von Arbeitslosigkeit, Krankheit oder Alkoholsucht ihre frühere Mietwohnung nicht mehr bezahlen konnten.

Adam Z. und Eva N., die älteren Psychologiesemester, die das Projekt 1968 gegründet haben, erklären die Ziele und

Aktivitäten ihrer Arbeit. Sie verstehen die Arbeit im Zusammenhang mit anderen revolutionären Projekten, die langfristig auf einen Sturz des Kapitalismus zielen. Im Asyl widmen sie sich vorwiegend der Arbeit mit den Vorschulkindern. Politisch stehen sie der maoistischen KPD / ML nahe, für die sie ein klassenbewusstes proletarisches Erziehungsprogramm entwickeln wollen. HAP sagt seine Mitarbeit zu und nimmt mich eine Woche später mit zu den Kindern in der Brelohstraße.

Laut johlend begrüßen uns die Kinder. Vier oder fünf stürzen sich gleich auf mich. Einer zieht mich am Schwanz, bis HAP eingreift und die Kinder schimpfend zurückscheucht. Ich mache mich durch lautes Bellen bemerkbar und fühle mich unwohl in dieser ungewohnten lauten Umgebung. Ein beißender Geruch nach Pisse, Feuchtigkeit und Schmutz steigt mir in die Nase.

Für das Frühstück und die pädagogischen Aktivitäten hat die Stadtverwaltung der Projektgruppe zwei Räume in einer der in Billigstbauweise hergestellten Betonbaracken des Asyls zur Verfügung gestellt. In beiden Räumen stehen niedrige Tische und Stühle. In einem der Räume befindet sich ein kleiner Schrank, in dem ein paar Kinderbücher, verschiedene Tischspiele, Bälle, Papier, Buntstifte und ein tragbarer Plattenspieler aufbewahrt werden. Am liebsten hören die Kinder das Lied vom *Baggerfahrer Willibald.*

(Dieter Süverkrüp – *Baggerführer Willibald*)
Es ist am Morgen kalt/ Da kommt der Willibald/
Und klettert in den Bagger/ Und baggert auf dem Acker/
Ein großes, tiefes Loch/ Was noch?

Die Kinder kennen – und lieben den Frühstücksablauf. Sie setzen sich auf ihre Plätze, obwohl einige besonders lebhafte, wie Hubert und Josef, nur schwer zu bändigen sind. Zuerst halten sie mich wieder fest umarmt und dann ziehen sie den anderen Kindern die Stühle weg. Als die Äpfel, Brötchen und der Kakao verteilt werden, sitzen aber doch alle auf ihren Plätzen. Danach machen sie auf dem Hof verschiedene Fang- und Gruppenspiele, deren Regeln oft chaotisch durchbrochen werden.

Wieder zu Hause trägt Gudrun mich unter die Dusche, weil sie meint, dass ich schmutzig bin und stinke. Stimmt wahrscheinlich. Nicht alle sind für die Arbeit mit den Brelohkindern geeignet. Einige Studenten und Studentinnen halten den Schmutz und Gestank nicht aus und ziehen sich schnell wieder in die Universitätsseminare zurück.

Die unleugbare Herkunft der Kinder sorgt auch dafür, dass die Kinder aus der Brelohstraße in der Regel nicht normal eingeschult werden sondern nach zweimaligem Nicht-Bestehen des in den 70er Jahren obligatorischen Schulreifetests ihre Schulkarriere gleich in der Sonderschule beginnen. Die meisten Kinder haben vorher noch nie einen Bleistift in der Hand gehalten und sind folglich nicht in der Lage, die Muster in den Kästchen auf dem karierten Test-Papier nachzuzeichnen. Und sie sprechen auch kein Hochdeutsch.

HAP und seine Kommiliton:innen beginnen deshalb ein spezielles Schulreifetest-Vorbereitungsprogramm. Und sie haben Erfolg. Alle Brelohkinder des Jahrgangs müssen eingeschult werden. Spätestens nach einem Jahr werden die meisten von ihnen aber von der Schule wieder nach Hause oder auf die Sonderschule geschickt, weil sie mit ihrer Kleidung, Geruch und Verhalten nicht in das soziale Muster der Klassen passen. Ihr Werdegang in der kapitalistischen Leistungsgesellschaft wird damit vorprogrammiert.

Von den wenigen auf der Grundschule verbliebenen Kindern wird keins von den Lehrern oder Lehrerinnen für den Besuch eines Gymnasiums empfohlen – nicht einmal, wenn es intellektuell dazu in der Lage wäre.

In einem Seminar erfährt HAP von empirischen Untersuchungen, die belegen, dass von Kindern aus dem Arbeitermilieu, die nach den gängigen Tests für das Gymnasium intellektuell geeignet wären, nur 19 % tatsächlich auf einem Gymnasium landen.

Dabei sind diese Tests, die vorgeblich Intelligenz messen, selbst in Frage zu stellen. Vor allem in den USA wurde Anfang der 60er Jahre viel über den Zusammenhang von Intelligenz und Schichtzugehörigkeit geforscht. Die Tests benachteiligen allesamt Kinder aus unteren sozialen Schichten, da die Aufgaben, Situationen und sprachlichen Handlungen auf das Leben in der Mittelschicht zugeschnitten sind.

Aufgrund der Kritik an dem »middle-class-bias«[19] der Intelligenztests entwickelten zwei Psychologen aus den USA, Davis und Eells, 1963 einen schichtunabhängigen Test mit Situationen aus dem unterschiedlichen Alltagsleben der US-Kinder aus verschiedenen Schichten, der Lösungsverhalten für verschiedene alltägliche Situationen erforderte. Die Sprache war nicht akademisch und mehr am gesprochenen Wort als an der Schriftsprache orientiert. Der Test sah aus wie ein Comic und wurde wie ein Spiel durchgeführt.

Die Projektgruppe Brelohstraße nimmt das als Impuls, um einen Vergleichstest mit ihren Kindern und einer Gruppe von Studenten- und Professorenkindern aus dem Uni-Kindergarten durchzuführen.

Unter Anleitung von Adam und Eva entwickeln die Student:innen einen schichtunabhängigen Test mit alltäglichen

19 Verzerrung zugunsten der Mittelschicht.

Problemsituationen aus den beiden unterschiedlichen Umgebungen der Kinder. Sie wollen damit die als Problemlösefähigkeit definierte Intelligenz messen. Überraschung: Es gibt keine signifikativen Unterschiede zwischen der Intelligenz der Brelohkinder und denen aus dem Universitätskindergarten. Trotzdem ist allen bewusst, dass die Uni-Kinder vermutlich alle einmal studieren und Karriere machen werden. Während die Zukunft der Brelohkinder Fabrik heißt. Wenn sie Glück haben.

HAP und seine Kommiliton:innen leiten daraus ab, dass sie die Brelohkinder zu klassenbewussten Kindern erziehen müssen, die sich solidarisch zu wehren und ihren Platz in der Gesellschaft zu erobern wissen. Sie sollen die Diskrepanzen zwischen arm und reich, Villenbesitzern und Asylbewohnern, Bürgerkindern mit garantiertem Hochschulplatz und Obdachlosenkindern mit Sonderschulgarantie als Klassenbedingungen erkennen und sich aktiv gegen ihre Einordnung am unteren Ende der Gesellschaft wehren.

Zu diesem Zweck entwickeln die Student:innen spezielle Lernspiele und organisieren Exkursionen, wo die Kinder Lebens- und Arbeitsbedingungen von Arbeitern und Kapitalisten (»Bonzen«) kennen lernen sollen.

Anfang 1971 sperrt die Stadtverwaltung der Projektgruppe die Räume in der Brelohstraße ohne Angabe von Gründen und verwehrt ihnen den Zugang zur Obdachlosensiedlung.

Ich kann mir denken warum. Die Projektgruppe auch.

Die Student:innen finden daraufhin Asyl bei der evangelischen Studentengemeinde der Universität, die ihnen einen Raum für die weitere Arbeit mit den Obdachlosenkindern zur Verfügung stellt. Wenn es nicht regnet, geht's aber in der Regel nach draußen. In die Ruhrwiesen z. B., wo die Kinder sich frei bewegen und austoben können. Die Student:innen versuchen dabei, die Bewegungsspiele mit politischen Inhalten zu versehen. Das traditionelle und rassistische »Wer-hat-Angst-vorm-Schwarzen-Mann?« wird so zum »Wer-hat-Angst-vor-der-Polizei?« Bei einem anderen Spiel bilden die Kinder einen festen Kreis, in dessen Mitte ein Kind – das »Brelohkind« – steht. Außerhalb des Kreises steht ein anderes, das die Rolle der Fürsorgerin übernimmt. Die *Fürsorgerin* klopft an.

»Ist das Brelohkind da?«
»Ja, was willst du von ihm?«
»Ins Heim bringen.«
»Das schaffst du nicht. Versuch's doch mal!«

Zusätzlich bereiten die Student:innen spezielle Lern- und Rollenspiele vor, mit denen sie den Kindern – auf ihrem Niveau – das Wesen der kapitalistischen Gesellschaft, Produktionsabläufe und Klassengegensätze vermitteln wollen. Das Kokosnussspiel z. B., bei dem die Kinder mit viel Begeisterung das Kokosnusslied[20] singen. Am Ende überfallen sie den Plantagenbesitzer und klauen ihm die Kokosnüsse.

Zum Wintersemester 1970 beginnt Dagmar, eine hübsche und sympathische Psychologiestudentin mit strahlend grünen Augen und langen Beinen, ihre Mitarbeit in der Projektgruppe. Manchmal begleitet sie HAP und mich auf Spaziergängen, wenn wir die Kinder im Asyl zurücklassen. Im Frühjahr organisiert HAP mit ihr eine Exkursion zur (»Bonzen«-)Villa Hügel. Vorher gibt's auf Wunsch der Kinder noch eine Dampferfahrt auf dem Baldeneysee. Ich darf nicht mit

20 Die Affen rasen durch den Wald/ Der eine macht den andern kalt/ Die ganze Affenbande brüllt/ Wo ist die Kokosnuss? Wo ist die Kokosnuss?/Wer hat die Kokosnuss geklaut?/Wo ist die Kokosnuss?/ Wo ist die Kokosnuss?/Wer hat die Kokosnuss geklaut?

– will ich auch gar nicht – und muss im Auto warten. Als sie wieder anlegen, strahlen auch HAPs Augen. Schön. Er, Dagmar und die Kinder – alle sind bester Laune und scheinen sehr zufrieden. Die positive Stimmung steigt noch mehr, als Brötchen und Kakao für das Picknick am Ufer verteilt werden. Plötzlich sehe ich, wie HAP vor Schreck erstarrt und bleich wird. Er verteilt den Kakao und ist bei Ina angelangt.

Ina, mit 4 Jahren das zweitjüngste Kind von 8 Geschwistern, steht bei allen Aktivitäten immer stumm abseits und blickt mit ihren großen dunklen Augen wort- und bewegungslos ins Leere. Sie spricht nie und zeigt keinerlei Emotionen – egal was die Student:innen oder anderen Kinder sagen oder machen. Mich streichelt sie nur manchmal sanft, wenn kein anderes Kind in der Nähe ist. Eigentlich dachte ich immer – wie die meisten Student:innen, dass sie aufgrund irgendeiner Behinderung nicht sprechen könne. Ich traue deshalb meinen Ohren nicht, als mich Schallwellen erreichen, die von einer leisen Stimme ausgehend deutlich vernehmbar das Wort »Danke«" formulieren, als HAP ihr den Kakao reicht. Das erste Wort von Ina nach 10 Monaten Brelohstraße. Ich sehe die Gänsehaut auf HAPs Armen und kann sein emotionales Durcheinander verstehen.

Zwei Wochen später berichtet er Gudrun zu Hause von Ina und Dagmar. Gleichzeitig erklärt er, dass er gerne das nächste Wochenende mit ihr, d. h. mit Dagmar, in Bochum verbringen möchte. Nach allem, was ich beobachtet habe, verwundert mich das nicht sonderlich. Aufgrund der positiven Schwingungen, die ich zwischen beiden gespürt habe, finde ich das nur natürlich und freue mich für beide. Hoffentlich nimmt HAP mich mit, und wir gehen wieder gemeinsam in den Ruhrwiesen spazieren.

Baff bin ich allerdings über das, was nach dieser Offenbarung kommt. Gudrun tobt und zerschmettert HAPs Lieblingstasse auf dem Fußboden. Einige Scherben fallen auf meine Decke. HAP versucht zu beruhigen. Erinnert sie daran, dass sie doch gerade vor einer Woche in der Lese- und Diskussionsgruppe mit ihren Freund:innen Udo P. und Marina K. über Arno Placks *Die Gesellschaft und das Böse*[21] diskutiert haben. Über die Verlogenheit der bürgerlichen Moral, die sexuelle Unterdrückung, die Notwendigkeit von Ehrlichkeit und Vertrauen in Beziehungen, die anders sein sollen als die von ihren unterdrückten und unterdrückenden Eltern.

Gudrun hört nicht zu. Sie läuft ins Schlafzimmer, reißt die DYLAN-Plattenhülle *Blonde on Blonde* von der Wand und versucht sie zu zerstückeln. HAP hinterher. Beide ziehen an dem Plattencover, bis HAP Gudrun eine Ohrfeige versetzt. »Du hast mich geschlagen! Fahr doch nach Bochum und bleib für immer da! Ich will dich nie mehr sehen!« Danach sitzen beide schluchzend auf dem Boden.

Ich kann mich nur wundern: Menschen sind wirklich komplizierte Wesen. Und sicherlich nicht die intelligenteste Spezies auf dieser Welt. Das viele Lesen und Studieren macht sie nicht unbedingt schlauer für die Bewältigung des täglichen Lebens, für den Umgang mit anderen Menschen.

Nachdem HAP das Plattencover mit Uhu und Tesa halbwegs zusammengeflickt hat und beide sich irgendwie ausgesöhnt haben, beschließt Gudrun, in der Brelohstraße mitzuarbeiten. Auch wenn sie keine Studentin ist. Mit dem Chef des Ingenieurbüros in Essen-Süd, wo sie als eine Art Sekretärin arbeitet, bespricht sie ihr Vorhaben. Die neu verabredete Arbeitszeitregelung ermöglicht ihr, ohne große Probleme an zwei Nachmittagen mit nach Bochum zu fahren. Sie bekommt schnell einen guten Draht zu den Kindern. Hubert, eins von den wildesten Kindern, fragt sie gleich am ersten Tag, ob sie mit HAP »gepoppt« hat.

---

21 Arno Plack: *Die Gesellschaft und das Böse. Eine Kritik an der herrschenden Moral*, Paul List Verlag, 1967.

Dagmar hatte in der Zwischenzeit ihre Mitarbeit aufgegeben, was ich ein bisschen schade finde. HAP wahrscheinlich auch – oder vielleicht auch nicht.

Im Sommer 1971 mietet HAP ein Bauernhaus in Dänemark. Die Projektgruppe Brelohstraße will dort ihre Erfahrungen zusammentragen und als Buch veröffentlichen. Marxistische Theorie und Praxis in der Pädagogik. Inklusive ein programmatisches »Proletarisches Vorschulprogramm« für die Erziehung zu klassenbewussten Arbeiterkindern.

Bei den stundenlangen Theoriediskussionen höre ich nicht zu. Sie ermüden mich. Namen wie Leontjew, Rubinstein, Wygotski sagen mir nichts. Und – ähnlich wie HAP – interessiert mich auch nicht besonders Adams Bemühen zu beweisen, dass die sowjetischen Psychologen – im Gegensatz zu Mao Tse Tung[22] – die Lehren von Marx und Engels nicht richtig anwenden. Als Adam zusammenfassend die Unterschiede zwischen Mensch und Tier als Anpassung (beim Tier) und Aneignung der Umwelt bei den Menschen und Kindern festschreibt, kann ich halbwegs zustimmen. Letztendlich passe ich mich als Hündin – mit der Mission, zeitlebens auf HAP aufzupassen – ständig der jeweiligen Umgebung an. Und ich verstehe auch das Bemühen der Student:innen, den Kindern aus der Brelohstraße und ähnlichen gesellschaftlichen Bedingungen ihre Lage begreifbar zu machen, um sie in der Zukunft (hoffentlich) klassenbewusst zu verändern.

HAP arbeitet an der Redaktion des praktischen Teils. Klassenkampferziehung. Zusammen mit Gudrun wählt er Tagesprotokolle ihrer zweijährigen Arbeit aus, aus denen – nach vielen Diskussionen – ein »Proletarisches Vorschulprogramm« entwickelt wird.

---

22 Mao Zedong.

Kaum Diskussionen gibt es in der Gruppe dann um den Titel des Buches.

Hi ha ho – die Bonzen komm'n ins Klo. Mit diesem bei den Brelohkindern so beliebten Schlachtruf als Titel erscheint das Buch 1973 in dem Hamburger Verlag Association.

Die Verlagsgespräche finden in der Hamburger Wohnung von Karin und Cäsar statt. Cäsar hat wegen seiner Aktivitäten im Pariser Mai 1968 und trotz (oder wegen) seiner Liebe zu französischer Musik und französischem Wein Einreiseverbot in Frankreich. Er bereichert HAPs musikalischen Horizont um das französische Chanson. Vielleicht ein bisschen zu spät.

(Boris Vian/Serge Regianni – Le déserteur)
Monsieur le Président/ Je ne veux pas la faire/
Je ne suis pas sur terre/ Pour tuer des pauvres gens
(Herr Präsident/ ich werde nicht antreten/
Ich bin nicht hier auf Erden/ um arme Menschen zu töten)

Das Buch erregt Aufsehen bei der Staatsanwaltschaft in Bochum. Sie nehmen einen Ausschnitt aus einem Protokoll zur Sexualerziehung als Anlass für ein Ermittlungsverfahren gegen Unbekannt. Delikt: »Unzucht vor Minderjährigen.«

Studentenpfarrer Hartmut D. muss vor Gericht, wo er zu 840 DM Geldstrafe verurteilt und mit Beugehaft bedroht wird, weil er sich weigert, Namen von Mitgliedern der Projektgruppe preiszugeben. Einen Tag später rückt die Sittenpolizei in die Brelohstraße ein. Die Zufahrtswege werden gesperrt, die Kinder zum Verhör gebracht. Ob die Studenten ihnen Arbeiterlieder vorgesungen haben und welche sie kennen, wollen die Sipo-Kriminalbeamten wissen. Die musikalische Hauptkommissarin V. singt ihnen das Lied vom *Baggerführer Willibald* und einiges mehr vor. Für die richtigen Antworten bekommen die Kinder Obst und Dauerlutscher.

Vorwand für diese Aktion ist ein Auszug aus einem Protokoll, das Gudrun über einen Tag innerhalb ihrer Kampagne zur Sexualaufklärung der Kinder angefertigt hatte. Als Material benutzten sie an dem Tag eine von HAP verfasste Aufklärungsgeschichte, verschiedene Nacktfotos und das Buch des Dänen Bernt H. Claesson *Sexualinformation für Jugendliche.*

In dem Protokoll heißt es: »Als wir die Sexbilder zeigten, waren sie rein aus dem Häuschen. (…) Die Bilder mit den beiden kleinen Kindern, die sich gegenseitig betasten, wollten einige Kinder wiederholt sehen. Als Walter S. und ich dann die einzelnen Schritte unseres Kennenlernens den Kindern auf Wunsch vorspielten, hatten sie viel Spaß daran. (Schritte = Tanzen, Händchenhalten, Küssen, Ficken.)«

PART II

Umzug nach Berlin

Nach bestandenem Vordiplom zieht HAP – mit Gudrun und mir – nach Westberlin. Zwei große Koffer stellt Gudrun bei ihren Eltern unter, während das Notwendigste in den bunt gestrichenen VW-Käfer gepackt wird, auf dessen Motorhaube in grüner Farbe das Wort »rot« gemalt ist.

HAP will an dem als rot und marxistisch verschrienen Holzkamp-Institut der FU sein Psychologiestudium fortsetzen. Und sich endlich in der kommunistischen KPD / ML[23] organisieren. Als er das letzte Mal in Berlin war, um sich an der Uni zu informieren, hatte er Reiner P. kennen gelernt. Beide freundeten sich schnell an und Reiner hatte ihm (uns) zugesagt, dass wir fürs erste in seiner WG unterkommen könnten, bis wir eine eigene Wohnung finden.

An der Grenze Marienborn werden wir rausgewinkt. Erst wollen die Grenzsoldaten der Nationalen Volksarmee meine Papiere sehen. Zum Glück bin ich nicht reinrassig und muss deshalb meinen Stammbaum nicht vorweisen. Sie geben sich mit dem Impfpass zufrieden. Dann fragen sie HAP, ob er »Waffen, Sprengstoff oder Funkgeräte« mit sich führe. Als er verneint, muss er unser ganzes Gepäck ausladen und zur Kontrolle in eine Baracke bringen.

Die ausgiebige Kontrolle verzögert unsere Ankunft in Berlin. Aber schließlich erreichen wir erwartungsvoll unser Ziel in Westberlin, die Baerwaldstraße in Kreuzberg, wo wir sogar direkt vor der Tür von Reiners WG einen Parkplatz finden.

Es gibt zwar kein freies Zimmer, aber wir sind froh, dass wir im »Berliner Zimmer«, dem Durchgangszimmer der einst

---

23 Erste kommunistische Partei der Nachkriegs-BRD mit maoistischer Ideologie. In Hamburg zur Jahreswende 1968/69 gegründet.

hochherrschaftlichen Wohnung unterkommen, das gleichzeitig als Gemeinschaftsraum der WG benutzt wird.

Wolle – einer der wenigen »reinrassigen« Berliner, die ich in Berlin kennen gelernt habe – hat für den nächsten Tag ein Abendessen vorbereitet. Indisch. Alle sitzen um den runden Tisch, unter dem ich es mir bequem gemacht habe. Noch Stunden nach dem Essen sitzen sie da mit Berliner Kindl und einem Joint, der rundgeht und für gute Laune sorgt. Entspannt lauschen sie den Erzählungen von Wolle über seine Reiseabenteuer. (HAP meint danach allerdings, dass der Joint bei ihm nichts ausgelöst habe, weshalb er für alle Zukunft auf das Rauchen verzichten will.) East of Eden tönt vom Plattenteller.

(East of Eden – *Northern Hemisphere*)
We like the Northern Hemisphere/
That's where the strangest things appear

Für das nächste Wochenende verabreden sie einen »Subbotnik«[24]-Einsatz, um einiges in der Wohnung zu renovieren. HAP streicht mit Adelheid A. (die mich instinktiv irgendwie an Birgit erinnert – keine Ahnung, ob es das Lächeln ist, ihre Stimme, der Duft …) das einzige hohe Fenster in »unserem« Zimmer. Adelheid muss sich eigentlich auf die Prüfung zur Schauspielschule vorbereiten, aber Subbotnik geht vor. Und

---

24 Freiwilliger Arbeitseinsatz. Der Begriff kommt aus dem Russischen; Subbota heißt Sonnabend. Lenin hatte diesen Begriff Anfang des 20. Jahrhunderts geprägt und in Sowjetrussland eine Welle von freiwilligen, unbezahlten Hilfsaktionen ausgelöst.

ich erkenne, dass HAP und Adelheid gerne zusammenarbeiten. Sie verstehen sich gut. Ich spüre die positiven Schwingungen und kann sie nachvollziehen. Daran ändert auch die Tatsache nichts, dass beide sich später aus den Augen verlieren. (Erst viele Jahre später sollte HAP Adelheid im Kino wiedersehen – als Freundin von Rosa Luxemburg. Auf der Leinwand.)

Einen Monat später bekommt HAP als verheirateter Student einen Wohnberechtigungsschein und mietet eine Zweizimmerwohnung des Sozialen Wohnungsbaus in Schöneberg.

Studium in Berlin

Mit der U-Bahn macht HAP sich auf den Weg zum Campus der FU in Dahlem, wo er ein Vorlesungsverzeichnis kauft und sich für Psychologie und Soziologie einschreibt.

Mit seinem langen Bart und den langen Haaren unterscheidet er sich äußerlich nicht wesentlich von den anderen Studenten. Trotzdem fühlt er sich noch irgendwie fremd in der bewegten Metropolen-Uni. HAP ist fest entschlossen, sich zu integrieren und, vor allem, sich zu organisieren. Im Psychologischen Institut sucht er Kontakt zur studentischen Zelle der KPD / ML (Roter Morgen). Dem bart- und humorlosen Studenten – mit ordentlichem Linksscheitel – erzählt er von seinem Studium in Bochum, der Brelohstraße und seinem Wunsch marxistische Psychologie zu studieren, um der Arbeiterklasse zu helfen.

»Als revolutionäre Studenten müssen wir der Arbeiterklasse dienen und von ihren Kämpfen lernen. Wenn du wirklich zur Revolution beitragen willst, kannst du dich hier in die Liste eintragen und erstmal Flugblätter vor AEG oder Siemens verteilen«, lautet die enttäuschende Antwort.

Drei- oder viermal nimmt HAP mich frühmorgens mit zu AEG, wo wir uns mit der KPD / AO[25] und SEW[26] um den besten Verteilerplatz streiten. Die meisten Arbeiter und Arbeiterinnen ignorieren uns.

»Geht doch nach drüben«, hören wir, falls uns mal jemand wahrnimmt. Und HAP ist emotional ziemlich am Boden, als ihm ausgerechnet ein junger, langhaariger Arbeiter grimmig entgegenschleudert: »Lass mich in Ruhe mit deinem kommunistischen Scheiß!«

Ein paar Tage später erzählt sein früherer Mitbewohner Reiner, dass sie in der Baerwaldstraße mit Freund:innen ein wöchentliches Treffen organisieren, um über die Programme der verschiedenen K-Gruppen zu diskutieren. *Die Partei aufbauen* heißt das kleine rote Buch, in dem alle Partei-Plattformen abgedruckt sind. HAP und Gudrun sagen ihre Teilnahme zu. Schade nur, dass Adelheid nicht dabei ist. Sie ist vollauf mit der Aufnahmeprüfung für die Max-Reinhardt-Schauspielschule beschäftigt.

Zwei Monate später hat die Lesegruppe alle Parteien durch. Und niemand ist überzeugt. Niemand organisiert sich. Lieber treffen sie sich spontan in Schöneberg im »Liliom«, wo sie weiter über Politik diskutieren und Bob Dylan oder Lou Reed in der Musikbox drücken. Während die anderen Bier trinken, stellt Kneipier Axel H. mir einen Napf mit Wasser neben den Tresen. Und Wirt Hansi S. wirft mir schon mal ein Stück Salamibrot zu.

---

25 Die Kommunistische Partei Deutschlands / Aufbauorganisation wurde 1970 in Westberlin von maoistisch orientierten Studenten der Freien Universität gegründet.

26 Sozialistische Einheitspartei in Westberlin. An Moskau und der DDR orientierte kommunistische Partei. 1962 gegründet.

(Lou Reed – *Walk on the Wild Side*)
She said, »Hey, babe/Take a walk on the wild side«
I said, »Hey, honey/Take a walk on the wild side«

Als Lou Reed in der Musikbox gerade für ein wildes Leben wirbt, platzt in diese angenehme Atmosphäre die Nachricht, dass die Bullen in Schöneberg Georg von Rauch[27] bei einer Großfahndung erschossen haben.

5 Monate vorher hatte er die Berliner Polizei und Justiz der Lächerlichkeit preisgegeben. Georg war zusammen mit seinem Freund Thomas Weisbecker 1970 verhaftet worden, weil sie angeblich dem reaktionären Hetzjournalisten Horst Rieck von der Illustrierten *Quick* zu Hause an die Wäsche gegangen seien und die Möbel geradegezogen hätten. Im Prozess verurteilt der Richter Georg, spricht aber Thomas Weisbecker frei. Georg, der wie Thomas einen afro-mäßigen Haarschmuck á la Jimi Hendrix trägt, steht bei diesen Worten auf, umarmt Thomas und verlässt unbehelligt das Gericht. Als die Schließer dann Thomas abführen wollen, protestiert der natürlich lautstark und verweist auf den Richter, der ihn gerade vor ein paar Minuten freigesprochen hat.

Eine Woche nach der Erschießung besetzt in Kreuzberg eine Gruppe von Jugendlichen nach einem Teach-in mit Ton-Steine-Scherben-Konzert in der TU ein Nebengebäude des leerstehenden Bethanienkrankenhauses. Spontan taufen sie es »Georg-von-Rauch-Haus«. Polizei und reaktionäre Presse toben.

---

27 Vor 30 Jahren wurde der Anarchist erschossen: »Der nie geklärte Tod des Georg von Rauch«. In: *Berliner Zeitung* vom 01.12.2001

(Ton Steine Scherben – *Rauch-Haus Song*)
Und wir schreien es laut/
Ihr kriegt uns hier nicht raus/
Das ist unser Haus.

Die Besetzung ist gut vorbereitet und zählt auf einen breiten Unterstützerkreis, zu dem auch Universitätsprofessoren und Sozialarbeiter:innen gehören. Die Vollversammlungen, auf denen über das weitere Vorgehen diskutiert wird, sind öffentlich. Wir waren nicht in der TU und kommen erst am zweiten Abend in Bethanien an. Das Haus ist abgedunkelt wie im Krieg und rundum bewacht von zottelhaarigen Jugendlichen, einige in Begleitung von gefährlich aussehenden Hunde-Artgenossen. Nachdem die Wachposten uns in Augenschein genommen haben, zeigen sie uns den Weg zum versteckten Hintereingang. Als die Tür auf Klopfzeichen hin von innen geöffnet wird, schlagen uns eine dicke Rauchwolke und ein hitziger Wortwechsel um das weitere Vorgehen und die Verhandlungsstrategie entgegen. Manfred K., einer der Profs, die auf Sperrmüllstühlen sitzen, schlägt die Bildung einer Delegiertengruppe vor, die mit dem engagierten »linken« SPD-Stadtrat Beck in Verhandlungen treten soll.

»Die hau'n uns doch eh nur wieder in die Pfanne«, entgegnen einige stimmgewaltige, mit Bierflaschen bewaffnete Treber:innen[28]. »Politiker sind alles professionelle Lügner.«

HAP hat seine Lederjacke an, die er beim Urlaub in Paris auf dem Flohmakt gekauft hat. (Ähnelt der Jacke, die Bob Dy-

28 Kinder oder Jugendliche, die aus ihrem Elternhaus oder Heimen geflohen sind und ohne festen Wohnsitz auf der Straße leben.

LAN auf dem cover von *Blonde on Blonde trägt.*) Er versucht, cool auszusehen. Trotzdem sieht man ihm auf den ersten Blick an, dass er nicht zu den Besetzer:innen gehört. Die Rauch-Haus-Jugendlichen kommen aus einer anderen sozialen Welt. Ein Teil sind Lehrlinge, andere Treber:innen, die von zu Hause oder aus Heimen abgehauen sind. Die Straße ist ihr Zuhause. Gudrun und HAP stehen etwas verschüchtert an der Wand und trauen sich nicht zu Wort. Fühlen sich fremd. Ich selbst fühle mich auch nicht besonders. Vor allem, wenn mich dieser grimmig dreinblickende und knurrende Hund des blonden Besetzers fest fixiert. Ohne uns zu irgendeiner konkreten Mitarbeit zu verpflichten, verlassen wir das Rauch-Haus und überlassen es seiner Selbstorganisation. Sympathisantenstatus.

Anfang 1972 findet in der TU erneut ein Konzert statt, das Gutes verspricht. MC5 aus Detroit. Eintritt 2 DM als Solidaritätsbeitrag für die Rote Hilfe. HAP will sich das Konzert nicht entgehen lassen. Die Gruppe ist zwar ohne ihren gerade im Knast sitzenden *frontman* Wayne Kramer auf Tour, aber Gitarrist Fred Smith ist auch nicht von schlechten Eltern (und zudem nicht schlecht verheiratet – Patti heißt seine Gattin). Ich bleib lieber draußen und lege mich unter eine von HAP empfohlene Bank, weil mir die Lautstärke drinnen zu sehr in den Ohren dröhnt.

Nach der letzten Zugabe höre ich wie ein Student dazu aufruft, ein leerstehendes Haus in der Lützowstraße als Jugendzentrum zu besetzen. Das Beispiel Rauch-Haus soll Schule machen. Gemeinsam mit mehr als 100 Konzertbesucher:innen machen wir uns mit der U-Bahn auf den Weg. Ohne zu bezahlen natürlich. Als wir ankommen, haben sich bereits rund 20 Jugendliche mit Schlafsäcken Zugang zum Inneren des Hauses verschafft. Als ein Sprecher verkündet, man habe eine Zusage von der SPD, dass die Polizei diese Nacht nicht eingreifen werde, jubeln alle und wir gehen beruhigt zu Fuß nach Hause.

Um 6 Uhr morgens wird das Haus geräumt.

Kinderladen

Am Schwarzen Brett des Psychologischen Instituts entdeckt HAP eine interessante Information, die unsere finanzielle Situation verbessern kann. Eine Gruppe von engagierten Eltern will in Charlottenburg einen Kinderladen mit antiautoritärer linker Erziehung aufbauen und sucht engagierte Erzieher:innen. Wir treffen uns zum Bewerbungsgespräch in dem von den Eltern angemieteten Laden in der Witzlebenstraße. Gudrun und HAP erzählen von ihrer Praxis in der Brelohstraße, ihren Ideen von linker Erziehung für eine revolutionäre Zukunft. Und werden eingestellt. Gudrun wird Hauptbezugsperson. HAP und ich unterstützen sie, so gut wir können.

Die Kinderladenkinder verhalten sich komplett anders als die Kinder aus der Brelohstraße. Sie sind generell ruhiger und geduldiger, hören zu und befolgen die Anweisungen der Erwachsenen. Meistens. Mir gegenüber sind sie nicht so aggressiv. Streicheln mich liebevoll und sprechen mit mir.

Thilo B., der Vater von Annika, sammelt die drei- und vierjährigen Kinder morgens in seinem VW-Bus ein und liefert sie bei Gudrun im Laden in der Witzlebenstraße ab, die als erstes ein gemeinsames Frühstück organisiert. Danach geht es entweder nach draußen oder sie lesen, malen und machen Aktivitäten im Laden. Das Programm sowie die Beobachtungen werden wöchentlich auf dem Elternabend vorgestellt und besprochen. Und der Dienstplan für das Mittagessen und das wöchentliche Putzen. Manchmal helfen die Kinder beim Kochen.

(Bettina Wegner – *Kinder*)
Ist so'n kleines Rückgrat/ sieht man fast noch nicht/
Darf man niemals beugen/ weil es sonst zerbricht.

Einmal haben Gudrun und HAP während der Kinderladenzeit ein wichtiges klandestines Treffen, das sie nicht verschieben können. Sie lassen mich allein mit den Kindern, denen sie Geld zum Einkaufen für das Mittagessen gegeben haben. Die Kinder sind begeistert. Fühlen sich wie Erwachsene. Annika und Katja versprechen, dass sie kochen werden. Als HAP und Gudrun weg sind, gehen sie einkaufen. Und kommen mit drei Tafeln Schokolade und zwei Rollen Prinz-de-Beukelaer zurück. Tobias und Andrea haben in der Zwischenzeit die leeren Ravioli-Dosen vom gestrigen Essen aus dem noch nicht entleerten Abfalleimer geholt und obenauf gelegt. Mit Wasserfarben malen sie zusätzlich orangefarbene Tupfer im Spülbecken, um die Ravioli-Imitation eines vermeintlichen Mittagessens perfekt zu machen.

Ich bekomme ein Stück Schokolade und bin begeistert von der *cleverness* der Kinder. Das ist Intelligenz im wahrsten Sinne des Wortes. Gudrun merkt nichts, als sie zurückkommt. Bis Annika und Katja zwei Tage später nicht länger schweigen können und sich offenbaren. Gudrun lobt sie für ihre Ehrlichkeit und Kreativität.

Kreativität zeigen die Kinder auch beim Programmpunkt Vietnam. Das Thema ist für sie nicht neu, da alle vorher schon zusammen mit ihren Eltern an etlichen Vietnam-Demos teilgenommen haben. Auf Anregung von HAP und Gudrun wollen sie jetzt Geld sammeln für die Kinder in Vietnam. Als erstes organisieren sie dafür einen Flohmarkt auf der Straße vor dem Kinderladen. Sie verkaufen Bilder, die sie gemalt haben, Spielzeug, Bücher, Keramik und Geschirr von ihren Eltern. Andrea und Katja haben die Idee, einen Zirkusabend für Eltern und Freund:innen zu organisieren. Eintritt frei, Spenden willkommen. Vier Wochen lang üben sie dafür akrobatische Kunststücke und Sketche ein. Und fertigen zu Hause selbst ihre Kostüme an.

Am Zirkusabend ist der Laden brechend voll. Und die Zuschauer:innen geizen nicht mit Beifall und Spenden. Mit Flohmarkt und Zirkus bringen die Kinder insgesamt über 300 DM zusammen. HAP organisiert für die Geldübergabe einen Termin in der nordvietnamesischen Botschaft in der Hermann-Duncker-Straße in Ostberlin. Alle zusammen fahren wir am vereinbarten Termin zum Übergang Friedrichstraße. Als HAP den NVA-Grenzern Ziel und Grund unserer Reise nennt und ihnen das Einladungsschreiben der Botschaft zeigt, werden wir überraschenderweise so gut wie gar nicht kontrolliert.

In der Botschaft empfängt uns der Kulturattaché, der gut deutsch spricht und sich als hunde- und kinderfreundlich erweist. Ich bekomme einen (roten) Napf mit Wasser, während den Kindern Kakao und Kuchen an einem großen runden Tisch serviert wird, der mit einer Blümchentischdecke dekoriert ist.

»Guckt euch hier die Blumen auf der Tischdecke an«, sagt er zu den Kindern. »Und jetzt stellt euch vor, dass der Tisch Vietnam ist. Die Blumen sind die Krater, die die US-Bomben in dem Land aufgeworfen haben. Viele Schulen sind von den Bomben ganz oder teilweise zerstört worden und die Kinder müssen an diesen Kratern vorbeilaufen, wenn sie zur Schule wollen. Und aufpassen, dass keine neuen Bombenflugzeuge kommen. Ich werde euer Geld nach Vietnam schicken und bin sicher, dass unsere Kinder euch tausendmal danken werden. Und ich auch. Danke, danke. Tausendmal danke.«

Neue Kontakte

Gudrun ist zufrieden mit ihrer Arbeit im Kinderladen, die ihr besser gefällt als die Verwaltungsarbeit im Ingenieurbüro in Essen. Gleichzeitig ist sie aber ein bisschen neidisch auf HAP, der in der Uni viele neue Informationen und Impulse erhält. Als er ihr von Frauen berichtet, die in der Kreuzberger Hornstraße eine Ladenwohnung gemietet haben, um ein Zentrum ausschließlich für Frauen aufzubauen, ist sie begeistert. HAP findet die Initiative auch gut, obwohl er nicht hundertprozentig versteht, warum Männern der Zutritt verwehrt wird. Er ermutigt sie aber zur Teilnahme und eine Woche später fahren wir Gudrun mit HAPs VW-Käfer nach Kreuzberg. Zuerst steht die Renovierung der Räume auf dem Programm, später die Organisierung von CR-Gruppen (*consciousness-raising*[29]) nach dem Beispiel der feministischen Bewegung in den USA. Gudrun wird zwar keine überzeugte Feministin, fühlt sich aber wohl bei den Frauen und *raist* ihr Selbstbewusstsein.

HAP studiert unterdessen im Hauptfach Psychologie (Berufsziel: Diplompsychologe), im Nebenfach Soziologie. Am Soziologischen Institut schreibt er sich für die Seminare »Soziologie der Arbeiterfamilie« und »Lebensumstände und Erziehung proletarischer Kinder und Jugendlicher« ein, die an seinen Erfahrungen in der Uni Bochum und dem Projekt Brelohstraße anknüpfen. Hier lernt er auch die Kommilitonin Gabriele R. und das ehemalige SDS[30]-Mitglied Reinhart W. (alias »Proff«) kennen. Vermutlich aufgrund der Visiten-

---

29 Ende der 60er Jahre entstanden in der radikalen feministischen Bewegung in den USA so genannte consciousness-raising-Gruppen, die über den Austausch ihrer persönlichen Erfahrungen das Bewusstsein bzw. Selbstwertgefühl der Frauen stärken wollten. 1973, auf dem Höhepunkt der Bewegung, waren rund 100.000 Frauen in solchen Gruppen involviert.

30 Sozialistischer Deutscher Studentenbund, der ursprünglich der SPD nahe stand. Aufgrund von politischen Meinungsverschiedenheiten über Wiederbewaffnung der BRD, Atomwaffen, Notstandsgesetze etc. wurde er 1961 aus der SPD ausgeschlossen. Seit dem Ausschluss radikalisierte sich der SDS und wurde zum Sprachrohr der Außerparlamentarischen Linken (APO). 1970 löste er sich aufgrund innerer Spaltungen auf.

karte Brelohstraße lädt Proff ihn zur Mitarbeit in der Zeitschrift *Erziehung & Klassenkampf* ein. Er fährt uns in seinem Volvo zur Redaktionssitzung nach Frankfurt amMain. Mit im Auto ist Gerd A., ein Student aus Papenburg, der in Berlin Pädagogik studiert. Gerd und HAP freunden sich schnell an. Und haben die gleiche Kritik an den endlos langen intellektuellen Theoriediskussionen. Sie vermissen den konkreten Praxisbezug und Anleitungen zum Klassenkampf.

»Was bringt die Analyse einer Jugendstudie mit dem Ergebnis, dass die Lehrlinge in der BRD im Schnitt 2,7 zufrieden sind?«, fragt HAP.

»Die Studie will uns wahrscheinlich weismachen, dass die Jugend in der BRD satt ist und nicht kämpfen will«, meint Gerd. »Wir sollten in *E & K* aber lieber an konkreten Beispielen herausstellen, dass dem nicht so ist.«

HAP stimmt zu. »Wenn die Jugendlichen hier in der BRD so satt sind, liegt das an der imperialistischen Ausbeutung der 3.Welt, von der wir hier profitieren. Da sollten wir ansetzen.«

»Genau. Die RAF hat mit dem Anschlag auf das US-Computerzentrum in Heidelberg da ja schon einen Schritt in die Richtung gemacht«, wirft Gerd ein. »So ähnlich müsste das laufen, aber auf breiter Basis.«

Beim dritten Redaktionstreffen verlassen wir vorzeitig die Redaktion. Wilfried B. (»Boni«), der im gleichen Haus wohnt, hat uns zum Essen eingeladen. Es gibt gepökelte Rinderzunge mit Meerrettichsauce. Boni, der mir von Anfang an in seiner ruhigen und souveränen Art sympathisch ist, legt mir ein Stück Zunge auf einen extra Teller. An einer Ecke gibt es allerdings noch ein bisschen Sauce, deren extremer Duft mir vehement in die Nase steigt. Ich kann das unmöglich essen. Aus den Augenwinkeln sehe ich, dass HAP ähnliche Schwierigkeiten mit dem Meerrettich hat. Boni, seine Freundin Brigitte und Gerd dagegen haben offensichtlich andere Geschmacksnerven und genießen das Essen.

Gerd wird ab diesem Zeitpunkt HAPs bester Freund, zu dem er volles Vertrauen hat. Persönlich und politisch. Deshalb sagt er auch – nach kurzer Rücksprache mit Gudrun – sofort zu, als Gerd ihn fragt, ob er sich an einem Freitagabend ungestört mit ein paar Freund:innen in unserer Wohnung zu einer Besprechung treffen kann.

Diese Treffen wiederholen sich mehrere Mal. Wir verlassen die Wohnung immer vorher und kommen erst zu einem festgelegten Zeitpunkt zurück, sodass wir außer Gerd nie jemand anders zu Gesicht bekommen.

Kurze Zeit später erklärt HAP seinem Freund aber, dass er ihnen die Wohnung nicht mehr zur Verfügung stellen kann. Grund: Dauergäste in der Wohnung. Auf unbestimmte Zeit.

Nach der RAF-Offensive 1972[31] und den folgenden ersten Verhaftungswellen rüstet die BRD schwer auf. Straßensperren und Hausdurchsuchungen stehen auf dem Plan. Neue Verhaftungen. HAP und Gudrun sind überzeugt, dass ihre Wohnung (sozialer Wohnungsbau) nicht überwacht wird – mit anderen Worten: *cool* ist – und gewähren einem Pärchen von RAF-Aktivist:innen Unterschlupf, deren bisherige konspirative Wohnung aufgeflogen ist. Fluchthelfer und Sympathisanten. Solidarität steht für HAP ganz oben in der Werteskala.

Mit diesem Verhalten gehört er zwar zu einer Minderheit, doch äußern 1971 laut einer Allensbach-Umfrage immerhin

31 Nachdem Andreas Baader 1970 von Ulrike Meinhof u. a. befreit worden war, gab die Gruppe die Gründung der Stadtguerillaorganisation Rote Armee Fraktion (RAF) bekannt. Zwei Jahre lang bereitete sich die RAF dann ideologisch und logistisch vor. Im Frühjahr 1972 zündete sie in Heidelberg im Hauptquartier der US-Army und dem Sitz der CIA zwei Bomben, die u. a. den Zentralcomputer zerstörten, der die Bombeneinsätze in Vietnam koordinierte. Anschließend verübten sie Anschläge auf das Springer-Hochhaus in Hamburg, Polizeigebäude in Augsburg und München und den Richter Buddenberg vom Bundesgerichtshof.

17 % der Bundesbürger:innen, dass sie ebenso handeln würden wie HAP und Gudrun. Und in HAPs Altersgruppe jeder oder jede Vierte.

Nach einem Redaktionstreffen in Frankfurt fragt Boni, ob HAP in Berlin Raubdrucke[32] an die verschiedenen linken Buchladenkollektive vertreiben könne. HAP ist einverstanden. Eine Woche später fährt Boni mit seinem BMW bei uns vor und packt zwei Kartons mit Raubdrucken von Brechts *Arbeitsjournal* aus, die HAP im Keller zwischenlagert. Mit dem VW-Käfer klappern wir dann die linken Buchläden in der Stadt ab. Im Buchladen Unter den Eichen in Dahlem braut Buchhändler Klaus V. einen Kaffee für HAP und legt *Astral Weeks* auf den Plattenteller, die erste Solo-LP von VAN MORRISON, dem ex-leadsinger der Gruppe THEM. Mir gefällt die Atmosphäre in der Kaffee- und Leseecke des Buchladens. Klaus und HAP diskutieren über Musik. Ich bekomme einen Napf mit Wasser. Und einen Keks.

Professor Dr. Claessens vom Fachbereich Familiensoziologie der FU, die gleich um die Ecke des Buchladens liegt (vielleicht ist es auch umgekehrt), sucht unterdessen einen Assistenten, der für ihn das Seminar über den Text von Friedrich Engels zum *Ursprung der Familie, des Privateigentums und des Staates* organisiert. HAP meldet sich und wird mit der Durchführung des Seminars betraut. Der Text von Engels aus dem Jahr 1884 begeistert ihn, sodass er seine anfänglichen Bauchschmerzen als *frontman* vor der großen Gruppe von aufmerk-

32 Mitte bis Ende der 60er Jahre wurden vor allem schwer zugängliche Bücher von marxistischen und anarchistischen Theoretikern der 20er Jahre illegal nachgedruckt und preiswert auf den Markt gebracht, wo sie als Material zur Weiterbildung innerhalb der linken Bewegung verwendet wurden.

samen Studenten und Studentinnen schnell vergisst. Wie Engels ist auch HAP davon überzeugt, dass die Menschen vom Tier abstammen. Und dass sich ihr Verhalten und die aus der Tierwelt kommenden Formen des Zusammenlebens entsprechend der veränderten Produktionsverhältnisse verändern.

»Gegenseitige Duldung der erwachsenen Männchen, Freiheit von Eifersucht, war aber die erste Bedingung für die Bildung solcher größeren und dauernden Gruppen, in deren Mitte die Menschwerdung des Tiers allein sich vollziehen konnte. Und in der Tat, was finden wir als die älteste, ursprünglichste Form der Familie, die wir in der Geschichte unleugbar nachweisen und noch heute hier und da studieren können? Die Gruppenehe, die Form, worin ganze Gruppen von Männern und ganze Gruppen von Frauen einander gegenseitig besitzen und die nur wenig Raum lässt für Eifersucht.« (*Engels*, S.16)

In der Phase des Urkommunismus, die Engels als »Wildheit« bezeichnet, existieren keinerlei Privatbesitz, keine Einschränkungen des Geschlechtsverkehrs und keine Eifersucht. Da bei den Kindern nur bekannt ist, wer die Mutter ist, sprechen die Anthropolog:innen vom »Mutterrecht«, das einhergeht mit der entsprechenden Stellung und dem Ansehen der Frau in der damaligen Gesellschaft. Das verändert sich erst auf der nächsten Entwicklungsstufe, der »Barbarei«, mit der Entwicklung von Viehzucht und Herdenhaltung. Durch die Sicherstellung des Überlebens und der Anhäufung von Reichtum gewinnt der Mann an Ansehen, das er an »seine« Kinder vererben will. Das Mutterrecht wird umgestoßen, die Vielmännerei verboten.

»Der Umsturz des Mutterrechts war die weltgeschichtliche Niederlage des weiblichen Geschlechts. Der Mann ergriff das Steuer auch im Hause, die Frau wurde entwürdigt, geknechtet, Sklavin seiner Lust und bloßes Werkzeug der Kinderzeugung.« (*Engels*, S. 27)

Als ständige Begleiterin kenne ich HAP in- und auswendig. Ich denke, dass seine Begeisterung für die Studien von Engels auch mit seiner persönlichen Situation und seinen Frustrationen in der Beziehung mit Gudrun zusammenhängen. Das zusammengeflickte DYLAN-Cover erinnert ihn immer wieder an Bochum, an die handfeste Auseinandersetzung mit Gudrun, als er über seine Gefühle für Dagmar sprechen wollte. Ihre unbändige Eifersucht. Besitzanspruch, der andere Liebesbeziehungen ausschließt.

Vor ein paar Monaten haben HAP und Gudrun Bruno und Iris kennengelernt, ein Pärchen, mit dem sie auf gleicher Wellenlänge liegen. Eines Tages kommt Bruno aufgelöst bei uns an. Iris hat zum zweiten Mal einen Selbstmordversuch mit Schlaftabletten gemacht und liegt im Krankenhaus. Bruno weiß nicht, was er machen soll. Er hält die Situation nicht mehr aus und will nicht länger mit ihr zusammenwohnen. Wir beschließen, sie alle zusammen vom Krankenhaus abzuholen. Danach bleibe ich mit HAP bei Iris, die nicht viel spricht. Lustlos und mit depressivem Gesichtsausdruck legt sie sich ins Bett. HAP kocht ihr einen Tee und legt sich zu ihr. Wir bleiben drei Tage. Danach verändert sich ihr Gesichtsausdruck. Es scheint ihr besser zu gehen. Beim Frühstück teilt sie uns ihren Entschluss mit. Sie will zurück nach Westdeutschland, nach Bielefeld. Und setzt ihren Entschluss nach ein paar Wochen wirklich um.

Als wir sie ein Jahr später dort besuchen, scheint es ihr tatsächlich gut zu gehen. Sie ist aktiv in einer Frauengruppe engagiert. Wir treffen sie auf einem Straßenfest, wo sie mit anderen Frauen an einem Stand Selbstgebackenes und die im Zuge der antirassistischen und feministischen sprachlichen Bewusstwerdung umgetauften »Schokoküsse« verkaufen. Lachend erzählt sie uns, wie sie vor ein paar Minuten wohl ziemlich verdutzt eine Frau angestarrt haben muss, als diese bei ihr einen »Negerkuss« bestellte. Die Frau, die den Blick (halb-) richtig gedeutet hatte, berichtigte sich dann selbst. »Entschuldigung, ich meinte natürlich einen Neger*innen*kuss.«

Ich selbst verstehe in dem Moment nicht so richtig, warum alle so herzhaft lachen.

Gudrun und Bruno haben sich unterdessen nach einem gemeinsamen Kinderladenurlaub enger angefreundet. Eines Tages bringt Gudrun dann Bruno mit zu uns nach Hause. HAP ist mit der Vorbereitung seiner Diplomarbeit beschäftigt und erklärt, dass er nichts dagegen hat. Ich auch nicht, aber mich fragt ja eh keiner und keine.

Wahrscheinlich will HAP beweisen, dass er offener und toleranter ist als Gudrun seinerzeit beim Thema Dagmar in Essen. Gudrun bleibt am Abend mit Bruno im Wohnzimmer, während HAP sich ins – bis dahin gemeinsame – Schlafzimmer legt. Ich gehe mit und lege mich neben den Kachelofen[33], der in der Mitte zwischen Schlaf- und Wohnzimmer steht, sodass er beide Zimmer gleichzeitig erwärmen kann. Eine architektonische Meisterleistung, die neben der Wärme auch die Geräusche zwischen beiden Zimmern weiterleitet. Aus Gudruns lustvollem Stöhnen schließe ich, dass sie keine Probleme mit der Temperatur hat. HAP dagegen zittert, klappert mit den Zähnen und kriegt kein Auge zu. Die ganze Nacht. Eine ganze Woche lang. Dann fasst er einen Entschluss. Er zieht zu Alex in die Ladenwohnung im Schöneberger Sanierungsviertel, wo HAP seit einiger Zeit in einer Bürgerinitiative gegen die Kahlschlagsanierung mitarbeitet.

33 Kachelöfen sind in Deutschland und Österreich seit dem Mittelalter bekannt und beliebt. Um den Brennofen herum wird bei diesem System eine spezielle Ummantelung gemauert und nach außen hin mit Kacheln verkleidet, die die Wärme lange Zeit speichern.

Ich gehe natürlich mit und kann mich nur einmal mehr über das Verhalten der Menschen wundern. Warum können sie nicht ertragen, dass der Partner oder die Partnerin sich von einer anderen Person angezogen fühlt – und vielleicht sogar ausgezogen und mit Lust im Bett landet? Besitzangst? Würde es in einer kommunistischen Gesellschaft ohne Privateigentum – an Sachen und Personen – keine Eifersucht geben? Und keinen Diebstahl und Raub, wenn die Grundbedürfnisse aller Menschen gestillt wären?

Mir gefällt die Ladenwohnung in der Dennewitzstraße. Die Tür steht meistens offen. Und bei schönem Wetter stellen HAP oder Alex, der in einer Fabrik Schicht arbeitet, einen Tisch mit Stühlen vor die Tür. Ich genieße das Leben auf der Straße, bzw. dem Bürgersteig, der in Berlin »Trottoir« heißt. Das Faulenzen unter dem Tisch oder das Spielen mit den Nachbarskindern. Anfangs habe ich allerdings manchmal Bedenken, wenn die Kinder auf HAPs »neuen« VW klettern wollen.

Ein halbes Jahr vorher war sein bunter alter Käfer kurz hinter Braunschweig mit Motorschaden liegen geblieben. Schnell entschlossen trampt HAP zur Uni nach Braunschweig. Am Schwarzen Brett entziffert er einen in Sütterlin-Schrift[34] handschriftlich verfassten Zettel, mit dem eine Witwe einen »ordentlichen jungen Mann« als neuen Besitzer für den VW (Baujahr 52) ihres verstorbenen Gatten sucht. Gegen 250 DM und das Versprechen, den Wagen gut zu pflegen, geht der olivgrüne Käfer mit der geteilten Heckscheibe, nicht synchronosiertem Getriebe und Seilzugbremse in HAPs Privatbesitz über.
Als ich belle, weil die ersten Nachbarskinder auf den neuen Wagen klettern, beruhigt mich HAP. Die ersten nach

34 Siehe Fußnote 16.

dem Krieg produzierten Volkswagen[35] waren noch nicht auf Verschleiß gebaut. Das Karrosserieblech ist so dick, dass das Herumklettern der Kinder kein Problem darstellt. Trotzdem halte ich draußen die Augen offen, während HAP im Innern des Ladens auf die Schreibmaschine hämmert, um seine Diplomarbeit fertig zu schreiben. *Zur Lage der Arbeiterfamilie als Sozialisationsbedingung für ihre Kinder.*

Betreuer ist Dr. Herbert G.. HAP nimmt mich mit zu einem Besprechungstermin in einer Kneipe in Zehlendorf. Dr. G. hat keinerlei Einwände gegen Thema und Gliederung der Arbeit. Angeregt sprechen die beiden dann beim Bier über die bekanntesten Wildwestfilme und die verschiedenen Filmzitate, die sie im Kino bei dem neu angelaufenen Western *Mein Name ist Nobody* (Henry Fonda und Terence Hill in den Hauptrollen) entdeckt haben. D.h. meistens spricht Herr Doktor und HAP hört zu. Für die Diplomarbeit bekommt er ein »sehr gut«.

---

35 Im Auftrag der nationalsozialistischen Regierung erarbeitet Ferdinand Porsche 1934 das Projekt für einen PKW, der fünf Personen Platz bieten, sparsam im Verbrauch sein, eine Höchstgeschwindigkeit von 100 km/h erreichen und unter 1.000 Reichsmark kosten soll. Die Finanzierung organisiert die Nazi-Organisation KdF (Kraft durch Freude) über ein Volks-Spargrogramm. Danach müssen die Kaufinteressent:innen wöchentlich mindestens fünf Reichsmark in Marken bei der Bank der Deutschen Arbeit oder der Commerzbank ansparen. 1938 wird in Niedersachsen in der neu gegründeten »Stadt des KdF-Wagens« (heute Wolfsburg) mit der Produktion begonnen. Die ersten Wagen werden allerdings allesamt an die Wehrmacht ausgeliefert. Ab 1940 werden die Wagen mit der militärischen Karosserie des Schwimm- oder Kübelwagens versehen. Kein einziger der rund 340.000 Sparer:innen ist jemals in den Besitz eines KdF-Wagens gekommen. Und niemand ist nach Kriegsende für das Sparguthaben entschädigt worden.

Mit dem Diplom in der Hand läuft HAP 1974 im Arbeitsamt auf. Zwar haben sie in dem Moment keine angemessene Stelle für ihn und Arbeitslosengeld kann er auch nicht bekommen, da er nur in den Semesterferien steuerpflichtig auf dem »Bau« gearbeitet hat. Er muss sich also mit Arbeislosen»hilfe« begnügen. Das sind zu dem Zeitpunkt gut 60 % des zu erwartenden Durchschnittsgehalts eines Diplompsychologen. HAP kann es nicht fassen, als Ende des Monats über 1000 DM auf seinem Konto verbucht werden. Ich bekomme einen fetten Knochen – extra saftig. Und HAP lädt ein paar Freund:innen zum Hähnchenessen in die Henne am Leuschnerdamm ein.

Als das Familienseminar am Soziologischen Institut dem Ende entgegengeht, spricht Renate, eine bildhübsche, dunkelhaarige Studentin mit großen braunen Augen, HAP an. Sie hat Fragen zur Entstehung des Privatbesitzes, die sie gerne mit HAP erörtern möchte. Für die Klärung dieser Fragen verabreden sie sich in Renates Wohnung in Neukölln. Renate wohnt dort allein, nachdem ihr Freund sie nach einem Streit verlassen hat. Die Ein-Zimmer-Wohnung ist sehr klein aber geschmackvoll und funktional eingerichtet. In der Küche liegt eine Matratze auf dem Boden. Ich trinke ein bisschen Wasser, das Renate mir in einer Schüssel hingestellt hat. Seminarleiter und Studentin trinken Bier und diskutieren darüber, wie im Kapitalismus das Besitzdenken die Liebesbeziehungen prägt und vor allem die Freiheit der Frau beschränkt. Aber plötzlich verstummt die Diskussion. Die beiden liegen sich in den Armen, küssen und beginnen mit gegenseitigen Liebkosungen. Renate deutet auf die Matratze. Ich sehe, wie sie sich hinlegen und ausziehen. Ist schließlich Sommer und ziemlich warm.

HAP ist sichtlich erregt. Vor allem als Renate die Initiative und sein Glied ergreift. Und sich rittlings auf ihn setzt. Als ungebetener Voyeur bemerke ich HAPs Nervosität angesichts dieser ungewohnten Situation. Schnell, zu schnell bekommt er einen Orgasmus, was ihm offensichtlich irgendwie peinlich ist.

Ich beneide Renate. Oder generell die Frauen, die ihre Sexualität lustvoll ausleben und selbst bestimmen können. Ich selbst habe ja nur zweimal pro Jahr hormonell bedingt »Lust« auf Sex. In der Zeit leint HAP mich immer an und scheucht alle Rüden weg, die ich mit meinem Geruch anlocke. Aber gut, ich hab schließlich einen Auftrag zu erfüllen. Und weiß sowieso, dass mich ohne Leine nur irgendein hergelaufener Hund kurz beschnuppern und dann von hinten bespringen würde. Das wär's dann gewesen. Ich hätte danach zwar ein paar Welpen in die Welt setzen können – von Spaß oder Lust beim Sex aber keine Spur. In der Beziehung sind die Menschen – und speziell selbstbewusste Frauen wie Renate – einfach besser dran. Denke ich. Sie können – unabhängig vom Fortpflanzungstrieb – Lust auf Sex haben. Und diese Lust ausleben und genießen, wann immer sie wollen.

Auf der anderen Seite habe ich in meinem kurzen Leben allerdings auch mitbekommen, wie schwer die Menschen sich in der Regel mit dieser Freiheit tun. Beidseitiger sexueller Genuss scheint doch nicht so einfach zu sein. Genausowenig wie gleichberechtigte Zweierbeziehungen.

Ich höre, wie HAP und Renate sich danach für ein zweites Treffen verabreden, zu dem HAP mich aber nicht mitnimmt. Ich weiß deshalb nicht, wie diese zweite »Diskussion« ausgegangen ist.

Gräfin

Als angehender Diplom-Psychologe merkt HAP zu Hause in der Schöneberger Ladenwohnung, dass mit Alex irgendwas nicht stimmt. Seit drei Tagen schläft er nicht mehr. Weder nachts noch tagsüber. Da er auch nicht arbeiten geht, nimmt HAP ihn mit zu einem befreundeten Arzt aus der linken Szene, der ihn krankschreibt und ihm ein Rezept für ein Schlafmittel mitgibt. Draußen zerreißt Alex das Rezept und wirft es weg. Er lehnt pharmazeutische Hilfe ab. Wegen der Krankschreibung ruft er dagegen einen Kollegen aus der Betriebsgruppe an. Kurz danach taucht Enner, ein Genosse aus seiner linken Betriebsgruppe, bei uns auf. Alex gibt ihm die Krankschreibung für den Betrieb mit und warnt ihn mit gläsernem aber durchdringendem Blick vor der politischen Polizei, die beide wegen einer Sabotage-Aktion im Betrieb verfolgen würde. Enner versucht ihn zu beruhigen. Er kocht ihm einen Kräutertee und rät ihm, sich ins Bett zu legen. Und tatsächlich. Alex hört auf seinen Kollegen und legt sich aufs Bett. Angezogen. Kurz vor Mitternacht höre ich aber, wie Alex aufsteht und auf die Straße geht. Erst nach über 20-stündigem Herumirren kommt er mit angstvoll flackerndem Blick zurück und redet Unverständliches. Mit nervösen Schritten läuft er in der Ladenwohnung hin und her. HAP weiß nicht weiter. Er klingelt in der Nachbarwohnung bei Günther aus der Sanierungsgruppe, der Alex, seine psychischen Aussetzer sowie seine Familiengeschichte schon länger kennt. Alex, der auf der Suche nach dem *revolutionären Subjekt* Arbeit in einer Fabrik aufgenommen hat, wo er in einer linken Betriebszelle aktiv ist, stammt aus einer aristokratischen Familie in Norddeutschland. In seinem Ausweis prangt ein Graf-von-und-zu-soundso als Familienname.

Günther schlägt vor, die Mutter von Alex anzurufen, die am besten weiß, wie man mit ihrem Sohn in derartigen Situationen umgeht. Gesagt, getan. Die Mutter will, dass wir Alex zu ihr nach Hause bringen. HAP kalkuliert, dass er noch genug Zeit zur rechtzeitigen Fertigstellung der Diplomarbeit hat und erklärt sich bereit, gemeinsam mit Günther nach Norddeutschland zur *Gräfin*[36] zu fahren.

(NAPOLEON XIV –*They are coming to take me away, haha*)
The days got worse and worse/ And now you see /
I've gone completely out of my mind,/
AND/ They're coming to take me away, haha/
Ho ho, hee hee, ha ha,

Sie erklären Alex den Exkursionsplan, der zwar nicht antwortet, aber auch nicht protestiert. In der Nacht legt Alex Platten auf und läuft pausenlos unruhig hin und her. Vor der Tür, die HAP abgeschlossen hat, bleibt er manchmal stehen und lauscht aufmerksam nach draußen.

Nach dem gemeinsamen Frühstück – Alex rührt keinen Bissen an – packen HAP und Günther ein paar Klamotten von Alex in den winzigen Kofferraum des Käfers. Die beiden setzen sich nach vorn, Alex und ich hinten. Wir fahren nach Staaken zum Grenzübergang der Fernverkehrsstraße 5 in Richtung Hamburg.

»Führen Sie Waffen, Sprengstoff oder Funkgeräte mit?« Seltsame Frage der DDR-Grenzer. Nach allgemeiner Verneinung sammeln sie meinen Impfpass und die drei »behelfsmäßigen« Berliner Personalausweise[37] ein. HAP muss

36 Emma, laut Personalausweis angeheiratete Gräfin von-und-zu-soundso, ist an ihrem Wohnort und Umgebung als *Rote Gräfin* verschrien, da sie u.a. in der Lokalpresse Leserbriefe gegen Korruption, ein neues Spielcasino, etc. verfasst hat.

37 Bis 1990 hatte Westberlin als *»selbständige politische Einheit Westberlin«*

sein linkes Ohr »frei machen« und wird lange mit strengem Blick gemustert. Das Gleiche bei Günther. Als die Reihe an Alex ist, verbeugt sich der sozialistische Grenzer leicht und reicht ihm seinen Ausweis mit einem ehrfürchtigen »Gute Fahrt, Herr Graf« zurück.

HAP lenkt den alten VW durch die DDR, ohne geblitzt zu werden, da der »neue« Käfer mit Müh und Not gerade mal 90 km/h erreicht. Nach fast zwei Stunden Fahrt merke ich, wie Alex immer wieder unruhig durch das zweigeteilte Heckfenster nach hinten peilt. Als Günther das merkwürdige Verhalten von Alex bemerkt, fragt er ihn, was los ist. »Nichts. Wir werden verfolgt«, gibt Alex trocken zur Antwort. HAP blickt in den Rückspiegel, sieht aber nur, dass in sehr weiter Entfernung – kaum sichtbar – ein anderes Auto in die gleiche Richtung fährt. Der Wagen ist so weit entfernt, dass er nicht mal die Marke des Autos erkennen kann. Und nach einigen Kilometern ist er ganz verschwunden.

An der Raststätte Quitzow machen wir halt. Günther und HAP wollen etwas trinken und im *intershop*[38] eine Flasche Krimsekt für Emma kaufen. Als beide verschwunden sind, fährt ein heller Opel Rekord mit einer auffälligen Funkantenne und Westkennzeichen auf den Parkplatz. Der Beifahrer geht ins Rasthaus, der Fahrer bleibt im Auto sitzen. Alex hat den Wagen sofort bemerkt, bleibt aber ruhig sitzen und starrt mich stumm mit seltsam verlorenem Blick an. Ich spüre, er

---

einen Sonderstatus unter der Kontrolle der allierten Besatzungsmächte.

38 Ende 1962 wurde die Intershop GmbH gegründet, die auf dem DDR-Gebiet an Raststätten der Transitstrecken und Bahnhöfen Verkaufsstellen für Luxuswaren einrichtete. Die Waren, deren Verkaufspreise leicht unter denen der BRD und Westberlin lagen, konnten nur mit DM bezahlt werden und wurden damit zu einer wichtigen Einnahmequelle für Devisen.

fühlt sich verfolgt und bedroht. Vielleicht real, vielleicht aber nur in seinem Kopf.

HAP und Günther kommen mit einer Papiertüte aus dem Intershop zurück und steigen ein, ohne den Antennen-Opel und seine Insassen zu bemerken. In Boizenberg an der Elbe fahren wir ohne große Probleme über die deutsch-deutsche Grenze. Richtung Lauenburg, wo Günther das Steuer übernimmt.

Am frühen Abend parken wir den Käfer in dem idyllischen, an der Ostsee gelegenen Glücksburg vor dem Einfamilienhaus, das früher das Zuhause von Alex war. Seine Mutter Emma und die vier Geschwister im Alter von 5 bis 12 begrüßen uns herzlich. Die Mutter dürfte Mitte bis Ende vierzig sein und wirkt ausgesprochen sportlich und jung. Attraktiv. Sie umarmt Alex, der in diesem Moment entspannt aussieht. Emma, die Mutter von *Graf Alex,* schlägt einen kleinen Spaziergang runter zur Ostsee vor. Günther und die Geschwister von Alex wollen lieber im Haus bleiben, sodass am Ende nur Emma, Alex, HAP und ich spazieren gehen. Runter zum Meer, wo ein Ausflugsdampfer mit einer privaten Party-Gesellschaft angelegt hat. Eine ehemalige Nachbarin erkennt Alex und begrüßt ihn freudig. Die beiden setzen sich auf eine Bank und beginnen angeregt zu plaudern.

Emma erzählt unterdessen HAP, der einmal mehr seine Qualität als guter Zuhörer unter Beweis stellen kann, ihre Lebensgeschichte an der Seite von Herrn Graf von-und-zu-soundso, des Erzeugers von Alex und seinen fünf Geschwistern. HAP ist zwar in Mathematik nicht besonders versiert, stutzt allerdings bei der Zahl 5, weil er immer davon ausging, dass Alex vier Geschwister hatte, Emma also insgesamt 5 Kinder und nicht 6 hat. Emma nimmt das Stichwort auf und berichtet von ihrem in der Ostsee ertrunkenen zweitältesten Sohn, der als 12-jähriger vor vielen Jahren mit einer kleinen Segeljolle auf die Ostsee hinausgesegelt war. Als Sturm aufkommt, kentert das Boot und ihr Sohn bleibt verschwunden. Für den Tod macht der Vater immer wieder Alex, den ältesten Sohn, verantwortlich. Als älterer Bruder hätte er sich über die Wetterlage informieren und den jüngeren Bruder am Rausfahren hindern müssen. Er habe ihn in den Tod segeln lassen.

Alex hat zeitlebens unter diesem Schuldkomplex gelitten, und seine Mutter sieht darin eine der Ursachen für seine zeitweilig ausbrechenden psychischen Probleme.

Ihre eigenen Probleme damit und mit ihrem Mann hat sie in jahrelangem Kampf überwunden, meint sie.

»Mein Mann war der typische patriarchalische Tyrann. Dazu Alkoholiker, obwohl er in der Politik tätig und in der Gesellschaft als rechte Hand des schleswig-holsteinischen Ministerpräsidenten und Militärberater der CDU hoch angesehen war. Ich habe lange, zu lange, gebraucht, um das Problem in seiner ganzen Dimension zu erkennen. Er hat nicht nur Alex auf dem Gewissen und mich misshandelt, die ganze Familie hat unter seiner Fuchtel gelitten.«

»Aber hast du ihn denn nie angezeigt?«, fragt HAP ungläubig.

»Er hat mir nach jeder Aggression immer versprochen, dass es nie wieder vorkommen würde. Und ich habe ihm vertraut. Er hat dann auch tatsächlich mehrere Entziehungskuren begonnen. Aber bald ging wieder alles von vorne los. Als Alex schon eine Zeitlang in Berlin war, habe ich mich endlich zu einem radikalen Bruch durchgerungen. Ich habe die Kinder kurzentschlossen in den Mercedes gepackt und bin aufs Geratewohl Richtung Berlin gefahren. Zu Alex, der dort in Wilmersdorf in einer Kommune wohnte. Als wir spätabends am Grenzübergang Staaken ankamen, näherte sich ein hoher DDR-Offizier dem Wagen und bat mich zu einem vertraulichen Gespräch in einen Raum im Grenzgebäude. Er erwies sich als sehr freundlich und eröffnete mir, dass die DDR-Regierung meine Notsituation kenne und uns zu einer kostenlosen Übernachtung in einem nahegelegenen Hotel einladen wolle. Ich wusste, ehrlich gesagt, nicht, was ich davon halten sollte. Weil es aber schon so spät geworden war, habe ich das Angebot angenommen.

Die Kinder waren von dem Luxus im Hotel und von dem ausgiebigen Frühstück am nächsten Morgen begeistert. Nach dem Frühstück kam ein zivil gekleidetes Pärchen zu mir. Sie boten mir sehr freundlich an, in der DDR zu bleiben, wo sie mir eine angemessene und sichere Unterkunft für die ganze Familie besorgen würden. Ich sollte in Ruhe darüber nachdenken und könne mir so viel Zeit dafür nehmen wie ich wolle. Ehrlich gesagt, war ich ziemlich durcheinander. Irgendwie war mir die ganze Sache nicht geheuer und ich wollte auf jeden Fall erstmal zu Alex.«

»Sicher wollten sie dich und die Kontakte von deinem Mann zur CDU ausspionieren«, gibt HAP zu bedenken.

»Ich weiß nicht. Ich war einfach total durcheinander. Nach dem – sehr leckeren – Mittagessen hab ich auf jeden Fall die Telefonnummer angerufen, die sie mir gegeben hatten. Und erklärt, dass ich erstmal meinen Sohn in Westberlin sehen wollte. ›Kein Problem‹, war die Antwort der Frau. Ich sollte nur wissen, dass ich und meine Familie in der DDR jederzeit willkommen sei.«

»Haben sie weiter keinen Druck auf dich gemacht?«, fragt HAP etwas ungläubig.

»Nein, überhaupt nicht. Wir sind ohne Probleme zum Grenzübergang nach Westberlin gefahren. Und zu Alex in seine Kommune. Und das war dann die nächste Nummer.«

»Wieso? War Alex nicht zufrieden euch zu sehen?«

»Doch, doch. Wir haben viel geredet. Alex hat mir geraten, mich auf keinen Fall auf das DDR-Angebot einzulassen. Und für die Probleme mit seinem Vater, also mit meinem Mann, hat er mir einen Termin mit einem befreundeten Anwalt besorgt, der für mich dann die Scheidung eingereicht hat. Meine Rettung. Der Aufenthalt in der Kommune war allerdings ein neuer Schock für mich und meine Kinder. Beim Frühstück konnte z.B. plötzlich ein Pärchen splitternackt in der Küche erscheinen. In einem Fall sogar ein Pärchen von zwei Männern.«

»Aber das hat doch wahrscheinlich kein Trauma bei dir oder deinen Kindern hinterlassen. Und Alex hatte damit sicher weniger Probleme als mit den Vorwürfen seines Vaters«, wirft HAP ein.

»Nein, klar. Aber ich wollte so schnell wie möglich zurück. Wir waren dann noch eine Zeitlang in der leerstehenden Wohnung eines Freundes von Alex. Und als ich gehört habe, dass mein Mann wieder in einer geschlossenen Therapie war und die Scheidungspapiere beim Gericht lagen, bin ich mit den Kindern zurück. Apropos Kinder, lass uns mal langsam zurückgehen.«

Ich sehe HAP an, dass er tief beeindruckt ist. Von der ganzen Geschichte. Und von Emma. Er will Alex rufen. Aber die Bank, auf der er gerade noch mit der Nachbarin gesessen hat, ist leer. Ich selbst habe auch nicht aufgepasst sondern mich auf die bewegende Erzählung von Emma konzentriert. Am Anlege-Kai stehen noch ein paar Leute und schauen auf den Ausflugsdampfer, der sich ein paar hundert Meter aufs offene Meer entfernt hat. Das Gejohle der Partygäste und die Musik vom DJ wehen zu uns herüber. Emma ist verzweifelt. Sie hat eine Vorahnung und will mit dem Kapitän sprechen. In einer Telefonzelle versucht sie vergeblich, die Reederei anzurufen. Ein Passant meint, dass der Ausflugsdampfer gegen Mitternacht zurückkommen würde. Emma ruft die Polizei an, die den Fall notiert, aber sonst nichts machen kann.

Günther bereitet unterdessen mit den Kindern das Abendbrot vor. Aber Emma hat keine Ruhe. Ich begleite sie zusammen mit HAP wieder runter zum Meer. Von Alex nach wie vor keine Spur.

Gegen eins legt der Ausflugsdampfer wieder an. Ein paar betrunkene Partygäste unterhalten sich.

»Habt ihr gesehen, wie der blinde Passagier da auf hoher See über Bord ging?«, fragt einer in die Runde.

»Blitzschnell hat der sich ausgezogen, ist über die Reling gesprungen und dann mit einem Affenzahn Richtung Dänemark gekrault.«

»War doch stockdunkel«, meint eine andere. »Muss ja komplett besoffen oder lebensmüde gewesen sein, hahaha.«

Emma ist total erbleicht. Zusammengesackt und um Jahre gealtert murmelt sie vor sich hin: »Er wird sich da umbringen, wo sein Bruder ertrunken ist. Er wird sich umbringen.«

Am nächsten Morgen klingelt um 7 Uhr das Telefon. Die Polizei ist am Apparat. Ein Mann ohne Papiere, auf den die Beschreibung von Alex passt, ist an der dänischen Küste völlig entkräftet von dänischen Grenzpolizisten aufgefunden worden. Zur Überprüfung seines Gesundheitszustands haben sie ihn ins Krankenhaus transportiert. Vermutlich wird er eine Anzeige wegen unbefugten Übertretens der Staatsgrenze bekommen, aber sonst liegt nichts gegen ihn vor.

Emma versucht, in Dänemark anzurufen. Nach mehreren Versuchen kommt sie zur richtigen Stelle durch. Die dänischen Beamten erklären, dass Alex noch im Krankenhaus zum Gesundheits-Check ist. Wenn er transportfähig ist, könne sie ihn aber gegen Vorlage seiner Personalpapiere abholen, erklärt der dänische Beamte. Auf Deutsch.

Wir fahren sofort los und kommen gerade in dem Augenblick an, als Alex mit einem Krankenwagen zur Grenzstelle transportiert wird. Er sieht müde aus. Aber sein Blick hat sich verändert, irgendwie ruhiger und gleichzeitig wacher.

Emma umarmt und drückt ihn. »Alex, das kannst du mir nicht antun. Was hast du nur gemacht?«, schluchzt sie.

»Ich weiß nicht. Irgendwas hat mich zu der Stelle gezogen, wo Herbert durch meine Schuld umgekommen ist. Ich musste ins Wasser, um zu sehen, ob ich ihn vielleicht doch noch finde.« Seine Antwort klingt hilflos aber ehrlich.

HAP hat im Psychologiestudium zwar nur die Pflichtveranstaltungen im Bereich Klinische Psychologie besucht, ist aber überzeugt davon, dass der (Todes-) Sprung von Alex ins kalte Wasser an der Todesstelle seines Bruders ein heilsamer Schock und therapeutisches Gegenmittel für sein Trauma war. Und richtig. Alex scheint wie ausgewechselt und ist wieder der Alte. Mehrere Jahre lang. Er will sich erst noch ein paar Tage bei seiner Familie erholen. HAP und Günther fahren deshalb allein mit mir nach Berlin zurück. Ich hab die ganze Hinterbank für mich.

Zurück im Kiez

Zu Hause hat uns der Alltag wieder. Nachdem HAP die Diplomarbeit termingerecht abgegeben hat, kann er sich danach erneut den verschiedenen Aktivitäten im sozialen und politischen Umfeld widmen. Mit Günther und anderen engagiert er sich im Stadtteil gegen die Senatspolitik der Kahlschlagsanierung. Statt einer behutsamen Renovierung der alten Häuser werden ganze Wohnblöcke abgerissen. Die alteingesessenen Mieter:innen werden umgesiedelt und, völlig entwurzelt, an den Stadtrand vertrieben. In die Betonwüsten der Trabantensiedlungen Märkisches Viertel oder Gropiusstadt. Die Bürgerinitiative versucht, den verzweifelten Mieter:innen, die z. T. ihr ganzes Leben im Kiez verbracht haben, mit Hausbesuchen zu helfen und Widerstand zu organisieren. »Keine Kahlschlagsanierung« und »Nicht mehr als 10 Prozent vom Lohn als Miete« ist auf Transparenten bei den Demonstrationen zu lesen.

Andere richten sich gegen die Bauunternehmen, die von der Sanierung und den Mieterhöhungen profitieren.

Federführend bei der Sanierung ist die *Neue Heimat,* das Großunternehmen des Deutschen Gewerkschaftsbundes (DGB). In der Steinmetzstraße haben sie ein Informationsbüro mit Hochglanzplakaten und Modellen über das Schöneberg der Zukunft eingerichtet. Mit einer kleinen Aktionsgruppe nähern wir uns im Schutz der Dunkelheit dem Laden. Ich soll bellen, wenn ich andere verdächtige Personen – oder Hunde bzw. Hündinnen – bemerke.

Vor dem Laden buddeln die Aktivist:innen mit Löffeln die typischen eckigen Pflastersteine des Bürgersteigs aus. HAP auch. Aber ich sehe, wie er mit sich selbst kämpft, als sie beginnen, mit den Steinen die großen Schaufensterscheiben zu zerschmettern. Sein »erster Stein« kostet ihn reichlich Überwindung. Die anerzogene Verhaltensnorm des Stillhaltens sitzt tief. Protestantische Selbstdisziplin. Gott sieht alles. Mit dem Klirren der Scheiben macht sich dann aber die angestaute Wut über die Machenschaften des mächtigen Gegners Luft. Und die befreiende Erfahrung, dass die Überwachung nicht allmächtig ist. Günther wirft gleichzeitig noch ein paar *Stinkbomben* mit Buttersäure ins Innere des Ladens, und wir zerstreuen uns schnell in verschiedene Richtungen.

HAPs Wut ist nicht auf den Kiez oder die Auswüchse des Kapitalismus in der BRD beschränkt. Auch was in anderen Ländern passiert, bringt ihn zur Weißglut. In Chile z.B. war – entgegen aller Prognosen – eine sozialistische Regierung durch demokratische Wahlen an die Macht gekommen. Am 11. September 1973 wird sie durch einen Militärputsch mit Unterstützung des US-Kapitals und der CIA gestürzt. Präsident Allende kommt bei der Bombardierung des Präsidentenpalastes um.

Mit Bombenanschlägen auf die ITT-Niederlassungen in Berlin und Nürnberg verleihen die »Revolutionären Zellen« (RZ), eine kurz vorher neu gegründete Gruppe des bewaffneten Widerstands, ihrer Wut und ihrem Protest Ausdruck.

(WOLF BIERMANN – *Die Ballade vom Kamermann*)
Ach, Macht kommt aus den Fäusten/
Und nicht aus dem guten Gesicht/
Ach, aus Mündungen kommt die Macht ja/
Und kommt aus den Mündern nicht

In Berlin geht unterdessen die Planung für die Fußball-WM voran. Das Eröffnungsspiel sollen am 14. Juni 1974 die BRD und Chile im Olympiastadion bestreiten.

HAP und einige seiner Kontakte aus der *Sponti-Szene*[39] wollen diesen Anlass nutzen, um gegen den Militärputsch zu protestieren. Nach vielen Diskussionen einigen sie sich auf eine Aktion, die via Fernsehen weltweit übertragen werden soll. So ihre Vorstellung. Mit Unkraut-Ex wollen sie in großen Lettern »CHILE SÍ – JUNTA NO« in den Rasen des Spielfelds ätzen. HAP übernimmt die Aufgabe, einen großen Sack mit Unkraut-Ex Pulver zu kaufen und in seinem Keller zwischenzulagern.

»In 2–3 Tagen ist sämtliches Unkraut verdorrt«, versichert ihm der Verkäufer in der Gärtnerei in Zehlendorf.

39 Sammelbegriff für die Linken, die sich nicht in den verschiedenen kommunistischen Gruppen organisiert haben. Ihre Aktionen und Demonstrationen gehen sie spontan mithilfe informeller Kontakte an.

Eine Woche vor Spielbeginn nähern wir uns abends dem Olympiastadion. Dietmar, der langhaarige Genosse, der bei der *Reichsbahn*[40] als Mechaniker arbeitet, und Ralf von der Roten Hilfe hatten vorher ausgecheckt, wann der Wachschutz seine regelmäßigen Runden ums Olympiastadion dreht. Sicherheitshalber geht Gudrun – die sich zwischenzeitlich wieder mit HAP versöhnt hat, oder umgekehrt – trotzdem mit mir am Stadion »Gassi«, während die anderen Aktivist:innen mit mehr oder weniger großer Anstrengung die Umzäunung mit Unkraut-Ex und Taschenlampen im Rucksack überklettern und durch das Loch schlüpfen, das Dietmar mit einem Bolzenschneider in den letzten, unüberwindbar hohen Metallzaun schneidet. Dann schreiten sie zur Tat. Euphorisch treffen wir danach am Eingang zum S-Bahnhof zusammen. Alles hat planmäßig geklappt. Die Buchstaben sind laut HAP riesengroß und werden überall im Stadion zu sehen sein.

Gespannt sitzen wir am 14. Juni bei Freund:innen in der Bergmannstraße vor der »Glotze«. Eigentlich mag ich kein Fernsehen. Die Bilder sind anders als draußen, in der Natur. Unecht. Und ich kann nichts riechen. Egal. Die Erkennungsmelodie der Eurovision ertönt und die Direktübertragung

40 1944, auf der internationalen Konferenz in Jalta (auf der sowjetischen Halbinsel Krim) beschließen die Alliierten, Deutschland nach dem Kriegsende in vier Besatzungszonen aufzuteilen. Jede Besatzungsmacht soll das Hoheitsrecht über den Eisenbahnverkehr in ihrer Zone erhalten. Die Sowjetunion »erbt« die *Deutsche Reichsbahn* und damit auch die S-Bahn, die im ebenfalls aufgeteilten Berlin verkehrt. Aufgrund des *Kalten Krieges* meiden viele Westberliner:innen die Benutzung der S-Bahn. 1961 wird nach dem Mauerbau offiziell – und mit viel Erfolg – zum Boykott von Ostberlin finanzierten S-Bahn aufgerufen. Die Beschäftigten der S-Bahn sind zu Mauerzeiten fast ausschließlich Westberliner:innen. In vielen Fällen Personen, die aufgrund ihres Verhaltens, kommunistischer Gesinnung oder langer Haare bei den Westberliner Verkehrsbetrieben keine Anstellung finden bzw. gekündigt worden sind.

beginnt. Aber was ist das? Der olympische Stadionrasen ist durchgängig grün. Oder fast. HAP zeigt aufgeregt auf den Bildschirm, wo nur das geübte Auge genau vor der Tribüne unterschiedliche Farbtöne im Grün erkennen kann. Restspuren von Unkraut-Ex. Offensichtlich haben die Organisationsverantwortlichen die Sabotageaktion zu früh entdeckt und den verätzten Rasen im letzten Moment ausgebessert.

»Scheiße!«, flucht HAP. »Wir haben zu früh angefangen.«

Missgelaunt gucken wir uns trotzdem das Spiel an – incl. Breitners Siegtor. Am 22. Juni beim Spiel Chile gegen Australien schaffen es Genoss:innen vom Chile-Komitee, kurz vor Ende der ersten Halbzeit mit einem riesigen Transparent auf's Spielfeld zu stürmen. »CHILE Sí – JUNTA NO« steht darauf geschrieben. Tausendfach verstärkt hallt diese Parole im gleichen Moment von den Zuschauerrängen wider. Das Spiel wird unterbrochen und ein Pfeifkonzert ertönt, als Ordner und Polizei die Demonstrant:innen packen und abführen.

Am nächsten Tag lesen wir in der Zeitung, dass außerdem am gleichen Tag im chilenischen Generalkonsulat in Berlin eine Zeitzünderbombe Marke Eigenbau explodiert ist und erheblichen Sachschaden verursacht hat. Eine Revolutionäre Zelle bekennt sich zu der Aktion.

Ein Gefangener ist tot

Die Revolutionären Zellen sind die dritte Guerilla-Organisation, die seit dem Chile-Putsch 1973 in Westberlin und der BRD bewaffnet agiert. 1972 hatte sich in Berlin die anarchistische »Bewegung 2. Juni« gegründet. Und 1970 die antiimperialistische »Rote Armee Fraktion« (RAF). 1972 ist der Kern der RAF verhaftet und unter extremen Haftbedingungen in verschiedenen Knästen isoliert.

Die politischen Gefangenen treten in einen Hungerstreik und fordern die Aufhebung der speziellen Isolationshaftbedingungen und die Gleichstellung mit den sozialen Gefangenen. Ende September beginnen sie den dritten Hungerstreik zur Durchsetzung dieser Forderungen. Politik und Justiz gehen nicht auf die Forderungen ein sondern lassen die Gefangenen zwangsernähren. Der Gefängnisarzt von Wittlich[41], wo der RAF-Mitbegründer Holger Meins einsitzt, verabreicht dem Gefangenen allerdings nur ca. ein Drittel der lebensnotwendigen Dosis und geht Anfang November in verlängerten Wochenendurlaub. Holger Meins stirbt am 9. November 1974 mit einem Körpergewicht von 39 kg bei einer Größe von 1,83 cm. »Das ist Mord. Diese Schweine.« HAP und Gudrun stehen mit ihrer Empörung und Wut nicht allein. Spontan laufen die Leute in verschiedenen Städten auf die Straße. »Mörder! Mörder!«, skandieren sie, als sie sich zu Demonstrationen zusammenschließen. In Berlin werden zwei Demonstranten verhaftet.

Am nächsten Abend wird der Berliner Kammergerichtspräsident Günter von Drenkmann bei einem Handgemenge in seiner Wohnung erschossen. Die Bewegung 2. Juni bekennt sich zu der Tat als Antwort auf den Tod von Holger Meins. Die Polizei geht davon aus, dass Drenkmann eigentlich entführt werden sollte. So steht es jedenfalls im *Tagesspiegel*, den HAP mir vorliest.

Eine Woche später wird Holger Meins in Hamburg beerdigt. Erneut fahren wir in Staaken auf die Fernverkehrsstraße 5. Richtung Hamburg. Dieses Mal aber ohne viel Kontrolle von Seiten der DDR-Grenzer.

41 Siehe den Artikel von Martin Reichert »Der-Holger-und-ich« in *taz.de*.

Dafür hält uns in Lauenburg der westdeutsche BGS länger auf. HAP versucht es mit einem Witz. Er spielt auf seine eigene Zeit beim BGS an und grüßt den »Kollegen« militärisch korrekt. Sein Humor kommt aber nicht an. Im Gegenteil. Wir müssen nur noch länger warten. Als wir endlich – gemeinsam mit rund 5.000 anderen wütend Trauernden – den Friedhof erreichen, haben sich verschiedene Redner:innen am offenen Grab versammelt. »Holger, der Kampf geht weiter«, ruft Rudi Dutschke[42] und ballt seine Faust in die Luft.

Der *Berliner Tagesspiegel*, bzw. die Polizei lag vermutlich nicht sehr falsch mit der Vermutung einer geplanten Entführung. Kurz vor der Wahl zum Abgeordnetenhaus in Berlin wird nämlich der CDU-Spitzenkandidat Peter Lorenz am 27. Februar 1975 auf dem Weg zum Rathaus in einer spektakulären Aktion entführt. Wieder bekennt sich die Bewegung 2. Juni zu der Tat. Die Medien verbreiten ein Polaroid-Foto von Lorenz im »Volksgefängnis« und die Forderungen der Guerillagruppe.

»Sofortige Freilassung, d. h. Annullierung der Urteile der Gefangenen, die bei Demonstrationen anläßlich der Ermordung des Revolutionärs Holger Meins in Berlin verhaftet und verurteilt wurden. Diese Forderung ist innerhalb von 24 Stunden zu erfüllen.«

Sie fordern außerdem die Freilassung eines Gefangenen aus der RAF sowie von 5 anderen Gefangenen aus dem anarchistischen Umfeld der Bewegung 2.Juni.

42 Ideologe und Wortführer der Studentenbewegung in Westberlin. 1968 von einem rechtsradikalen *Bild*-Zeitungsleser durch drei Kopfschüsse schwer verletzt. Nachdem er an seinem Asylort in Dänemark neu sprechen gelernt und seine Doktorarbeit über Leninismus geschrieben hat, ist er 1979 an den Folgen seiner Kopfverletzung verstorben.

Im Fernseher sehen wir am nächsten Tag, wie die beiden in Berlin verhafteten Demonstranten aus dem Knasttor Moabit auf die Straße treten, um dann schnell vor den zahlreichen Journalist:innen wegzurennen. Wahrscheinlich ganz zufrieden, nehm ich an.

Einen Tag später klingelt nachmittags eine Nachbarin, die Witwe Keller aus dem ersten Stock, bei uns oben an der Tür. Sie hat mir von der Metzgerei Bachhuber ein Stück Fleischwurst mitgebracht, eine wahre Delikatesse. HAP wird im gleichen Moment allerdings schreckensblass, als sie erklärt, dass sie jetzt auch wisse, wer Lorenz entführt hat.

»Die Hundefänger haben ihn mitgenommen.« Lautes befreiendes Lachen von HAP.

Der Witz von Frau Keller gefällt mir aber – im Gegensatz zu HAP – überhaupt nicht.

Da gefällt mir schon besser das aktuelle Fernsehprogramm, das laufend – auf Forderung der Entführer:innen – die neuesten Entwicklungen im Fall Lorenz live überträgt. So sehen wir auch mit großer Freude, wie die fünf anarchistischen Gefangenen gemeinsam mit dem Gewährsmann Heinrich Albertz ein Flugzeug besteigen, das sie nach Jemen ausfliegt. (Der 6. Gefangene auf der Liste, Horst Mahler[43] von

43 SDS-Mitglied Mahler war in den 60er Jahren Anwalt der Studentenbewegung, 1970 schloss er sich der RAF an. Ende des gleichen Jahres wurde er verhaftet und zu 14 Jahren Haft verurteilt. In der Haft sagte er sich von der RAF los und schloss sich der maoistisch orientierten Splitterpartei KPD / AO (Kommunistische Partei Deutschlands / Aufbauorganisation) an. 1980 erreichte sein Anwalt Gerhard Schröder die vorzeitige Haftentlassung. Schröder wurde später Bundeskanzler, während Mahler in Unternehmerverbänden Kurse über Marxismus abhielt. Von 2000 bis 2003 war er Mitglied der rechtsradikalen NPD. Anschließend gründete er einen Verein von Holocaustleugnern. Wegen Holocaust-Verleugnung und Volksverhetzung in mehren Fällen wurde er 2009 zu 12 Jahren Haft verurteilt. Nach seiner Haftentlassung 2020 stand er Ende 2022 erneut wegen Volksverhetzung und

der RAF, hatte sich distanziert und erklärt, dass er auf die Befreiung durch die revolutionären Arbeitermassen warten wolle.) Als Pfarrer Albertz – am 2. Juni 1967 übrigens Bürgermeister von Westberlin – im Fernsehen den vereinbarten Code »So ein Tag, so wunderschön wie heute« verkündet, wird Peter Lorenz freigelassen.

Danach verschärfen sich die Kontrollen auf der Straße. Der Fahndungsdruck steigt.

HAP und Gudrun gewähren deshalb Gabriele R. und Till M.[44] – beide vom Kern des 2. Juni – vorübergehend Asyl bei uns zu Hause. Gabriele und Till schlafen im Wohnzimmer. Gudrun, HAP und ich wie gehabt im Schlafzimmer. Zwischen beiden Zimmern der »berühmte« Kachelofen. Wir hören, wie die beiden im Wohnzimmer mitten in der Nacht lautstark streiten. Till scheint durchzudrehen und ist total paranoid. Erinnert mich irgendwie an Alex, der aber nie laut wurde.

»Hier hast du meine Knarre«, hören wir ihn rufen. Es klingt, als würde Till seine Pistole durchladen.

»Was willst du?!«, schreit er, völlig außer sich. »Soll ich mich erschießen? Oder besser gleich uns beide?«

Wir hören, wie er aufsteht und sich anzieht. Lautstark schlägt er die Haustür zu und rennt die Treppe runter.

Holocaust-Leugnung vor Gericht. Wegen Gesundheitsproblemen wurde der Prozess jedoch ausgesetzt.

44 Till M. gehört zu den Mitbegründer:innen der Bewegung 2. Juni. Als er 1986 vorzeitig aus seinem letzten Haftaufenthalt entlassen wurde, arbeitete er bei der Berliner Tageszeitung (*taz*). 1992 wurde bekannt, dass er diese Position benutzt hatte, um für die Stasi (Staatssicherheitspolizei der DDR) die Westberliner linke Szene auszuspionieren. Später veröffentlichte er seine Autobiografie unter dem Titel *Staatsfeind*.

Am nächsten Morgen hören wir im Radio, dass Till auf dem U-Bahnhof Yorckstraße angeschossen und verhaftet wurde. Für Gabi müssen wir schnellstens ein neues Quartier suchen.

Möglichst nicht in Steglitz, wo nach Tills Verhaftung andere Kommandomitglieder Hals über Kopf die Wohnung verlassen haben, die eine gute Freundin von HAP – alias »das kleine rothaarige Mädchen« – ihnen zur Verfügung gestellt hatte. Das »kleine Mädchen« hat Angst und bittet HAP, die Wohnung sauber zu machen. Ok. HAP parkt den Käfer in einer abseits gelegenen Seitenstraße. Als Vorsichtsmaßnahme drehen Gudrun und HAP erstmal eine Runde mit mir durch den Kiez und um den Block. Da ich nichts Verdächtiges riechen kann, gehen wir nach oben. HAP und Gudrun sammeln die leeren Bierflaschen und den Müll ein und wischen, nach bestem Wissen und Gewissen, mögliche Fingerabdrücke ab.

Bewegte Zeiten

Irgendwie ist das Jahr 1975 – mein 6. Lebensjahr – ziemlich bewegt. Ich meine, HAP macht mit mir die täglichen Spaziergänge wie gewohnt. Öfters sogar in der Hasenheide. Und mein Essen bekomme ich auch wie immer. Manchmal sogar mit einer Delikatesse von Metzgermeister Bachhuber. Aber irgendwie passiert ständig was Neues.

Im April startet die RAF einen verzweifelten Versuch der Gefangenenbefreiung. Ein sechsköpfiges Kommando besetzt die deutsche Botschaft in Stockholm. Sie fordern die Freilassung von insgesamt 26 Gefangenen der RAF, einschließlich der gesamten Gründergruppe um Andreas Baader, Ulrike Meinhof und Gudrun Ensslin. Totaler Größenwahn, denken HAP und die meisten seiner Freunde und Freundinnen. Und die BRD-

Regierung unter Kanzler Schmidt lässt denn dieses Mal auch nicht mit sich reden.

Die Geiselnehmer erschießen nach Ablauf ihres Ultimatums zwei Diplomaten. Kurz danach explodiert aus nicht geklärten Gründen der in der Botschaft deponierte Sprengstoff. Zwei Kommandomitglieder sterben an den Folgen der schweren Verbrennungen. Die vier Überlebenden, Karl-Heinz Dellwo, Bernd Rössner, Lutz Taufer und Hanna Krabbe, erklären vor Gericht, dass der Sprengsatz von außen durch ein Polizeikommando ferngezündet worden sei. Mit Billigung der BRD-Regierung. Sie werden an die BRD ausgeliefert und zu zweimal lebenslänglich verurteilt.

Kurz danach bekommen wir noch mal Besuch von unserem Freund Boni (der Frankfurter mit der Rinderzunge), der wieder mit seinem alten BMW auf den Hof fährt. HAP lädt ein paar Kisten aus und trägt sie in den Keller. Dieses Mal sind aber keine Raubdrucke drin sondern Explosiveres, was aus einer anderen Wohnung dringend verschwinden musste. Es wird eine Woche bei uns zwischengelagert.

Die Zeit steht nicht still. Und die Türklingel unserer sozialen Wohnung auch nicht. An einem Freitagabend, kurz vor der *Tagesschau*, klingelt es an der Tür. Ein bärtiger Mann, Mitte bis Ende zwanzig, steht vor der Tür. Er sagt seinen Namen nicht, nur dass ein guter Freund von HAP ihm unsere Adresse gegeben hat. »Schon wieder ein neuer Mitbewohner«, denke ich. Aber falsch gedacht. Er will nur den Ausweis oder Pass von HAP, weil er dringend aus Berlin weg muss. Bedauernd gibt HAP ihm zu verstehen, dass er aus verschiedenen politischen Gründen da nicht helfen kann. Er ist sich nicht sicher, ob er und seine Papiere noch clean sind.

Die Berliner Polizei arbeitet zu diesem Zeitpunkt auf Hochtouren und hat außer Till M. noch vier weitere Entführer:innen verhaftet. Wenn auch jedes Mal durch unglückliche

Zufälle (für die Polizei glückliche – alles ist relativ) und Tipps aus der Berliner Bevölkerung.
Zwei Wochen später erkennt HAP den abendlichen Gast auf einem Foto in der Zeitung wieder. Philipp Werner Sauber, angeblich Mitglied der Bewegung 2.Juni. In Köln unter ungeklärten Umständen nach einer polizeilichen Autokontrolle mit anschließendem Schusswechsel getötet[45].

Ein paar Wochen danach verabredet HAP sich mit seinem Freund Gerd A. im »Spectrum« in Schöneberg. Das »Specki« in der Coburger Straße ist der neue Treffpunkt der Sponti-Szene, seit das »Liliom« wegen Bierpreiserhöhung und Problemen mit der Belegschaft boykottiert wird. Mehrere ehemalige Wirtsleute aus dem »Liliom« wie Axel, Jim, Erich, Hansi u. a. beschließen nach dem Konflikt, eine eigene Kneipe aufzumachen. Als Kollektiv und mit klarer Ausrichtung auf die Anarcho- und Spontiszene. Da sie selbst in diesem Milieu zu Hause sind, wird die Kneipe schnell ein Ort zum informellen Informationsaustausch der Szene.

Gerd hat genau deshalb zwar Vorbehalte gegen diesen neuen (sicherlich polizeibekannten) Treffpunkt, lässt sich dann aber doch überreden. Sie wollen schließlich auch keine klandestinen Aktionen besprechen sondern beim Bier (und HAPs Lieblingsgetränk Bitter Lemon) über ihre Pläne für den Sommer reden. HAP will in den Semesterferien wieder auf dem Bau arbeiten, um Geld zu verdienen. Gerd hat zum gleichen Zweck einen Vertrag für einen Job an der Kasse zur berühmt-berüchtigten Diskothek »Sound«[46] in der Genthiner Straße unterschrieben.

45 Die Vorgeschichte ist nachzulesen in dem empfehlenswerten Buch von Ulrike Edschmid*: Das Verschwinden des Philip S.*

46 Diskothek in Westberlin, die vor allem in den 70er Jahren sehr populär war. Aufgrund von Drogenkonsum und –handel zeitweilig polizeilich geschlossen. Nach 1981 neue Popularität durch den Film *Christia-*

Ein paar Wochen später besuchen wir ihn dort am frühen Abend. Bis zu dem Zeitpunkt sind nur wenige Gäste gekommen. Ich darf trotzdem nicht rein (»Wir müssen draußen bleiben«), aber Gerd lässt HAP nach unten, wo der hauseigene DJ für die wenigen Gäste Platten auflegt. Als HAP zurückkommt, schwärmt er von einem *song*, dessen Titel und Interpreten er notiert hat, weil er die Platte unbedingt kaufen will.

(KEVIN COYNE – *Saviour*)
Anybody, anybody gonna find the riverside/
Where? Where? Where? Where's that Saviour?/
I've been looking, I've been cooking, I've been finding somebody

Da es am Eingang immer noch ziemlich ruhig zugeht, unterhalten Gerd und HAP sich weiter. Ich höre zu und sehe, wie HAP blass wird, als Gerd erwähnt, dass er im Herbst nach Westdeutschland, konkret nach Dortmund, umziehen will.

»Wir haben lange darüber diskutiert. In Berlin gibt's genug Leute, die aktiv sind. Im Ruhrgebiet dagegen fehlt es an engagierten und verlässlichen Personen. Da bin ich nützlicher«, begründet Gerd seinen Entschluss. HAP fürchtet, seinen besten Freund zu verlieren. Gerade jetzt, als er sich auch an der Pädagogischen Hochschule (PH) immatrikuliert hat, wo Gerd für Pädagogik eingeschrieben ist. HAP hat Arbeitslehre belegt und will Hauptschullehrer werden.

---

ne F. über eine jugendliche Heroinabhängige.

»Keine Angst«, beruhigt ihn Gerd. »Natürlich werden wir uns weiter sehen. Dann kommst du auch endlich mal wieder in den Pott[47]. Und schließlich gibt es ja auch noch die Post.«

HAP nimmt die Idee auf. »Ja, aber dann sollten wir uns etwas Spezielles als Kommunikationsform aussuchen. Wir könnten wie bei Plenzdorf Kassetten besprechen und mit Musik bespielen[48]. Was hälst du davon?«

Gerd findet die Idee gut. Er will die Kassetten von Dortmund aus als Piddy abschicken. Und HAP wird als Paddy antworten. In guter irischer Tradition. Als Musik spielt Paddy Bob Dylan auf die erste Briefkassette.

(Bob Dylan – *Subterranean Homesick Blues*)
You don't need a weatherman/
to know which way the wind blows

Um ein bisschen abzuschalten und zu entspannen, mieten HAP und Gudrun im Juni ein Ferienhaus auf der dänischen Insel Falster. Zwei gute Freundinnen von Gudrun fahren auch mit. Ich bin begeistert. Endlich mal raus aus der Mauerstadt. Frei laufen und wieder dänische Luft atmen. Am Strand spielen die beiden Freundinnen mit mir, während HAP und Gudrun

---

47 Ruhrgebiet.

48 Der DDR-Autor Ulrich Plenzdorf hat das Theaterstück *Die neuen Leiden des jungen W.* geschrieben, das sowohl als Theaterstück als auch in der Verfilmung großen Erfolg in Ost und West feiert. In dem Stück kommuniziert der Aussteiger Edgar Wibeau mit seinem Freund Willi Mittenberg, der in sein Heimatdorf zurückgekehrt ist, indem sie Tonbänder austauschen.

das Essen vorbereiten. Ehrlich gesagt finde ich die beiden aber ein bisschen einfältig. Sie halten mir die ganze Zeit einen Stock vor die Nase und werfen ihn dann weg, damit ich ihn zurückbringe. Da spiel ich nicht mit. Ich zeig ihnen lieber den Weg zu Metzger Bjørn, wo es die knallroten *pølser* (Würstchen) gibt.

Nach dem Essen gehen die Politdiskussionen wieder los. Gudrun ist der Meinung, dass die BRD ein faschistischer Staat ist. Die beiden Freundinnen stimmen zu. HAP versucht dagegen zu differenzieren und die Unterschiede zu Chile oder Spanien herauszustellen, wo faschistische Militärjunten an der Macht sind.

In Spanien, d.h. mitten in Europa, regiert seit 1939 Putsch-General Franco mit eiserner Hand. 1936 hatte ein Teil des Militärs gegen die damalige demokratisch gewählte Republik geputscht und mithilfe der Bombenangriffe der deutschen »Legion Condor« auf die Bevölkerung von Durango, Gernika und andere baskische Städte den Sieg errungen. Trotz der extremen Repression und Überwachung agieren in Spanien verschiedene bewaffnete Gruppen. Ein Militärgericht verurteilt 1975 zwei Mitglieder der antifaschistischen FRAP und drei Mitglieder der baskischen ETA zum Tode. Obwohl – oder weil – Franco 1975 von Alter und Krankheit gezeichnet ist und sein designierter Nachfolger Carrero Blanco von der baskischen ETA in die Luft gesprengt wurde, unterzeichnet er die Todesurteile und lehnt die Gnadengesuche ab.

Wieder zurück in Berlin spricht HAP mit Axel im »Spectrum« über Spanien, während er am Tresen sein Glas Bitter Lemon trinkt.

»Wir können da doch nicht tatenlos zusehen. Wir müssen was tun.«

Axel sieht das genauso. Innerhalb von wenigen Tagen organisieren sie ein Treffen mit einigen Teilnehmer:innen der Fußballaktion beim Chile-Spiel und anderen Vertrauenspersonen aus verschiedenen Spontigruppen. Relativ schnell einigen sie sich auf zeitlich koordinierte Aktionen in verschiedenen Reisebüros, die Werbung machen für Reisen nach Spanien. Mit Farbsprühdosen und Flugblättern bewaffnet, stürmen HAP und seine Truppe ein Reisebüro in der Lietzenburgr Straße, während ich – wie immer – draußen Wache halte. Ich sehe, wie sie vor den Augen der eingeschüchterten Tourismus-Expert:innen die bunten Spanienplakate zerreißen und mit roter Farbe »Mörder« und »Spanien-Boykott« an die Wände und Schaufensterscheiben sprühen.

In der Zeitung lesen wir später, dass es in der gleichen Woche weltweit Proteste gegen die geplanten Hinrichtungen gegeben hat. Aber ohne die Entscheidung der Franco-Regierung zu verändern. Und ohne die Tourismuseinnahmen in Spanien zu mindern, die im gleichen Jahr trotz allem auf neue Höchstwerte steigen. Nur die Sonne ist wichtig, alles andere ist egal. Ich kann gut verstehen, dass HAP manchmal an der Denkfähigkeit und dem Bewusstsein der menschlichen Rasse – zumindest der deutschen – zweifelt.

Unterdessen bittet Gerd HAP um Unterstützung bei einer anderen Aktion in Berlin. Seine Gruppe hat 100.000 Fahrscheine der BVG nachgedruckt, die in verschiedenen ärmeren Stadtteilen verteilt werden sollen. HAP sagt sofort zu und lässt sich für das Märkische Viertel einteilen. Ich darf mit. Als wir unseren Teil der gefälschten Tickets in der verabredeten Ladenwohnung in Kreuzberg abholen, gibt es eine Überraschung. Die Tür öffnet Uwe K., den wir aus Bochum kennen. Ich habe ihn zwar nur einmal bei einer Studentenfete gesehen, aber mein Personen- und Geruchsgedächtnis ist untrüglich. HAP erinnert sich auch gut, da Uwe in der Studentenpolitik als Sponti Widersacher der maoistisch orientierten Brelohgruppe war. Jetzt stehen beide auf der gleichen ideologischen Seite und freuen sich über das Wiedersehen.

Die Trabantenstadt Märkisches Viertel gefällt mir allerdings überhaupt nicht. Erinnert mich an eine Comic-Zeichnung von F. K. Waechter, über die HAP jedes Mal Tränen lacht, wenn er sie in dem Bildband *Wahrscheinlich guckt wieder kein Schwein* anguckt. Auf dem Bild lehnt das Schwein Pinki auf zwei Beinen an der Wand eines trostlosen Hochhauses und ruft verzweifelt: »Käsekuchen! Käsekuchen! Käsekuchen!« nach oben. HAPs – für mich irgendwie unverständliche – Reaktion, sein unbändiges Lachen, ist vielleicht eine Spätwirkung des Joints, den er 1971 mal in der Baerwaldstraße geraucht hat. Wie auf der Zeichnung sehe ich hier nur Hochhäuser, kaum Grünanlagen für Hunde- und Personenauslauf, wenig Kauf- und Freizeitmöglichkeiten, nur Beton und riesige Wohnblocks, in denen die Mieter und Mieterinnen eingesperrt sind. Wohnhaft. Dafür sind die massenhaft vorhandenen Briefkästen aber gut zugänglich. In 20 Minuten haben wir unser Fahrkarten-Pensum erledigt. Zur Belohnung fährt HAP mit mir ins Grüne. Zuerst Richtung Karl-Bonhoeffer-Nervenklink – im Berliner Volksmund »Bonnies Ranch« genannt. Wir halten da aber nicht (sind ja nicht verrückt) sondern fahren ein Stück weiter bis zum Tegeler Forst, wo ich nach dem Betontreten endlich wieder frei auslaufen kann.

Nach dem, was HAP danach in der Szene hört und in der Zeitung liest, ist die Fahrkarten-Aktion gut angekommen – obwohl einige Personen den Brief mit den Fahrscheinen zum Nulltarif bei der Polizei und BVG abgeliefert haben. Selbst schuld. Sollen sie doch die teuren BVG-Tarife bezahlen.

Weil's so schön war, legen die Drucker:innen der RZ noch mal nach und drucken Lebensmittelgutscheine, wie sie sonst von

Sozialarbeiter:innen im Sozialamt an ausgesuchte bedürftige Personen ausgegeben werden. Ziel: den in Misere lebenden Obdachlosen materiell unter die Arme greifen. Ich freue mich, als ich mit HAP durch das Obdachlosenasyl in Berlin-Lichterfelde streife. Es riecht genauso wie früher in der Brelohstraße. Nur, dass HAP mich hier immer gleich wegzieht, wenn die Kinder uns aufhalten und mit mir spielen wollen. Ist wohl der Preis für Unterstützung klandestiner Politik.

Rund 200 verarmte Berliner Familien machen dann aber Gebrauch von den Gutscheinen und essen sich einmal richtig satt.

Auf dem Rückweg haben wir eine Begegnung besonderer Art. Wir treffen die schöne Renate, die einen Kinderwagen vor sich her schiebt und erzählt, dass sie wieder mit ihrem Ex zusammen ist. HAP ist ziemlich perplex und stottert irgendwie herum. Knabbert er etwa immer noch an seinem *ejaculatio praecox*? Mir fällt jedenfalls auf, dass er weder Fragen zu dem Baby noch zu Renates aktuellem Lover stellt. Zu Renate selbst eigentlich auch nicht. Ich kann das Baby im Wagen nicht sehen. Aber könnte HAP nicht vielleicht sogar der biologische Vater sein? Obwohl, klar – er geht ja aufgrund seines Studiums fest davon aus, dass für die Entwicklung eines Kindes nicht die Genetik sondern die soziale Umgebung entscheidend ist.

Renate und ihr Freund werden schon das Beste daraus machen.

Internationale Solidarität

Gudrun erfüllt unterdessen andere Aufgaben. Ebenfalls über Gerd kommt die Anfrage, ob sie gemeinsam mit ein paar anderen legalen Frauen helfen könne, im Dezember in Wien die Logistik für eine größere internationalistische Aktion aufzubauen.

HAP ist – wie ich – im Grunde froh, dass sie ein paar Tage oder Wochen weg ist, sodass wir beide zu zweit in Ruhe unsere Spaziergänge und Ausflüge machen können. Und Gerd oder seine Genoss:innen zu unterstützen ist sowieso immer gut.

Als sie zurückkommt, erfahren wir mehr – aus dem Fernsehen. Ein palästinensisches Kommando unter Führung des Venezolaners *Iljitsch Ramirez* alias »Carlos« hat in Wien die OPEC-Konferenz überfallen und mehrere Erdöl-Minister als Geiseln genommen. Zu dem Kommando gehören auch die Deutschen *Hans-Joachim Klein* und *Gabriele Kröcher-Tiedemann* (»Nada«), die Anfang des Jahres durch die Lorenz-Entführung freigekommen war.

Beim Eindringen in das OPEC-Gebäude kommt es zu einem Schusswechsel, bei dem drei Personen getötet werden. Bei einem (fehlgeschlagenen) Gegenangriff der österreichischen Polizei wird außerdem der Frankfurter Hans-Joachim Klein (»Klein-Klein«) durch einen Bauchschuss schwer verletzt. »Carlos« führt die Verhandlungen. Er fordert freien Abzug des kompletten Kommandos mitsamt den Geiseln in einem bereitzustellenden Flugzeug und das mehrfache Verlesen eines Kommuniqués im öffentlichen Rundfunk. Darin werden verschiedene arabische Staaten und der Iran wegen ihrer Israel-Politik angegriffen und die Nationalisierung des Erdöls gefordert.

Der Abflug der Gruppe wird wieder live im Fernsehen übertragen. Wir sehen, wie »Carlos« auf dem Flugfeld dem österreichischen Innenminister die Hand schüttelt. Und wie der verletzte Klein auf einer Trage ins Flugzeug gebracht wird.

Nachdem das Gros der Geiseln freigelassen wurde, fliegt das Kommando nach Algerien und Libyen, wo die restlichen Geiseln freigelassen werden und den Entführer:innen angeblich ein hohes Lösegeld bezahlt wird.

Gudrun erzählt nicht viel über ihren Aufenthalt in Wien. Sie ist wortkarg und schlecht gelaunt. Irgendwie kehrt mit ihrer

Rückkehr zu Hause wieder schlechte Stimmung ein. Die wird auch nicht besser, als HAP wissen will, was die ganze Aktion eigentlich gebracht hat. »Du bist einfach zu blöd und verstehst nix von Politik«, bekommt er als Antwort.
Bessere Laune zeigt Gudrun, wenn sie mit ihren Freundinnen zusammen ist. Karola, die mit ihrer kleinen Tochter gegenüber vom Moabiter Knast wohnt, organisiert manchmal ein Essen, zu dem alle Gäste etwas mitbringen. HAP und ich werden meistens auch eingeladen. Beim Essen sprechen die Frauen über die Sex-Shops, die überall aus dem Boden sprießen. HAP findet sie und die Werbung dafür auch widerwärtig. Alle sind sich einig, dass das Angebot dort das Gegenteil von sexuellem Genießen ist. Es geht um Geschäftemacherei und Ausbeutung der Frau.

Als die Freundinnen besprechen, Aktionen gegen diese Läden zu unternehmen, sagt HAP seine Hilfe zu. (Falls die Frauen ihn brauchen.)

Er geht am verabredeten Abend also Gassi mit mir, und ich höre kurz darauf Scheibenklirren und sehe, wie bei verschiedenen Sex-Shops die Schaufensterscheiben von vermummten Personen eingeschmissen werden. Einige kann ich am Geruch erkennen.

Im Februar kauft HAP sich zu seinem 27. Geburtstag die Doppel-LP von Kevin Coyne *Marjory Razorblade.* Gudrun backt einen Käsekuchen.

Nach dem Kaffee holen wir den »neuen« Käfer aus der Kfz-Werkstatt in der Geßlerstraße ab. Hans, der alte Mechaniker, der die Seilzugbremse repariert und den Wagen TÜV-fertig gemacht hat, erzählt HAP von einem interessanten Ferienjob. Die Auslieferfirma von Goodyear- und Fuldareifen sucht einen Fahrer für Juli und August. HAP sagt zu. Der Job ist gut bezahlt und scheint weniger anstrengend als die Arbeit, die er in den Semesterferien normalerweise auf dem

Bau verrichtet. Mir verspricht er außerdem, dass er mich dann auf die Fahrten mitnehmen wird.

Einen Monat vor Arbeitsbeginn schreckt HAP bei den Acht-Uhr-Nachrichten auf. Ein Kommando der »Volksfront für die Befreiung Palästinas« (PFLP) hat ein Flugzeug der Air France mit mehr als 200 Passagieren an Bord auf dem Flug von Tel Aviv nach Paris gekapert und nach der Zwischenlandung in Athen nach Entebbe (Uganda) entführt. Sie fordern die Freilassung von insgesamt 53 inhaftierten – in erster Linie palästinensischen – Militanten aus verschiedenen Ländern. Auf der Liste stehen auch die Namen von sechs in der BRD inhaftierten Gefangenen von RAF und Bewegung 2.Juni.

Ich hab keine Ahnung, wo Entebbe liegt und wie es da aussieht. Höre aber interessiert zu, als HAP Gudrun gegenüber vertritt, dass die Auswahl der freizulassenden deutschen Gefangenen – im Gegensatz zu der Stockholm-Aktion – klug und realisierbar sei. Der Regierungschef von Uganda, der anti-israelische Diktator Idi Amin, würde dem Kommando wahrscheinlich nicht in den Rücken fallen.

Zunächst scheint alles planmäßig zu verlaufen. Aus humanitären Gründen lassen die Entführer:innen in Entebbe 48 Geiseln frei. Die meisten sind Juden oder Jüdinnen verschiedener Nationalitäten – Frankreich, USA, Kanada sowie einige Staatenlose. Unter den Freigelassenen befindet sich auch ein 80jähriger israelischer Jude, der in Entebbe in ein Krankenhaus eingeliefert wird.

Eine Woche später nimmt die Aktion dann aber eine dramatische Wende. Aus der Presse erfahren wir, dass eine israelische Spezialtruppe in einer Nacht-und-Nebel Aktion in Entebbe gelandet ist, die Mitglieder des Kommandos erschossen und 102 Geiseln befreit hat. Erst viel später sickert durch, dass sie dabei auch 20 ugandische Soldaten sowie drei Geiseln getötet haben.

HAP ist völlig am Boden, als bekannt wird, dass sich unter den getöteten Entführer:innen zwei Deutsche, Brigitte Kuhlmann und Wilfried Böse (»Boni«) befinden, die wir aus Frankfurt von der Rinderzunge kennen.

Die israelischen und westdeutschen Medien werden nicht müde, Brigitte und Wilfried in eine Linie mit KZ-Schergen zu stellen. Die Deutschen, die erneut Juden und Jüdinnen in den Tod schicken. Selektion à la Auschwitz.

Schwierige Diskussion. Für HAP steht außer Frage, dass die Flugzeugentführung eine Aktion gegen den israelischen Staat war, um in erster Linie die Freilassung von palästinensischen Gefangenen zu erreichen. Solidarität mit Palästina. Freiheit für die Gefangenen. Er kennt Boni und ist deshalb überzeugt davon, dass er und Brigitte nie eine Selektion nach Religion vorgenommen hätten[49].

Totaler Schwachsinn, denke ich. Kann mich aber aus verständlichen Gründen nicht zu Wort melden.

Reifen

Am 1. Juli beginnt HAP seinen Ferienjob als Reifenlieferant. Wie versprochen nimmt er mich mit bei seinen Stadt-Touren im Goodyear-Lieferwagen. Ich lerne Teile von Berlin kennen, in denen ich noch nie gewesen bin. HAP ist auch zufrieden, obwohl das Reifenschleppen körperlich manchmal ziemlich anstrengend ist. Außerdem trifft ihn gleich in der zweiten Woche die unangenehme Aufgabe, einen völlig zerfetzten 175/70R14-Reifen von Goodyear zu einer Familie nach Zehlendorf zurückzubringen, deren Familienoberhaupt

49 Ausführliche Informationen gibt es in dem Buch von Markus Mohr – *Legenden um Entebbe* https://unrast-verlag.de/produkt/legenden-um-entebbe/

sich damit totgefahren hatte. Der Reifen war Beweisstück in dem Prozess, den die Familie gegen Goodyear angestrengt und verloren hatte.

In der gleichen Woche muntert uns dann aber eine andere Nachricht wieder total auf. Vier Frauen vom 2. Juni und der RAF haben sich am 7. Juli frühmorgens aus dem Berliner Frauenknast Lehrter Straße abgeseilt. Klassisch, wie im Film. Mit zusammengeknoteten Betttüchern. HAP ist völlig aus dem Häuschen. Die Presse zetert. »Nach dem Bravourstück von Entebbe die Blamage von Berlin«, titelt der *Spiegel*. Unter den Frauen, die sich selbst befreit haben, ist auch Inge Viett[50] vom 2. Juni. Ein paar Wochen vorher hatte das palästinensisch-deutsche Kommando in Entebbe ihre Freilassung gefordert.

Der Fahndungsapparat der Berliner Polizei läuft auf Hochtouren. Und feiert zwei Wochen später einen Erfolg. Monika Berbereich, die zur Gründungsgruppe der RAF und dem Befreiungskommando von Andreas Baader zählt, wird in Halensee festgenommen. Am nächsten Tag muss HAP eine Reifenbestellung an eine Werkstatt an der Avus ausliefern. Aus Neugier fährt er über Halensee, wo wir prompt in eine Polizeikontrolle geraten. HAP muss die Lieferscheine zeigen und die Schiebetür öffnen. Nach einer genauen Besichtigung der Reifen dürfen wir weiterfahren. HAP schäumt vor Wut, als wir an die Stelle kommen, wo Monika verhaftet wurde. Eine blaue Bullenwanne parkt an dem Platz. Die Seiten sind verziert mit überlebensgroßen Porträtfotos der vier Frauen und an der Frontseite ist eine Schaufensterpuppe befestigt. Bekleidet mit den Klamotten, die Monika am Tag der

50 Inge Viett schloss sich Anfang der 70er der Bewegung 2. Juni an. 1972 wurde sie verhaftet, befreite sich aber bereits ein Jahr später selbst mittels einer eingeschmuggelten Feile. Nach der Lorenz-Entführung war sie erneut verhaftet worden.

Festnahme trug. Über Lautsprecher wird die Bevölkerung zur Mithilfe aufgerufen. In Kreuzberg auch auf Türkisch, erzählt uns Wolle später.

Die anderen drei Frauen, Juliane Plambeck, Gabriele Rollnik und Inge Viett sind nervös und fühlen sich in ihren Wohnungen nicht mehr sicher. HAP verspricht Umzugshilfe. Nach der Erfahrung mit der Polizeikontrolle aber nicht mit dem Firmenwagen. Eine abendliche Rundfahrt mit dem alten Käfer, der hinten nur die beiden kleinen Heckfenster hat, und mit mir auf dem Beifahrerinnensitz scheint ihm sicherer. Seine Idee war richtig. Der Umzug klappt und die Frauen verschwinden aus dem Blickfeld der Berliner Polizei.

Gudrun arbeitet unterdessen mit ihren Freundinnen an einer Postkartenserie zum Thema Frauenkämpfe. Sie retuschieren ein Zeitungsfoto vom Tatort Lehrter Straße und schreiben in Großbuchstaben darunter:

»Bis zu unserer endgültigen Befreiung müssen wir noch viele Betttücher zusammenknoten.«

Als Hündin benutze ich normalerweise zwar keine Betttücher, Gudruns Parole kann ich aber trotzdem voll und ganz unterschreiben.

Zum Drucken und Layouten fährt HAP mit Gudrun und mir zum linken Druckereikollektiv Agit in die Ahornstraße. Die Tür öffnet der typische langhaarige und bärtige Zeitgenosse. Aber irgendwas ist anders. Er trägt ein einfaches, ärmelloses schwarzes T-Shirt und eine kurze rote Sporthose. Alles ohne jeglichen Aufdruck. Keine Parole. Kein roter Stern. Kein Foto von Marx, Bakunin oder irgendeiner Musikgruppe. Dafür sind seine Beine und Arme voll mit Bildern, Porträts, Symbolen. Von Marlene, schwarz-weiß mit Herzmuster und Anker bis Che Guevara in Farbe mit rotem Stern an der Mütze. Vom bombenwerfenden schwarzen Anarchisten bis zu Knastmauern und einer schwungvoll geworfenen Flasche mit rot lodernder Flamme (später lerne ich, dass man das *Molotow-Cocktail* nennt). Unter den Achseln Spinnweben. Sowas hatte ich bis jetzt noch nicht gesehen. HAP und Gudrun wahrscheinlich auch nicht. Aber sie sind spontan angetan von der Hilfsbereitschaft und den Ideen, die Heinz Herlitz[51] für ihr Projekt beisteuert. Hier kündigt sich eine neue Zusammenarbeit und Freundschaft an. Das kann ich sehen, hören und riechen.

Umzug

Einige Wochen später beschließen HAP und Gudrun, unsere inzwischen vielleicht zu bekannte Sozialbauwohnung in der Geßlerstraße zu kündigen. HAP mietet eine Dreizimmerwohnung im Erdgeschoss eines Altbaus in der Alvenslebenstraße. Die Kaution zahlt er mit dem Ersparten vom Goodyear-Ferienjob. Heinz, der neue Freund, zieht mit ein. Damit ich mich einmal mehr wundern kann, streicht er die Decke in seinem Zimmer schwarz, die Wände rot. Den Tisch fifty-fifty, halb schwarz, halb rot. Ich weiß nicht viel über Farbsymbolik und Politik, denke aber, dass Heinz überzeugter Anarchist ist. HAP dagegen hängt das große Farbposter des Sängers der Rockgruppe THE WHO, Roger Daltrey, mit freiem Oberkörper und Fransenweste in sein Zimmer. Aber vielleicht ist er ja trotzdem auch Anarchist.

Zur Einweihung gibt's eine kleine Party mit Schnittchen und Kartoffelsalat. Ich bekomme zwei Würstchen. Sind zwar nicht vom Bachhuber, aber Hündin freut sich. Da das Wetter gut ist, haben die neuen Mieter:innen Tisch und Stühle nach draußen gestellt und Lautsprecherboxen auf die Fensterbank.

---

51 Die Tatoos von Heinz kann man im Netz bewundern. Umbruch Bildarchiv Fotos: *Mein Leben mit Tattoos* (umbruch-bildarchiv.de)

HAP legt *Horses* auf den Plattenteller, die LP von PATTI SMITH, die er sich gerade auch vom Goodyear-Geld neu gekauft hat,.

(PATTI SMITH – *Gloria*)
Jesus died for somebody's sins/ but not mine

Mit von der Partie sind Gudruns Freundinnen sowie Uschka, die Ex-Freundin von Heinz. HAP ist gut gelaunt und begeistert, als Uschka ihm ihren VW-Bus zeigt und erzählt, dass sie noch zwei Wochen Urlaub hat.

»Das trifft sich gut«, höre ich HAP sagen. Seine Augen strahlen. »Sollen wir nicht zusammen mit deinem Bus nach Dänemark fahren. Meine Lieblingstante ist letztes Jahr gestorben und da würde ich jetzt gerne meinen verwitweten Onkel besuchen. Sehen wie es ihm geht. Und Sheila kommt so auch mal wieder in ihre Heimat.« Uschka sagt zu.

Klar, dass ich auch begeistert bin. Mir gefällt die sanfte und ruhige Art von Uschka. Ihr Lächeln. Und die Souveränität, mit der sie den Bulli durch den Verkehr lenkt.

Als es dunkel wird, parkt sie den Bus einfach auf einem Parkplatz in einer ruhigen Ecke. Mit zwei Handgriffen wird aus den Hintersitzen ein Bett. Ich höre, wie die beiden sich näher kommen und über Verhütung sprechen.

Das Thema hat einen realen Hintergrund. Gudrun ist schwanger, will aber zu diesem Zeitpunkt kein Kind in die Welt setzen. Die Aufgaben im politischen Kampf, die allzeitige Bedrohung im Knast zu landen, lassen ihrer Meinung nach kein verantwortungsvolles Leben mit Kind zu.

HAP und Heinz vertreten die gleiche Meinung. Ich habe eine Diskussion der beiden mit Gudrun und ihren

Freundinnen belauscht, als sie zugeben mussten, dass die Männer das Thema Verhütung normalerweise auf die Frauen abwälzen. Das soll anders werden. Beide wollen jetzt mit gutem Beispiel vorangehen und sich sterilisieren lassen. In Amsterdam.

Gudrun kennt über das Frauenzentrum Hornstraße einen jungen Arzt, der dort eine private Klinik für Sexualberatung unterhält und sowohl Sterilisationen als auch Schwangerschaftsabbrüche (nach einer schonenderen Absaugmethode) durchführt.

Vor Ort in Dänemark überzeuge ich mich, dass Kjeld den Krebstod von Birgit, seiner Frau, überwunden hat. Er lebt mit einer neuen Freundin zusammen, die auch sympathisch ist, aber natürlich nicht an das Niveau von Birgit rankommt. Und noch weniger an das Niveau ihrer *smørebrøder.*

Mir selbst geht es auch einigermaßen gut, auch wenn ich Birgit und meine schon vor zwei Jahren verstorbene Mutter vermisse. Aber wenn ich die strahlenden Gesichter von Kjeld und HAP mit ihren neuen Freundinnen sehe, vergesse ich meinen Kummer. Das Leben geht weiter.

Nach der Rückkehr aus dem schönen Dänemarkurlaub, geht's mit Gudrun gleich weiter nach Amsterdam. Im Käfer. Heinz und HAP bekommen einen Sterilisations-Termin für Anfang 1977.

Bass erstaunt bin ich, als HAP sich in einem Schuhgeschäft am *Damrak*[52] ein Paar knallig bunte *boots* mit Absatz und hoher Plateau-Sohle kauft. Damit kann er doch unmöglich weg-

52 Bekannte Allee im Zentrum von Amsterdam. Der Dam-Platz mit seinem Nationaldenkmal, einem 22 m hohen Obelisk, ist Treffpunkt der Amsterdamer Jugendlichen jeglicher Couleur.

laufen, wenn die Bullen hinter ihm her sind, denke ich. Oder ist er einfach nur beeinflusst von den vielen bunten Gestalten, die sich da rund um den Dam-Platz tummeln? Würde er lieber mit ihnen um die Häuser ziehen als stundenlang mit seiner Berliner Politgruppe zu diskutieren?

Gudruns Schwangerschaftsabbruch verläuft ohne Probleme. Schon bald stürzt sie sich wieder in politische Aktivitäten. In der Wohnung, manchmal aber auch außerhalb, finden ständig Politdiskussionen in der namenlosen Gruppe statt, die aus Gudrun und ihren Freundinnen sowie HAP und Heinz besteht. Hier sind die Männer einmal in der Minderheit.

Anfangs ist auch HAPs neue Freundin Uschka bei den Diskussionen dabei. Kurze Zeit später steigt sie aber aufgrund von politischen Meinungsverschiedenheiten aus und zieht nach Bremen. Ich bin etwas traurig darüber, weil es jetzt sicher keine Exkursionen mehr im VW-Bus geben wird. Und HAP sehe ich an, dass ihm Uschkas Entscheidung auch nicht besonders gefällt. Aber Politik geht wohl vor. Als Trostpreis bekommen HAP und ich vor ihrem Umzug noch eine letzte Exkursion im VW-Bus in den Tegeler Forst, wo ich wieder frei auslaufen und durchatmen kann.

Neben den Gruppendiskussionen, die sich meistens um die Haftbedingungen der politischen Gefangenen und die Lage in Palästina drehen, hat die Gruppe auch praktischen Unterricht. In unregelmäßigen Abständen tauchen Kontakte von der Bewegung 2. Juni auf und zeigen, wie man das Foto in einem Ausweis wechselt und mit einer rohen Kartoffel den Stempel auf dem neuen Foto ergänzt. Oder mit einem Wecker einen elektrischen Schaltkreis baut, um einen Zeitzünder für Explosivstoffe zu betätigen. Einmal bin ich auch in einer kleinen Werkstatt dabei, wo Heinz lernt, einen speziellen Schraubenzieher zusammenzuschweißen, mit dem man

Autozündschlösser ausdrehen kann. Für den Fall, dass man Autos knacken und kurzschließen will. Außerdem gibt's Chemieunterricht, wo die Gruppenmitglieder lernen, wie man mit Unkraut-Ex und anderen leicht erhältlichen Chemikalien Spreng- oder Brandsätze herstellen kann.

Diese Unterrichtsstunden gefallen mir nicht besonders. Da würde ich lieber schwänzen. Vor allem, wenn sie den Lernstoff in irgendeinem Hinterhof oder verlassenen Industriegelände in die Praxis umsetzen. Den bei den Explosionen oder Verpuffungen entstehenden Gestank verträgt meine Nase nicht gut.

Angenehmer sind die in regelmäßigen Abständen verabredeten Besuche im »Spectrum«, zumal ich da Hansi und Axel wiedersehe. Obwohl Gudrun die dort anzutreffende *Szene* zuwider ist (»die labern alle nur revolutionär rum und machen nichts«), besteht sie darauf, dort regelmäßig aufzulaufen. Die Szene-Schwätzer:innen und dort herumlungernden Zivilbullen sollen nicht auf die Idee kommen, dass die Mitglieder ihrer Gruppe sich evtl. abgesetzt hätten und ernsthaft mit der Vorbereitung von revolutionären Aktionen beschäftigt seien.

Salzburg

Heinz hat die Information, dass sich die noch – oder wieder – freilaufenden Kernmitglieder des 2. Juni nach Österreich abgesetzt haben. Sie brauchen einen Ruheraum und frische Bergluft, um Energie für neue Aktionen zu tanken. Und sie brauchen neue Genoss:innen zum Auffüllen der durch die Verhaftungen entstandenen Lücken. Zuerst haben sie Heinz zu einem Treffen nach Salzburg eingeladen. HAP und Gudrun fahren dann mit mir ein paar Tage später im Zug hinterher. Ich wedele freudig mit dem Schwanz, als wir in einem urigen Bergcafé die Frauen wiedertreffen, für die wir vor ein paar Monaten in Berlin mit HAPs Nachkriegskäfer den klandestinen Umzug organisiert haben. Die Reaktion der Frauen ist dagegen ausgesprochen kalt. Sie tun so, als würden sie mich gar nicht kennen und sehen durch mich durch. Ihr einziges Interesse gilt Heinz, HAP und Gudrun, von denen sie wissen wollen, wie sie zum bewaffneten Kampf und dem Leben in der Illegalität stehen. Dabei lassen sie durchblicken, dass sie in Österreich eine größere Aktion planen und evtl. in Zukunft auch mit der RAF kooperieren wollen. Stundenlang ziehen sich die Diskussionen hin. Ich habe Angst, dass ich HAP verliere, falls er sich zum Schritt in die Illegalität entschließen sollte. Zum Glück vertritt er aber eine andere Linie als Gudrun und Heinz. Er will unterstützen, wo er kann. Gleichzeitig aber sein PH-Studium beenden und sich dann um eine Stelle als Hauptschullehrer im Ruhrgebiet bewerben. Ich gehe davon aus, dass er mich mitnehmen wird. Und dass wir dort wieder öfters mit Gerd zusammen sein werden.

Nach einem herrlichen, langen Spaziergang über die sattgrünen Bergwiesen gehe ich mit Gudrun und HAP in unsere Pension zurück. HAP gibt mir ein Stück von seinem Wiener Schnitzel ab, das er beim Mittagessen abgezwackt und für mich aufgehoben hat. Schmeckt sehr gut. Heinz ist aus Sicherheitsgründen in einer anderen Pension und fährt auch später als wir auf einem anderen Weg zurück nach Berlin.

Weniger Sicherheitsbedenken haben die drei seltsamerweise gegenüber den DDR-Grenzern. Zur Jahreswende 76/77 fährt die gesamte Gruppe mitsamt Karolas Tochter und einer Schulfreundin von ihr über Warnemünde nach Falster, wo HAP wieder ein Ferienhaus gemietet hat. Ich bin natürlich begeistert. Wenn ich nur an die *pølser* oder Dänemark denke, läuft mir sofort das Wasser im Mund zusammen. HAP meint, das wäre der *Pawlow'sche Effekt.* Hat er in der Uni gelernt.

Neben vielen Freizeitaktivitäten und Herumtoben mit den beiden Kindern hocken die Erwachsenen abends stundenlang bei Wein und Bier zusammen, wo Gudrun, Heinz und HAP über ihre Salzburger Eindrücke berichten.

Ich bekomme meine *pølser* und bin zufrieden.

Dass Gudrun, HAP und die übrigen Gruppenmitglieder unterschiedliche Ansichten, Wahrnehmungen und Vorstellungen von sinnvollem Leben und Widerstand haben, ist für mich nicht neu. Solange sie HAP mit seiner Minderheitsposition dabei nicht zu sehr angreifen, kann ich damit leben.

Ich gebe zu, dass ich nicht neutral, und vielleicht auch nicht immer gerecht bin. Aber meine Stimmung hängt nun mal davon ab, ob es HAP gut geht oder nicht.

Im Januar 1977 geht es ihm – und mir – wieder schlecht. Nach dem brutalen Ende der Flugzeugentführung in Entebbe wittern die Produzenten von Action-Filmen ein gutes Geschäft. Eine bereits 1976 gestartete israelische Produktion gewinnt Klaus Kinski für eine der tragenden Rollen (welche kann sogar ich mir denken, obwohl Boni mit dem Charakter von Kinski rein gar nichts gemein hatte) und den Berliner Playboy Rolf Eden als Ko-Piloten. In den USA laufen zur gleichen Zeit gleich mehrere Produktionen an.

Das Rennen macht eine Fernsehproduktion mit dem Namen *Victory at Entebbe* und so illustren Darsteller:innen wie Kirk Douglas, Burt Lancaster, Anthony Hopkins oder Elizabeth Taylor.

Unter dem Namen *Unternehmen Entebbe* läuft der Film Anfang '77 in den deutschen Kinos an. In einem Aachener Kino kommt es nach der Ur-Aufführung zu einem Brandanschlag.

Kurz darauf wird unser Freund Gerd Albartus zusammen mit Enno Schwall als vermeintliche Täter festgenommen.

»Scheiße!« Gudrun spricht aus, was HAP denkt. Ich schließe mich an.
HAP liest zwei Tage später aus der Erklärung der Brandstifter vor, die im Berliner *Info-Bug*, dem wöchentlichen Infoblatt der undogmatischen Sponti-Szene veröffentlicht wird. Früher hat Heinz das bei Agit gedruckt.

»Der Film Unternehmen Entebbe verherrlicht den Angriff israelischer Militärs auf ein von deutschen und palästinensischen Genossen entführtes Flugzeug, den Einmarsch in Uganda als sei dies eine amerikanisch-israelisch-deutsche Kolonie und die Erschießung von 20 ugandischen Soldaten als notwendige und ziemlich sympathische Aktion gegen den sog. Terrorismus. (…) Der Film verdreht die Wirklichkeit bis zum Unkenntlichen. Der Kampf des palästinensischen Volkes richtet sich nicht gegen die Juden, sondern gegen den Zionismus als Staatsform und Ideologie, der die Vertreibung eines ganzen Volkes rechtfertigte. (…) Die Entführung von Entebbe sollte nicht Leben vernichten, sondern Leben retten und zurückgeben, das in israelischen und europäischen Gefängnissen zerstört wird. Die Aktion war so angelegt, dass auch das Leben der Geiseln geschont war und erst durch den israelischen Angriff gefährdet wurde. Wir haben heute in mehreren westdeutschen Kinos, die den Film Unternehmen Entebbe spielen, Feuer gelegt. Dies soll als Warnung verstanden werden von den Filmverleihern und den Kinobesitzern, die an der rassistischen Hetze verdienen wollen, aber auch als Warnung an die Zuschauer. Dieses Mal haben wir durch Art und Umfang unserer Aktion sichergestellt, dass niemandem etwas geschehen kann. Um vermeidbare Risiken für die Zukunft auszuschalten, fordern wir:

Sofortige Absetzung des Hetzfilms Unternehmen Entebbe!
Boykott aller nachfolgenden Entebbe-Filme!«

Berlingäste

Etwas überraschend erfahren wir, dass einige der Salzburger Frauen zusammen mit einem männlichen Kommandomitglied in Berlin zu Besuch sind. Sie wollen »eine Bank machen«, weil sie Geld für ihre Österreich-Aktion brauchen. Im Berliner Geldgeschäft kennen sie sich aus. Heimvorteil. Zuerst die Lage der Bank auschecken. Fluchtwege? Verkehr? Entfernung zur nächsten Polizeiwache?

Plötzlich existiere ich wieder. Ich soll mit Gudrun Gassi gehen – oder umgekehrt – und dabei die Bank aus der Nähe besichtigen. HAP – der noch keine Punkte in Flensburg hat – wird als Fahrer für das Fluchtauto gebraucht.

Er ist einverstanden und steht zu seinem Wort, das er in Salzburg gegeben hat. Das Auto, ein viertüriger Fiat 1500, wird aus Zeit- und Sicherheitsgründen nicht geknackt sondern einfach zweite Hand gekauft.

Beim zweiten Gassi-Gehen, Montagmorgen, entdecken wir, dass kurz nach dem Öffnen zwei Männer mit einem Geldtransporter vorfahren und zwei Geldkoffer in die Bank tragen. Am nächsten Montagmorgen die gleiche Prozedur. Inner- und außerhalb der Bank gibt es zudem um diese Zeit wenig Bewegung. Der Zeitplan steht. Und die Aufgaben werden verteilt.

HAP fährt. Das zweite männliche Kommandomitglied sichert nach dem Eintreten in die Bank die Eingangstür von innen. Die Frauen gehen zum Schalter und raffen das Geld zusammen. Ich soll mit Gudrun die Umgebung checken und Wachhund spielen.

Als kurz nach der Abfahrt des Geldtransporters der Fiat vorfährt, kann ich die Personen, die aussteigen und schnell in die Bank gehen, nur am Geruch erkennen. Gut getarnt. Alle Achtung.

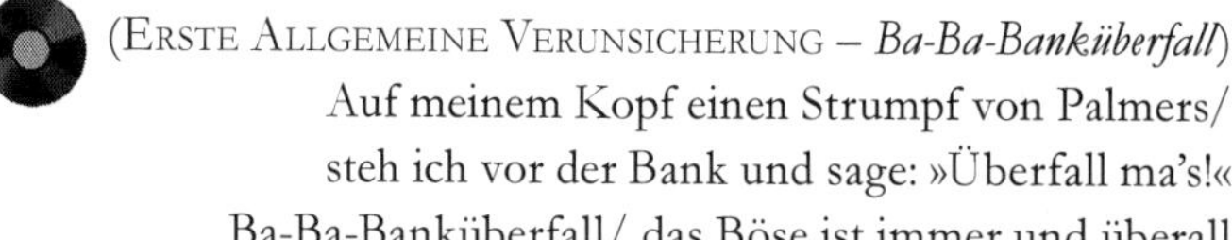

(Erste Allgemeine Verunsicherung – *Ba-Ba-Banküberfall*)
Auf meinem Kopf einen Strumpf von Palmers/
steh ich vor der Bank und sage: »Überfall ma's!«
Ba-Ba-Banküberfall/ das Böse ist immer und überall

Au, Scheiße! Jetzt kommt doch tatsächlich noch ein Kunde und geht in die Bank. Hoffentlich weiß unser Mann auf dem Sicherheitsposten zu reagieren. Und jetzt kommt noch eine Mutter mit Kinderwagen um die Ecke. Sie geht aber nicht in die Bank.

Alles klar. Die Tür geht auf und die beiden Salzburgerinnen rennen mit zwei vollen Plastiktüten zum Auto. Unser Sicherheitsmann zuletzt. Schnell steigen sie in den Viertürer ein, während HAP den Motor startet. Aber was ist das!? Der letzte Bankkunde kommt ebenfalls rausgerannt. Läuft erst ein Stück hinterher, greift in seine Jackentasche und bleibt dann stehen. Ich sehe eine Pistole in seiner Hand. Er zielt Richtung Fiat. Die Mutter mit Kinderwagen genau in der Schusslinie. Ich muss was tun. Will mich von Gudruns Leine losreißen und belle so laut ich kann. Der Pistolenheld erschrickt und dreht sich um. Die Mutter auch und der Fiat rast davon.

In der konspirativen Wohnung dominiert danach schlechte Laune. Trotz gelungener Aktion. Die Frauen sind sauer auf den Türsteher. Wieso hat er beim Abtasten die Waffe des eintretenden Bankkunden (vermutlich ein Bulle in Zivil) nicht bemerkt? Und das Geldzählen erfüllt auch nicht die Erwartungen. Der Geldtransporter hat statt Geld scheinbar nur Aktien und Wertpapiere in die Bank gebracht. Am Ende beträgt die Beute nur etwas mehr als 60.000 DM.

HAP versucht zu entspannen und zitiert aus der *Dreigroschenoper* von Bertolt Brecht: »Was ist ein Banküberfall schon gegen die Gründung einer Bank?« Sein Humor kommt aber nicht an. Die Atmosphäre knistert nach der »witzigen« Bemerkung nur noch mehr.

Außerdem gibt's Ärger mit »Nada«, die unbedingt mal wieder einen Berlinbummel unternehmen will. Am Ende bekommt sie aber doch widerwillig die Genehmigung für einen frühabendlichen Discobesuch in Charlottenburg. Muss spätestens um zwei wieder zurück sein. (Und das, obwohl es in Berlin keine Sperrstunge gibt.) HAP soll als Anstandswauwau mit und bekommt 10 DM für Spesen. Genau so viel wie »Nada«. Gleichberechtigung. Ich bleibe in der Wohnung als Wachhündin. Und bekomme zwei Wiener Würstchen als Belohnung.

Amsterdam

Kurz nachdem die RAF in einer spektakulären Aktion den Generalbundesanwalt Buback erschossen und damit (nicht nur) in Göttingen »klammheimliche Freude« ausgelöst hat, fährt unsere Mini-WG im April erneut nach Amsterdam. Heinz und HAP haben ihren Sterilisationstermin. Zuerst geht's wieder zum Damrak, wo es in der Arztpraxis noch mal ein ausführliches Motivations- und Beratungsgespräch gibt und dann zur Bezahlung geht. Anschließend mit dem Taxi zur Klinik, wo der Eingriff vorgenommen wird.

Da in alternativen und linken Männerkreisen in Berlin und der BRD viel über Sterilisation diskutiert wird aber wenig detaillierte Information vorhanden ist, wollen HAP und Heinz ihren Eingriff filmen lassen und später als kommentiertes Video verbreiten. Sie losen aus und Heinz gewinnt den Oscar als Hauptdarsteller.

Ich darf nicht mit in die Klinik, gucke mir die kurze Sequenz aber später auf dem Video an. Es stimmt schon, dass die Männer es auch bei diesem Thema sehr viel einfacher haben. Zwei kleine Schnitte links und rechts am Sack, Samenleiter abgeklemmt und der Sack mit einem kleinen Faden wieder zugenäht. Fertig. Und ab in den Ruheraum mit Keksen und Tee. Heinz meint, dass er sich fühle, als hätte ihm jemand »einen Fußball direkt in die Eier geschossen«. Zwei Stunden später treffen wir uns im *Pannekoekhuis* in der Altstadt.

Sicherheitshalber (dieses Mal wegen medizinischer Sicherheit) übernachten wir in einer Pension. Und am nächsten Tag geht's zurück nach Berlin. Ohne Probleme.

Probleme gibt's laut HAP in Göttingen, wo ein Student unter dem Namen *Mescalero* einen mehrseitigen Nachruf auf Buback in der AStA-Zeitschrift der Uni veröffentlicht. Der Artikel kritisiert die Aktion und generell den bewaffneten Kampf. Gleichzeitig will der Autor aber ehrlicherweise seine »klammheimliche Freude nicht verhehlen«. »Ich habe diesen Typ oft hetzen hören«, schreibt er. »Ich weiß, daß er bei der Verfolgung, Kriminalisierung, Folterung von Linken eine herausragende Rolle spielte.«

Nach der Devise von Bundeskanzler Schmidt von der »Ausrottung des geistigen Sumpfes«, die er nach dem Attentat in einer Regierungserklärung verkündet, und mit Hilfe der neu verabschiedeten Zensurparagraphen leitet die Staatsanwaltschaft in Göttingen Strafverfahren gegen den AStA ein.

Aus Protest geben verschiedene linke Gruppen sowie eine Gruppe von 48 Anwält:innen und linken Hochschulprofessor:innen den Nachruf neu heraus. Gegen alle werden Strafverfahren eingeleitet. Die Professor:innen werden zudem mit Berufsverbot bedroht.

Das wirkt. Alle betroffenen Hochschullehrer:innen unterschreiben kleinmütig eine Erklärung, in der sie sich von Mescalero distanzieren und ihre eigene Anti-Zensur Initiative bedauern. Lediglich der Psychologie-Professor Peter Brückner aus Hannover bleibt aufrecht und wird vom Dienst suspendiert. In einem späteren Gerichtsverfahren erreicht er allerdings die Aufhebung des Berufsverbots.

Unter den Wendehälsen befindet sich auch Proff, was HAP besonders wurmt. Immerhin war er in Berlin einer seiner ersten und wichtigsten Politkontakte.

Irgendwie kann ich Gudrun, HAP und die anderen verstehen, wenn sie über die Intellektuellen und Linken in Deutschland jammern.

Abreise

In Salzburg und auf Falster hatten HAP und die anderen Gruppenmitglieder ihre jeweiligen Entscheidungen für den weiteren politischen Kampf sich selbst und den anderen klar gemacht. Heinz will als erster abtauchen. Für den 13. Mai kauft er ein Zugticket nach Wien. Gudrun will später nachkommen. HAP dagegen entscheidet sich für einen anderen Weg. Ich kann bei ihm bleiben, zumindest bis zum Abschluss seines Lehrerstudiums. Und wenn er danach im Ruhrgebiet einen Job als Hauptschullehrer findet, werde ich mitgehen und weiter auf ihn aufpassen.

Einen Tag vor der Abreise von Heinz machen er und HAP frühmorgens noch eine Exkursion mit mir in den Tegeler Forst. Auf der Rückfahrt wollen sie Schrippen und ein paar Würstchen fürs Frühstück mitbringen. Die Salzburger:innen hatten Heinz eine Stelle beschrieben, wo sie eine Waffe vergraben haben. Die soll er mitbringen. Wir fahren mit dem

VW von Regina, den wir schon für den Gruppenausflug nach Dänemark benutzt hatten. HAPs geliebter alter Nachkriegskäfer war nach einem Achsbruch nicht mehr fahrbereit. Er hat ihn Ostern für 500 DM an einen privaten VW-Liebhaber verkauft.

So früh am Morgen sind wir allein im Wald und ich kann frei herumlaufen. Heinz ist frustriert. Sie graben und graben, finden aber nichts. Am Ende geben sie auf.

HAP weiß von einem anderen Waffenlager in der Nähe. Er schlägt vor, sicherheitshalber dort vorbeizugehen und zu kontrollieren, ob alles in Ordnung ist. Ich renne vor und vom Weg ab. Es riecht stark nach Wildschwein.

Plötzlich höre ich lautes Knacken im Unterholz. Ich halte inne und dreh mich um. Der Waldboden bebt und tut sich auf. Finstere Gestalten tauchen plötzlich wie in einem Horrorfilm an der Oberfläche auf. MPs und Pistolen in der Hand. Umgeschnallte Patronengurte à la Django. »Hinlegen!« schreien sie Richtung Heinz und HAP. »„Keine Bewegung!«

Meine Gedanken überschlagen sich. Sind es Patienten, die aus Bonnies Ranch entflohen sind? Psychopathen? Bewaffnete Nazis? … Drei bewaffnete Gestalten knien auf HAPs Rücken, der bäuchlings auf dem Boden liegt. Ich muss ihm zu Hilfe kommen. Fange an zu bellen. »Lauf, Sheila, lauf!« ruft HAP mir zu. Eine der Gestalten presst ihm das Gesicht in den Waldboden. Ein anderer zielt mit seiner Pistole in meine Richtung. Völlig aufgelöst renne ich im Slalom zwischen den Bäumen durch. Bis ich Motorengeräusche höre, die näher kommen. Ein dicker BMW und eine Mercedes-Limousine rasen durch den Wald. Stoppen in einer Staubwolke an dem Platz, wo Heinz und HAP – inzwischen mit Handschellen gefesselt – immer noch auf dem Boden liegen. Die finsteren Gestalten weiter auf ihrem Rücken. Die Wagentüren werden geöffnet und ich sehe, wie zwei von den aussteigenden Männern HAP hochreißen und in den Mercedes stoßen. Heinz wird in den BMW geworfen. Mit unglaublicher Geschwindigkeit rasen beide Limousinen mit meinen revolutionären Bezugspersonen durch den Wald davon.

Wo fahren sie hin? Wohin soll ich gehen? Was tun?

Zuerst laufe ich zu Reginas Auto zurück, das unberührt weiter auf dem Parkplatz steht. Aber als Hündin bin ich nun mal nicht in der Lage Auto zu fahren. Selbst wenn ich die Schlüssel hätte. Ich muss mich beruhigen. In Ruhe meinen Orientierungssinn wiederfinden. Mir fällt die Erzählung von HAPs Mutter über ihre Flucht aus Pommern ein.

Am Ende klappt's. Spätabends komme ich tatsächlich erschöpft in der Alvenslebenstraße an. Aber es gibt kein Licht in der Wohnung und es riecht außerdem wieder nach Wildschwein. Ich gehe deshalb schnell weiter zum »Spectrum«. Als die Tür von zwei rausgehenden Kunden aufgemacht wird, gehe ich rein. Axel gibt mir Wasser, bisschen was zu essen und nimmt mich nach Feierabend mit nach Hause. Er schaltet im Radio die Nachrichten an, wo wir hören, dass eine Spezialtruppe des Staatsschutzes HAP und Heinz im Tegeler Forst festgenommen hat.

Axel versucht unterdessen rauszukriegen, was mit Gudrun passiert ist. Von Freund:innen erfährt er, dass sie Lunte gerochen hat, als wir nicht zur verabredeten Zeit zum Frühstück zurück waren. Kurz entschlossen hat sie sich angezogen und ist auf die Straße. Genau in dem Moment, als drei graue Männer mit Trenchcoat in den Hauseingang traten. Sie ist momentan sicher untergebracht. Ich kann aber unmöglich zu ihr.

Bleibe noch ein paar Tage bei Axel. Bis Kalle, Stammkunde im »Specki«, sich bereit erklärt, mich in seine Fabriketage in der Schinkestraße mitzunehmen. Kalle hat schon einen kleinen Hund, Aristoteles, den er in Griechenland streunend am Strand gefunden und nach Berlin mitgenommen hat. Er denkt, dass wir gut zueinander passen würden, und dass Ari dann nicht mehr so allein wäre. In Griechenland war er immer mit anderen Hunden unterwegs. Und Hündinnen, aber das ist ein anderes Kapitel.

So beginnt also am 18. Mai 1977 für mich ein neuer Lebensabschnitt. Ohne HAP an meiner Seite.

PART III

Moabit

Axel ist in der Roten Hilfe aktiv und versucht, Anwält:innen für HAP und Heinz zu finden. Schwieriges Unterfangen. Nach der Strafprozessordnung darf ein Anwalt oder eine Anwältin nur ein einziges Mal in der gleichen Strafsache tätig werden. Für die politischen Prozesse heißt das, dass alle Anwält:innen nur ein einziges Mal Personen vor Gericht verteidigen dürfen, deren Anklage in irgendeinem – engeren oder weiteren – Zusammenhang mit einer bewaffneten Gruppe steht. In Berlin sind somit rund 30 Anwält:innen von jedem neuen Verfahren im Zusammenhang mit der Bewegung 2.Juni ausgeschlossen. Die anklagenden Staatsanwält:innen sind demgegenüber immer die gleichen. Und mit allen Wassern gewaschen. Nach vielen Telefonaten und Terminen findet Axel schließlich einen jungen Anwalt für HAP, der ihm vertrauenswürdig erscheint. Thomas C., gerade frisch als Anwalt zugelassen und ohne jegliche Prozesserfahrung.

Von ihm erfahren wir, dass es HAP »den Umständen entsprechend gut« geht. Im Gegensatz zu Heinz hat HAP keinerlei Erfahrung mit Verhaftung und Knast. Seine spontane Wut über die Behandlung in Wald und Mercedes pushen in ihm automatisch – oder instinktiv – die Gegenwehr gegen die erkennungsdienstliche Behandlung hoch. Er weigert sich vehement gegen das Fotografieren und das Abnehmen der Fingerabdrücke, was ihn einige ausgerissene Haarbüschel und blaue Flecken kostet. Als Resultat existiert dann nur das nicht sonderlich vorteilhafte und ziemlich unkenntliche Foto, das trotzdem in sämtlichen Zeitungen abgedruckt wird. So auch in seiner Heimatstadt. Die *WAZ* fällt mit dem Abdrucken des Fotos am 13. Mai 1977 auch gleich das Urteil. Schlagzeile: »Essener Terrorist in Berlin verhaftet.« Da ist alles klar. Der Untersuchungsrichter erlässt Haftbefehl unter der Anklage

»Unbefugter Waffenbesitz« sowie »Unterstützung der Bewegung 2.Juni.«

Rechtsanwalt Thomas meint, dass HAP nach dem ersten Schock eine Zeit lang gebraucht hat, um zu realisieren, dass er sich in Haft befindet. (Ohne mich als Aufpasserin an seiner Seite.) Eigentlich ist er jetzt aber neugierig, den Knast von innen kennenzulernen, die anderen Gefangenen, das Leben hinter Mauern. Als »Terrorist« ist das allerdings nicht einfach. »Einzelfreistunde, Einzelbaden« steht an seiner Zellentür. Und, etwas mysteriös: »Von Hand zu Hand«. Soll heißen, dass er bei jedem Schritt außerhalb seiner Zelle immer von einem Schließer begleitet wird. (Ich bin mir sicher, dass er lieber mich als Begleitung hätte.) Aber sowieso kommt er täglich nur eine Stunde raus. Ein Schließer bringt ihn dann zu einem anderen Schließer auf einen Hof, wo er eine Stunde lang seine Runden drehen kann. Alleine. Der Hof-Schließer passt auf, dass er nirgendwo stehen bleibt und keinen Kontakt zu anderen Gefangenen hinter den vergitterten Fenstern aufnimmt.

Direkten Kontakt zu Gefangenen hat er nur, wenn die beiden *Kalfaktoren*[53] auf seiner Station in Begleitung eines Schließers das Essen verteilen. Der ältere der beiden auf HAPs Flügel ist Anfang 60 und liegt in der Zelle direkt neben ihm. Pitti ist sein Name.

Das alles erzählt HAP seinem Anwalt, der uns seine Eindrücke weitergeben soll. Und vor allem betonen, dass es ihm gut geht. Die ganze Knastwelt ist neu für ihn. Er ist zwar isoliert, saugt aber das geräuschvolle Treiben um ihn herum

53 Es handelt sich dabei normalerweise um Gefangene, die das Vertrauen der Anstaltsleitung besitzen und auf ihrer Knaststation bestimmte Arbeiten wie z. B. Essen-Ausgeben verrichten. Aus diesem Grund können sie sich relativ frei im Knast bewegen – wobei sie in der Regel gleichzeitig ihre Geschäfte machen.

in sich auf. Das Leben geht im Knast weiter. Am zweiten Tag drückt Pitti ihm beim Essenverteilen einen kleinen zusammengefalteten Zettel in die Hand. *Kassiber*[54] *Nr. 1* steht oben auf dem Zettel. Unterschrieben ist er mit *Willie-the-Pimp*, was HAP irgendwie verunsichert.

Wie kann besagter *Willie* wissen, dass HAP den gleichnamigen Song mag? Weiß er, dass HAP vor fast zehn Jahren FRANK ZAPPA mit seinen MOTHERS OF INVENTION in Essen auf den Songtagen gesehen hat? Egal. Der Inhalt verspricht Unterstützung. HAP soll sich an Pitti wenden, wenn er irgendwas braucht. Pitti sei ok. Ehemaliger Sprengmeister, der seine Berufskenntnisse einer auf Tresorknacken spezialisierten Bande zur Verfügung gestellt hat.

Nach dem Abendessen – um 15.30 Uhr (Frühstück ist um 6.30 Uhr) – schiebt Pitti ihm durch eine Luke über der Tür eine Zeitung in die Zelle. HAP soll sie später zurückpendeln. Wie? Was? Der Sprengmeister erweist sich als geduldiger Lehrer. HAP lernt bei ihm über Instruktionen am Fenster das Pendeln. Am einfachsten ist das Pendeln zu einer Nachbarzelle. HAP bindet die Zeitung an einen langen Bindfaden, wirbelt das Paket ein paar Mal schwungvoll am Faden vor dem vergitterten Fenster durch die Luft und lässt es dann – ohne ganz loszulassen – nach links zu Pittis Fenster sausen. Der hält einen Handfeger durch die Gitter und fängt damit die Sendung auf. Im Fortgeschrittenenkurs kommt dann das Pendeln zu einem Gefangenen in einem anderen Stock oder Flügel dran. Du wirfst die Sendung an einem langen Faden auf den Hof. Der Adressat muss nun sehen, dass er mit seinem Faden, an den er unten eine Gabel gebunden hat, deinen Faden erwischt und mit der Gabel in seine Zelle

---

54 Kommunikationssystem im Knast. Im Grunde nur ein Stück Papier mit Mitteilungen, die man einem/einer anderen Gefangenen auf klandestinem Wege zuspielt.

zieht. Das alles hat HAP stolz seinem Anwalt erzählt. »Nicht ohne Grund nennt man den Knast auch ›Universität des Volkes‹«. Bei allem muss man natürlich darauf achten, dass kein Schließer unterwegs ist.

Axel verspricht, von draußen ein Zeitungsabo für den *Tagesspiegel* zu organisieren. Und HAP zu schreiben. Aber er weiß aus Erfahrung, dass die Knastbürokratie sehr langsam arbeitet. Alle Briefe werden zunächst angehalten und dann vom Zensor gelesen, der darüber entscheidet, ob sie weitergeleitet werden oder nicht. Dass diese Zensur bei politischen Gefangenen besonders penetrant und schikanös ist, versteht sich von selbst.

Hungerstreik

Der Kontakt der Polit-Gefangenen untereinander ist eigentlich so gut wie unmöglich. Aber irgendwie findet sich doch immer ein Weg. Wenn man nur will.

Im August 1977 treten die Gefangenen vom 2. Juni in einen unbefristeten Hungerstreik. Sie fordern »Zusammenlegung in interaktionsfähige Gruppen, Aufhebung des Isolationsterrors, Informationsfreiheit, freie Arztwahl, Abschaffung der Bunkerzellen« sowie die Aufhebung von bestimmten Disziplinarmaßnahmen gegen verschiedene soziale Gefangene. Heinz und HAP haben sich dem Hungerstreik angeschlossen, teilt uns HAPs Anwalt mit. Schließlich sind das genau die Bedingungen, unter denen sie in Moabit leiden. Das muss anders werden. »Gemeinsam sind wir stark«, hat HAP ihm mit auf den Weg gegeben.

Eine Woche später hat Axel Besuch bei HAP. Kalle, Ari und ich warten in der »Quelle« an den S-Bahn Bögen auf ihn. »HAP ist total gut drauf«, erzählt Axel uns später. »Quatscht drauflos, als hätte er ein Aufputschmittel genommen. Beim

Hungerstreik hatte er nur die ersten drei Tage Probleme mit dem Durchhalten. Jetzt erscheint es ihm wie ein Kinderspiel. Es sei nur ein bisschen langweilig, weil es zu den gewohnten Essenszeiten keine Ablenkung gibt. Und dann hat er mir noch erzählt, dass er beim Hofgang einen der Lorenz-Entführer, Ralf Reinders alias ›Bär‹, persönlich kennengelernt hat.« Kalle guckt Axel ungläubig an. »Doch«, fährt Axel fort. »Bär hat ihn erkannt und vom vergitterten Fenster aus gegrüßt. Und jedes Mal, wenn HAP bei der nächsten Runde an seinem Fenster vorbeikam, hat er ihm ein Stück von einem speziellen Rezept aus seinem Kochbuch vorgelesen, das er sich extra zum Hungerstreik bestellt hat. Auf HAPs Wunsch hin auch vom Käsekuchen-klassisch. HAP hat außerdem erzählt, dass er sich aus dem *Stern* Farbfotos von Gerichten ausgeschnitten hat, die er jetzt täglich als Augenschmaus genießt.«

Ich weiß nicht. Mir jedenfalls ist eine Wurst im Maul tausendmal lieber als ein Steak auf einem Foto.

Da sich auf Justiz- und Knastseite nichts tut, beschließen die Gefangenen, als Verschärfung zusätzlich in einen Durststreik zu treten. Thomas, HAPs Anwalt, ist besorgt. Er weiß, dass Menschen ohne Nahrung wochenlang überleben können, ohne Wasser aber nur wenige Tage. Wir teilen seine Sorgen.

Am Ende macht die Justizverwaltung aber ein paar kleine Zugeständnisse, und die Gefangenen beenden ihren Streik. An den Zellentüren von Heinz und HAP werden die Schilder »Einzelbaden« und »Einzelhofgang« entfernt. »Von Hand zu Hand« dagegen bleibt. Immerhin kommt HAP jetzt eine Stunde pro Tag mit den anderen Knackis seiner Station zusammen. »Die meisten sind ganz in Ordnung«, erzählt er Axel beim nächsten Besuch. »Viele, vor allem die Junkies, sympathisieren mit uns.« Besonders gut versteht er sich mit Hans W., der wegen Drogen sitzt und in Kürze seinen Prozess hat. Hans ist Schlagzeuger und hat vorher bei Curly Curve getrommelt, bis sie in Berlin ein neues Projekt unter dem Namen Interzone auf die Beine gestellt haben. Sie wollen in Zukunft Texte von Wolf Wondratschek vertonen, erzählt er HAP und leiht ihm einen Gedichtband des Dichters.

(Interzone – *Was ich an dir mag*)
Du tanzt deinen Flamenco so wild wie eh/
Morgens um halb sieben vor der Kneipe im Schnee/
und brüllst dazu die Internationale/
und scheißt auf die Völker und ihre Signale,

Axel hat inzwischen auch rausgefunden, wer sich hinter dem mysteriösen Pseudonym Willie-the-Pimp verbirgt. Andreas, ein Junkie, der zum wiederholten Mal in Moabit einsitzt und auch von der Roten Hilfe betreut wird.

HAP fehlt mir sehr. Auch wenn das Leben an der Seite von Kalle und Ari sowie in ihrer WG in der Fabriketage eigentlich ganz angenehm ist. Kalle kocht manchmal extra für Ari und mich. Ansonsten bekommen wir die Essensreste der anderen. Und manchmal einen saftigen Knochen. Kalle hat verschiedene kleine Jobs und geht in seiner Freizeit viel mit Ari und mir spazieren. Er besucht mehrere Gefangene im Frauenknast Lehrter Straße. Wir müssen dann draußen warten, bis die Besuchszeit zu Ende ist. Ari ist allerdings sehr ungeduldig und undiszipliniert. Oft will er schon vorher wieder los. Besonders wenn irgendwo in der Nähe eine Hündin signalisiert, dass sie gerne kopulieren würde, gibt es bei ihm kein Halten. Manchmal kommt er erst Tage später zurück, mit Kampfspuren am ganzen Körper. Als es bei mir einmal so weit ist, dass ich Lust hätte, beschnuppert er mich kurz, und ich sehe wie seine männliche Kraft erigiert. Sofort will er mich bespringen. Aber es klappt nicht. Er ist zu klein für mich. Sein Fortpflanzungsorgan kann mich unmöglich erreichen. Und bekanntlich gibt es kein *Kamasutra* für Hunde, aus dem wir andere Stellungen lernen könnten. Ari ist sichtlich frustriert. Umso heftiger verjagt er danach auf der Straße jeden Rüden, der es wagt, sich mir anzunähern. Na gut, dann eben keine Welpen. Dafür bringt Ari mir das U-Bahnfahren bei.

Als wir beim nächsten Besuch von Kalle in der Lehrter Straße ewig lange warten müssen, macht Ari nicht länger mit. 70 Minuten sind einfach zu viel. Er läuft mit mir Richtung Tiergarten, wo wir frei herumtollen und Enten jagen können.

Als es dunkel wird, bekomme ich allerdings ein bisschen Panik. Finden wir alleine den Weg nach Hause? Vor ein paar Monaten habe ich zwar den Weg vom Tegeler Forst nach Schöneberg gefunden. Aber es hat mich einen ganzen Tag Laufzeit gekostet und ich war danach ziemlich fertig. Für den griechischen Strandhund Aristoteles kein Problem. Er läuft mit mir zur U-Bahn-Station Wittenbergplatz. Wir gehen die Treppen runter und springen in die U-Bahn, als die Türen aufgehen. Verwundert gucken uns die Fahrgäste an, sagen aber nichts. Bis wir am U-Bahnhof Kurfürstenstraße eine Stimme hören: »Ari, Sheila. Wie kommt ihr hierher?« Es ist Brigitte aus unserer Fabriketage. Glücklicher Zufall. Ari denkt allerdings, er hätte auch ohne sie zum Hermannplatz gefunden und uns von da aus nach Hause gebracht. Ich habe meine Zweifel.

Als wir – Kalle, Ari und ich – ein paar Wochen nach der Verhaftung von HAP und Heinz im »Spectrum« auflaufen, höre ich wie Hansi mit einem untersetzten, langhaarigen und sehr lebhaften Gast über unsere Wohnung in der Alvenslebenstraße spricht. Erschrocken nehme ich seine Einschätzung auf, dass beide sicherlich längere Zeit im Knast verbringen werden. Vielleicht würden sie sogar in ein anderes Bundesland abgeschoben. Hintergrund ist ein Vorstoß der Berliner Justiz. Sie möchten alle Länder gleichmäßig mit Politgefangenen belasten, weil sie denken, dass Berlin zu viele davon hat.

»Dann sollen sie doch einfach einige raus lassen«, denke ich. »HAP und Heinz zum Beispiel.«

Wenn es nach dem Willen des Senats geht, sollten nur die in Berlin bleiben, die nachweislich hier dauerhafte Bindungen haben. Als Bindung gilt z. B. die Familie oder eine Wohnung in Berlin. Im Prinzip hat HAP noch den Mietvertrag für die Alvenslebenstraße. Hansis quirliger Gesprächspartner, der Didi, der aus Freiburg kommt und mit einem ähnlichen Akzent spricht wie der Glottertaler Hansi, sucht offenbar eine Wohnung in Berlin. Er könnte doch einfach als Untermieter in die Wohnung einziehen. Dann hätten sie zwei Fliegen mit einer Klappe geschlagen, fährt Hansi fort und zapft gleichzeitig für Kalle und den Freiburger noch zwei Bier.

Als ich das nächste Mal an der Alvenslebenstraße vorbeikomme, riecht es zwar immer noch ein wenig nach Wildschwein, aber es gibt wieder Leben in der Wohnung. Ich höre Musik von PINK FLOYD. Gefällt mir. Der Text auch.

(PINK FLOYD – *Wish you were here*)
So, so you think you can tell/
Heaven from hell?/Blue skies from pain?/(...)/
How I wish, how I wish you were here

Herbst 77

Kalle hört nicht so regelmäßig Radio wie Axel. Die wichtigsten Nachrichten bekomme ich aber auch so mit. Entweder über Brigitte, in deren Zimmer Radio oder Fernseher öfter eingeschaltet sind. Oder wenn wir im »Spectrum« sind. Am 30. Juli ist die Erschießung des Vorstandsvorsitzenden Jürgen Ponto in aller Munde. Susanne Albrecht, von Hause aus mit Familie Ponto befreundet, bekennt sich im Namen der RAF zu der Tat. Eigentlich sollte Ponto nicht erschossen sondern entführt werden, erklärt sie.

Am 5.September entführt dann ein »Kommando Siegfried Hausner« den Arbeitgeberpräsidenten Hanns Martin Schleyer. Sein Fahrer und drei Leibwächter werden erschossen. Das Kommando fordert die Freilassung von 11 Gefangenen aus der RAF.

Die Bundesregierung unter SPD-Kanzler Helmut Schmidt hat aus den Erfahrungen der Lorenz-Entführung gelernt. Als erstes verhängen sie eine totale Nachrichtensperre. Sämtliche BRD-Medien halten sich daran. Vergessen ihre Informationspflicht und handeln nach der Vorgabe der Regierung. Schweigen. Der nächste Schachzug wendet sich gegen die Gefangenen. Über alle politischen Gefangenen – egal aus welchem Zusammenhang – wird eine »Kontaktsperre« verhängt.[55] Auch für Heinz und HAP. Obwohl sie noch in Untersuchungshaft sind und dem 2. Juni zugeordnet werden. Die alten Schilder »Einzelhofgang«

55 Bereits einen Tag nach der Entführung wird allen nach §129a verurteilten oder angeklagten Gefangenen jeglicher Kontakt untereinander sowie mit der Außenwelt und ihren Anwälten verboten. Am 29.9. wird in einem Blitzverfahren das Kontaksperregesetz als nachträgliche Rechtsgrundlage nachgeschoben.

und »Einzelbaden« werden wieder aufgehängt. Dazu kommt das Besuchsverbot – sowohl privat als auch von Anwält:innen – und das Verbot von Radio, Zeitungen und sämtlichen Postsendungen. Damit niemand auf den Gedanken kommt, dass die BRD ein totalitärer Staat sei, wird das Ganze nachträglich in eine juristische Form verpackt und in nur fünf Tagen vom Bundestag als Gesetz verabschiedet. Einen Monat, nachdem die Maßnahme überall längst Praxis ist. Für uns bedeutet das, dass wir jetzt weder von Axel noch von HAPs Anwalt etwas über seine Situation und seinen Zustand erfahren.

Erst nach seiner Entlassung hat er mit uns über seine Erfahrung mit der Kontaktsperre in Moabit gesprochen. Natürlich haben ihm die Besuche von Axel und anderen Freund:innen und auch die vom Anwalt gefehlt. Die ausbleibenden Berichte über unser alltägliches Leben draußen. Nach seinen Erzählungen war das größte Problem für ihn, dass er Schlagzeuger Hans den Gedichtband von Wondratschek nicht zurückgeben konnte.

Ansonsten war er in dieser Zeit so gut informiert wie nie (mal abgesehen von der Selbstzensur der Medien). Dank Sprengmeister Pitti hat er täglich den *Tagesspiegel* gelesen und abends die 7-Uhr-Nachrichten gehört. Pitti hat ihm dafür jeden Abend sein privates Kofferradio auf die Fensterbank der neben HAP gelegenen Zelle gestellt.

Wahrscheinlich hört er da am 13. Oktober, dass ein palästinensisches Kommando eine Lufthansa-Maschine mit 91 Mallorca-Urlauber:innen entführt hat. Ich weiß nicht, was HAP in dem Moment denkt. Mir kommt jedenfalls sofort die schreckliche Geschichte mit dem Ende von Boni und seiner Freundin Brigitte in Entebbe in den Sinn.

Der Polizei- und Geheimdienstapparat der BRD hat nicht nur aus den Erfahrungen der Lorenz-Entführung gelernt sondern auch von den militärischen Eingreiftruppen Israels. Der Bundesgrenzschutz hat in der Zwischenzeit eine speziell ausgerüstete und geschulte Eingreiftruppe auf die Beine gestellt. Die GSG 9.

Am 18. Oktober landet ein Kommando besagter GSG 9 kurz nach Mitternacht in Mogadischu (Somalia), wo das entführte Flugzeug nach verschiedenen Zwischenlandungen auf dem Rollfeld steht. Die »Grenzschützer« greifen mit Blendgranaten an, töten drei der Entführer:innen und befreien die Geiseln.

Am nächsten Morgen um 7 Uhr werden die RAF-Gefangenen Andreas Baader, Gudrun Ensslin und Jan Carl Raspe erschossen in ihren Zellen aufgefunden. Irmgard Möller durch ein Küchenmesser lebensgefährlich verletzt. Alle hatten auf der Liste der deutschen und palästinensischen Entführer:innen gestanden.

»Selbstmord« lautet die Schnelldiagnose der Bundesregierung, die unhinterfragt sofort von sämtlichen Medien verbreitet wird. In meiner WG und im »Spectrum« sprechen alle von Mord.

Einen Tag später ist die Entführung endgültig zu Ende. Schleyer wird erschossen im Kofferraum eines gestohlenen PKWs im Elsass aufgefunden.

Am 21. Oktober wird die Kontaktsperre aufgehoben und HAPs Anwalt Thomas kann ihn endlich wieder besuchen und uns berichten, wie es ihm geht. Nach den Aussagen von Thomas ist HAP etwas geschockt vom Verlauf der Entführung. Vor allem von der neuerlichen Flugzeugentführung mit Familie Otto-Normalverbraucher an Bord. »Terrorismus«. Und von den Toten in Stammheim. Er kann sich nicht vorstellen, dass die vier Gefangenen gleichzeitig Selbstmord begangen hätten, wie die Medien unisono verbreiten. Mit in die Zellen geschmuggelten Pistolen und einem Küchenmesser. Für HAP existieren für diese These zu viele Ungereimtheiten und Widersprüche bzw. Schlampereien bei den nachfolgenden kriminalistischen Untersuchungen. Andererseits kann er sich durchaus vorstellen, dass ein Geheimdienstkommando die Gefangenen ermordet hat. Vielleicht mit Hilfe des israelischen Mossad.

In Moabit hat er jetzt wieder eine Stunde Hofgang mit den anderen Gefangenen seiner Station. Allerdings ärgert er sich jedes Mal, wenn die Schließer »Fertigmachen zur ›Freistunde‹« rufen. Unter »frei« versteht er was völlig anderes. Ärgerlich findet er auch, dass er auf eine andere Station mit anderen Kalfaktoren und Häftlingen verlegt worden ist. Die Anordnung lautet, dass er – wie alle politischen Häftlinge – alle 4 bis 6 Wochen auf eine andere Station kommen soll, damit keine engeren Verbindungen zu Mitgefangenen entstehen.

Kleine Freuden

Axel und andere Freund:innen können jetzt wieder Besuchsanträge stellen. So lernt HAP in der Besucherzelle Moabit auch seinen Untermieter Didi D. kennen, der ihm erzählt, dass sie die Decken und Wände in der Alvenslebenstraße – incl. im Zimmer von Heinz – weiß gestrichen haben.

Bei einem Bier im »Specki«, als Axel und Hansi Schicht haben, berichtet Didi von seinem Besuch in Moabit. Von seinen anfänglichen Zweifeln, die die Neugier auf seinen Vermieter letztendlich aber besiegt hat. HAP sieht ein bisschen blass aus, sagt er. Strahlt aber trotz der Scheißbedingungen eine enorme Energie aus. Ja, hinsichtlich des Prozesses ist er sogar irgendwie zuversichtlich, obwohl die zwischenzeitlichen Haftprüfungen alle abgelehnt worden sind.

Übermütig und immer noch voller Freude hat er Didi erzählt, wie Lord Knud[56] vom Radiosender *RIAS* (Rundfunk

56 Seine Biografie kann man bei Wikipedia nachlesen: https://de.wikipedia.org/wiki/Lord_Knud

im Amerikanischen Sektor) mit seiner Musiksendung an einem Samstagmorgen beinahe eine Knastrevolte ausgelöst hat.

Alle Zellen haben einen Lautsprecher, über den normalerweise die reaktionären Propaganda-Sendungen des *RIAS* ausgestrahlt werden. Als Lord Knud im Studio *Satisfaction* von den STONES auflegt, beginnen die eingeschlossenen Gefangenen, mit Blechdosen und anderem Zellen-Instrumentarium den Rhythmus gegen die Tür mitzuschlagen. Ein ohrenbetäubender Lärm, der aus zig Zellen gleichzeitig ertönt. Nach Ende des Hits geht das Klopfen und Schlagen weiter. Die wenigen Schließer, die am Wochenende Dienst haben, bekommen es mit der Angst zu tun. Über Lautsprecher versuchen sie, die aufgebrachte Masse zu beruhigen. Vergeblich. Erst als von außen geholte Verstärkung auf den Gängen aufzieht und mit Knüppeln gegen die Gitter und Türen schlägt, lässt der Lärm allmählich nach.

(ROLLING STONES – *(I can't get no) Satisfaction)*
I can't get no satisfaction/I can't get no girl reaction/
'Cause I try, and I try, and I try, and I try/
I can't get no, I can't get no

Ein paar Wochen nach Didis Bericht will Kalle mit Ari und mir zur Hasenheide. Wir überqueren am Hermannplatz ordnungsgemäß die Straße, als ein Taxi vor dem Zebrastreifen anhält und hupt. Der Fahrer steigt aus und kommt auf mich zu. Es ist Thilo, der Vater von Annika aus dem Kinderladen, der mich sofort erkannt hat. Er spricht dann mit Kalle, der ihm die Situation erklärt und HAPs Knastadresse aufschreibt. HAP würde sich bestimmt über Post von den Kindern freuen, meint Kalle. Das denke ich auch. Überhaupt keine Frage.

Und wirklich, überglücklich zeigt HAP seinem Anwalt beim nächsten Besuch den Brief, den die Kinderladenkinder Annika, Katja und Andrea gemeinsam geschrieben haben. »Eigentlich wollten wir ja über die Prozessstrategie sprechen«, meint Thomas. »Aber HAP war total aus dem Häuschen. Da haben wir eben erstmal über die Kinder und seine Kinderladenzeit gesprochen.«

Das genaue Gegenteil beim nächsten Besuch. HAP ist stinksauer. Sein Haftrichter Hansgeorg Bräutigam, der gleichzeitig als erzreaktionärer Kolumnist unter dem Pseudonym Georg Riedel in Axel Springers *Berliner Morgenpost*[57] tätig ist, hat seinen Antwortbrief an die Kinder angehalten. »Wir sind wieder kaum dazu gekommen, über den Prozess zu sprechen«, beklagt sich Thomas. »HAP hat sich viel Mühe und Arbeit mit dem Brief gemacht. Er hat mir den Durchschlag des auf der Schreibmaschine getippten Briefes gegeben, damit ich Rechtsbeschwerde gegen die Beschlagnahme einlege. Mit Buntstiften hatte er außerdem ein Selbstporträt von sich in seiner Zelle gezeichnet (am vergitterten Fenster mit einem knallbunten Dreieckstuch über der Schulter) sowie ein Bilderrätsel. Bei richtiger Lösung ergaben die aneinandergereihten Buchstaben die Losung: FREIHEIT FÜR HAP. Echt schön und kindgerecht gemacht«, sagt Thomas voller Bewunderung.

Die Beschwerde hat erwartungsgemäß keinen Erfolg. HAP braucht einige Zeit und startet dann einen neuen Briefversuch. Mit Selbstkontrolle/-zensur. Thomas gibt Kalle die Kopie vom Durchschlag des Briefes. Für alle Fälle. Nach dem gemeinsamen Abendbrot in der WG liest Kalle den Brief vor.

57 Nach dem Mauerfall führte Bräutigam den Prozess gegen den ehemaligen DDR-Staatschef Erich Honecker. Siehe *Spiegel* 33/1992 unter dem Titel: »Warme, menschliche Atmosphäre«.

»Ich weiß eigentlich auch nicht, warum ich nicht schon längst wieder geschrieben habe. Außer, dass ich eben wahnsinnig sauer war, dass dieser Richter (rrrggggrrr … ich könnte ihm jetzt noch den Hals umdrehen oder wenigstens die Fresse polieren) den Brief mit dem Bilderrätsel nicht an euch weitergeschickt hat. Einfach so, wie das öfters die Art von Richtern ist. Als ich mich dann beschwert und gefragt habe, was das sollte, hat er nur geantwortet, dass ich nicht so tun solle, als wüsste ich nichts von den Beleidigungen in dem Brief. Naja, und anstatt euch dann gleich nochmal neu zu schreiben, habe ich dann noch ein paarmal an den Richter geschrieben, dass er den Brief doch entweder abschicken oder mir zurückgeben soll. Nix da – ich habe den Brief auf meiner *Habe* … (Das ist ein großer Raum mit Regalen und Schränken, in den ich erst hinein darf, wenn ich aus dem Gefängnis entlassen werde. Dann packen die Leute, die hier auf uns aufpassen, alle Bücher, Zeitungen und die beschlagnahmten Briefe in einen Karton, den ich dann nach Hause schleppen kann. Das Ganze heißt wahrscheinlich Habe, weil ich es nicht HABE. Der Richter (der heißt übrigens auch noch Bräutigam) würde allerdings sagen: ich habe die Sachen bei meiner Habe … (die spinnen, die – ähem – Römer) (…) Meine Lebensbedingungen hier drin sind insgesamt immer noch so wie für ein Kaninchen, im Großen und Ganzen, so wie ich das im letzten Brief beschrieben hatte. Verändert hat sich nur, dass die jetzt extra Leute eingestellt haben, die wohl den ganzen Tag am Schreibtisch sitzen und sich neue Schikanen ausdenken müssen, die wegen SICHERHEITUNDORDNUNG notwendig sind – sagen sie.

So war mal eine Zeitlang beim Besuch immer eine Panzerglasscheibe zwischen meinem Besuch und mir. Dann darf ich nur noch 7 Unterhosen und 7 Paar Socken auf der Zelle haben und nur höchstens 250 Gramm Zucker und gar kein Mehl und keinen Pfeffer. Und jeden zweiten Tag krempeln mir irgendwelche Wärter die ganze Zelle total um und suchen nach – nach wem oder was eigentlich? Und alle 6 Wochen werde ich auf eine andere Station verlegt. Ach ja, einmal in der Woche hab ich inzwischen Sport. Da hängen wir dann manchmal so'n Sandsack auf, auf den wir dann fürchterlich einprügeln – und dabei haben wir so unsere Visionen …

Eine andere Vision hatte ich bei dem Bilderrätsel, das ich diesmal mitschicke. Es ist so ähnlich wie beim letzten Mal, nur dass hier bestimmt keine Beleidigungen drin sind, so dass ihr das auf jeden Fall kriegen müsstet. Wenn ihr die einzelnen Aufgaben richtig gelöst habt und jeweils den ersten Buchstaben auf diese hässliche Mauer malt, dann ergibt sich fortlaufend gelesen mein Wunsch zu Weihnachten und Ostern und Gudruns Geburtstag und so weiter. Erstmal wünsche ich euch dann viel Spaß beim Lösen (und Lesen), und dass ihr weiter so stark bleibt.

Mit 'nem dicken Kuss – erstmal tschüss«

»Für HAP sind die Briefe der Kinder ein positiver Energieschub«, erzählt uns Thomas. »Gleichzeitig ist er irgendwie stolz auf ihre Entwicklung. Er hat das Gefühl, dass seine damaligen Aktivitäten im Kinderladen eine nachhaltig positive Wirkung haben.«

Katja bewegt sich in der Punk-Szene, »obwohl ich sicher nie ein Punk werde«, schreibt sie. »Das habe ich mir zumindest vorgenommen. (…) Annika bewegt sich eher durch die Alternativ-Szene, obwohl auch sie keine lila Latzhosen trägt.«

Gemeinsam malen sie für HAP phantasievolle Bildgeschichten und lassen ihn an ihrem Alltag und den Schulproblemen teilnehmen. Es wundert HAP nicht, dass sie am elitären Gymnasium nicht zufrieden sind und am Ende von den reaktionären Lehrer:innen rausgeekelt werden.

»Es ist schon ein ganz schön blödes Gefühl, dass man bei solchen Ärschen freiwillig den Kürzeren ziehen muss«, beklagen sie sich über ihre Lehrer:innen. »Durch kleine Sticheleien und blödsinnige Randnotizen in unseren Aufsätzen,

Zensuren, den sog. Ordnungsmaßnahmen und scheinbar witzigen Bemerkungen zu uns, zeigten sie nur allzu offensichtlich, was sie von uns hielten. Die ›abnormalen Verhaltensweisen‹ der zwei ›Rädelsführerinnen und Amazonen‹ wurden im Lehrerzimmer fleißig ausgetauscht. (…)

Wir haben dir nur von der Schule geschrieben, weil es uns lange und immer noch ziemlich beschäftigt hat. Ansonsten werden wir immer erwachsener. Nicht vermeidbar.«

Unterschrieben ist der Brief von Katja und Annika, die sich letztendlich zu einem Wechsel auf eine Gesamtschule entschlossen haben, wo sie nach eigenen Angaben weitaus zufriedener sind.

HAP kann es sich nicht verkneifen, seinem Anwalt immer wieder Briefe und Bilder von den Kindern zu zeigen. Thomas muss mit aller Kraft insistieren, dass sie endlich beginnen, den Prozess vorzubereiten.

Prozess

Thomas findet es ein bisschen naiv, dass HAP auf seiner Unschuld beharrt. Er weiß nicht, wie er nachweisen soll, dass die Anklage auf Waffenbesitz erfunden ist, um die linke Szene mit diesem Prozess einzuschüchtern. Selbst wenn es stimmt, dass HAP und Heinz unbewaffnet und mit legalen Personalpapieren im Wald waren.

»Klar verstehe ich seine Empörung über die Aussagen der Polizeibeamten«, sagt er zu Axel. »Ich glaube ihm auch, wenn er sagt, dass sie nur an der Stelle vorbeigelaufen sind, ohne da mit Händen und Füßen im Boden zu scharren, wie es die auf der Lauer liegenden Beamten zu Protokoll gegeben haben. Es stimmt, dass ich nicht viel Prozesserfahrung habe. Aber alle meine Kollegen haben mir versichert, dass die Justiz die Aussagen von Sicherheitsbeamten immer für bare Münze nimmt. Dagegen kommen wir nicht an.«

Schade, dass ich nur verstehen und nicht sprechen kann. Aber wahrscheinlich würde ja auch kein Richter, und nicht mal eine Richterin eine Hündin als (Augen-)Zeugin vernehmen. Obwohl ich klar gesehen habe, dass die beiden an der besagten Stelle weder mit Händen noch mit Füßen gescharrt haben. Wieso auch? Sie hatten doch einen Klappspaten dabei. Den hätten sie doch benutzen können, wenn sie da tatsächlich was hätten ausgraben wollen.

Am 14. April 1978 beginnt der Prozess am Kammergericht. Die Rote Hilfe hat mit einem Flugblatt mobilisiert.

»Harry und Heinz werden angeklagt«, schreiben sie,

- weil die Polizei im Erfolgsdruck steht, Leute hinter Schloss und Riegel zu bringen – dabei reicht es, dass sie in ein Feindbild passen. Konkrete Beweise sind inzwischen offenbar nicht mehr nötig.

- (…)

- weil wir alle eingeschüchtert werden sollen, indem wir sehen: da kann's enden, wenn wir Widerstand leisten. (…) Denn was da geschehen soll, ist nicht nur für HAP und Heinz fatal, die ein paar Jahre hinter Gitter sollen. Denn was sie mit den beiden machen wollen, das kann heute mir und morgen dir passieren, das werden sie mit allen möglichen Leuten zu machen versuchen, die sich gegen die Mächtigen zur Wehr setzen (denk an Agit, denk an Grohnde!) Und das müssen wir jetzt vereiteln – nicht erst, wenn wir selber dran sind.«

Einzeln werden HAP und Heinz in den Gerichtssaal geführt. Auf der Anklagebank sehen sie sich nach elf Monaten das erste Mal wieder. Die Handschellen werden ihnen abgenommen. Sie umarmen sich, was die Schließer zu verhindern versuchen. Im Gerichtssaal viele bekannte Gesichter. HAP glaubt in der letzten Reihe sogar seinen Essener Schulfreund Piet erkannt zu haben. Das erzählt er Axel beim nächsten Besuch. Und auch, dass er letztendlich einsieht, dass Heinz Recht hat. Der ganze Prozess ist eine einzige Farce. HAPs Vorstellung, aufzeigen zu können, dass sie zu Unrecht und ohne jegliche Beweise angeklagt sind (sie haben an dem Waffenlager nichts ausgegraben, hatten keine Waffen in der Hand, es gibt keinerlei Fingerabdrücke oder andere Indizien), ist eine Illusion und naiv. Der Befangenheitsantrag gegen den rechtsradikalen Richter Bräutigam alias Riedel wird ebenso abgelehnt wie alle übrigen Anträge der beiden unerfahrenen Anwälte.

Im Gerichtssaal erklärt Heinz, dass er an dieser Farce nicht weiter teilnehmen wird. Zur Untermauerung springt er über die Barriere vor der Anklagebank, rennt zum Richtertisch und zerreißt eine dort liegende *Strafprozessordnung*. Mehrere Justizwächter stürzen sich auf ihn und führen ihn ab. HAP will auch raus. Er springt ebenfalls auf und macht Randale von der Anklagebank her. »*Ich gehe auch raus. Von solchen Schweinsköpfen lasse ich mich nicht länger verarschen*«, soll er laut Gerichtsprotokoll gerufen haben.

Im »Spectrum« ist der Verlauf dieses Prozesstages in aller Munde. Kalle findet es gut, dass die beiden »bei diesem beschissenen Theater« nicht mitmachen. Er erzählt uns auch von einer Aktion des Berliner Kommunarden Karl-Heinz Pawla[58] aus dem Jahr 1968, die er noch aussagekräftiger findet als die von Heinz. »Pawla hatte sich während seines Prozesses zu Wort gemeldet und wurde zum Richtertisch gebeten. Blitzschnell ließ er dort seine Hose runter und kackte – dank der vorher einge-

58 Pawla wohnt 1968 mit Fritz Teufel, Dieter Kunzelmann, Rainer Langhans, Dorothea Ridder u. a. in der Kommune 1.

nommenen Abführtabletten – vor den Tisch. Dann riss er acht Seiten aus den auf dem Tisch liegenden Akten raus und wischte sich damit den Arsch ab. Er wollte die Scheiße nur konkret machen, hat er zwei Tage später in einem Schnellprozess erklärt. Und wurde dafür zu zehn Monaten Knast verurteilt.«

HAP und Heinz sind auch nicht im Gerichtssaal, als der Richter verkündet, dass die Anklage wegen Unterstützung der Bewegung 2.Juni – nach dem 1976 neu eingeführten §129a *(Bildung oder Unterstützung einer terroristischen Vereinigung)* – eingestellt wird. Thomas wertet das als Erfolg. Axel ist skeptisch.

»Vielleicht ist das nur ein Trick, um schneller fertig zu werden. Der Hauptprozess gegen den Kern des 2.Juni läuft ja schon ewig, ohne dass ein Ende abzusehen ist. Und in dem Prozess konnte ja auch nicht nachgewiesen werden, dass die Waffen im Tegeler Forst seinerzeit vom 2.Juni in Spandau erbeutet wurden. Mal abwarten, was letztendlich bei unserem Prozess rauskommt.«

Am Ende macht das Gericht unter dem berüchtigten Bräutigam kurzen Prozess. HAP wird wegen *»unerlaubtem Waffenbesitz«* zu vier Jahren Haft verurteilt. Heinz bekommt als Vorbestrafter gleich noch ein halbes Jahr mehr. Plus einer noch offenen Bewährungsstrafe und 6 Monaten Beugehaft wegen Aussageverweigerung im 2. Juni-Prozess kommt er dann auf insgesamt 5 ½ Jahre. Auch ohne 129a bleiben die Haftbedingungen der beiden unverändert. Wie bei allen politischen Gefangenen.

Ich bin geschockt, als Thomas uns dieses Ergebnis mitteilt. Er versucht uns damit zu trösten, dass sie auf jeden Fall Revision einlegen werden. Mich tröstet das nicht. Und Axel hält seine diesbezügliche Skepsis weiter aufrecht. Vier Jahre! Das heißt weitere 2 ½ Jahre ohne HAP. Wie soll ich das aushalten? Wie wird HAP das aushalten?

Kurzausflug

Kurz nach Prozessende höre ich wie Kalle und Brigitte in der Fabriketage über eine Befreiungsaktion im Moabiter Knast sprechen. Zwei als Anwältinnen verkleidete und ausgewiesene Frauen haben sich mit zwei Gefangenen vom 2. Juni im Anwaltssprechzimmer getroffen. Kalle nennt zuerst keinen Namen, sodass ich Hoffnung habe, dass HAP vielleicht dabei ist. Aber Quatsch. Er und Heinz haben laut Richterspruch ja gar nichts mit der Bewegung 2. Juni zu tun. Und richtig. Kalle erzählt weiter, was in der Zeitung steht.

Als eine der Frauen eine Waffe zieht, stößt ein Schließer den Gefangenen Andreas Vogel in eine Nachbarzelle und verschließt die Tür. Die Frauen rennen daraufhin mit dem anderen Gefangenen und einem von ihnen bedrohten Schließer zum Eingangs- bzw. Ausgangstor. Als sie dem Schließer ins Bein schießen, wird ihnen das vergitterte Tor geöffnet. Auf dem Zeitungsfoto erkenne ich den befreiten Gefangenen. Es ist Till Meyer, dem wir seinerzeit in unserer Sozialbauwohnung Unterschlupf gewährt hatten. Nach seiner nächtlichen Paranoia-Attacke war er damals nach einem Beinschuss in Schöneberg verhaftet worden.

Trotz der spektakulären Flucht scheint sein Leben aber unter keinem guten Stern zu stehen. Nur einen Monat später steht sein Name erneut in Kalles Zeitung. Erneut verhaftet. Am Sonnenstrand von Bulgarien. Mit von der Partie seine beiden Begleiterinnen Gabriele Rollnik und Angelika Goder. Und Gudrun Stürmer – unsere Gudrun – mit 18 Tausendmarkscheinen in ihren Stiefeln. Das Geld stammt laut Polizei aus dem Lösegeld des entführten österreichischen Textil-Millionärs Palmers.

Ob sie Gudrun jetzt wohl mit HAP, ihrem angetrauten Ehemann, zusammenlegen werden?

Kevin Coyne

HAP hält die Single-Zeit im Knast in erster Linie durch Briefeschreiben und -lesen durch. Und dank Kevin Coyne. Das erzählt Axel uns nach einem Knastbesuch in Moabit. Da das Knastradio die meiste Zeit auf *RIAS* eingestellt ist, hören die Knackis nachmittags auch die Musiksendung *RIAS-Treffpunkt*. Manchmal gibt's dort gute Musik. HAP erzählt Axel, dass er vor kurzem fast einen Herzschlag bekommen hätte. Er hört, wie die Moderatorin – Beate S. – verkündet, dass sie in Zukunft bei jeder Sendung einen Song von dem unverständlicherweise völlig verkannten Genie Kevin Coyne auflegen wird. HAP zweifelt an sich selbst. Hat er jetzt schon Halluzinationen?

Quatsch. Aus dem Lautsprecher tönen die typischen geschrammelten Gitarrenakkorde. Und dazu die unverkennbare Reibeisenstimme.

(Kevin Coyne – *Jackie and Edna*)
Called me Jacky, I called you Edna/
Now you're gone away/
living somewhere, no-one will say/
Not a line, a single card/
sitting in this lonely room/
Don't you know the times are hard

Und Beate S. hält Wort. HAP fragt Axel, ob er mehr Informationen zu dieser phänomenalen Beate hat. Hat er nicht. HAP schreibt ihr dann einfach einen Brief an die *RIAS*-Adresse. Und gleich noch einen zweiten hinterher, als er auf den ersten keine Antwort erhält und zudem nach Celle verlegt wird.

»Oh Beate –
Du bist ne Granate!
Jedenfalls finde ich das bärenstark, was mir ein Freund aus Moabit da gerade geschrieben hat: 2 Live-Titel von olle Kevin am 19.12. … muss ich doch gleich mal in meinem alten *Kalender gegen den grauen Alltag* nachgucken – das war ja ein Dienstag!?

Wo-man! Deshalb haben die mich am 8.12. also so urplötzlich in ein Fluchzeug verfrachtet und hier nach Zelle abgeschoben.

Durch diese elende Postkontrolle hat der Justizsenator wohl mitgekriegt, dass mich jeder Kevin-Coyne-*song* wieder neu aufmuntert und ein Stück Glauben an die Zukunft der Menschheit zurückbringt. Da du aber offensichtlich auch im neuen Jahr keine Sendung ohne den ›Giftzwerg‹ machen willst (lass dich bloß nicht entmutigen!), wurde also meine ›*Verlegung … zur Aufrechterhaltung von Sicherheit und Ordnung im Berliner Strafvollzug notwendig.*‹

Weil sich die zuständige Richterin mit dir nicht anlegen wollte, hat sie allerdings eine andere – noch schwachsinnigere – ›Begründung‹ vorgeschoben: Ich habe ›*während der Hauptverhandlung Missachtung* der *Verfahrensordnung und Ablehnung gegenüber der bestehenden staatlichen Ordnung zur Schau getragen. Hieraus schließt der Antragsgegner (Justizsenator) zu Recht, dass von dem Gefangenen* (Kevin-Coyne-Fan) *erhebliche Störungen im Strafvollzug zu erwarten sind. Sicherheit und Ordnung der Anstalt sind daher gefährdet.*‹

Oh Kevin – so i’ll never hear your dynamite love songs for the next 2 ½ years!?

Als wär das nicht Horror genug, soll ich außerdem in dieser Zeit auch absolut keinen anderen Gefangenen – Menschen mehr hören/sprechen/sehen/fühlen/riechen … TOTALISOLATION wie schon 72/73 bei Astrid Proll beispielsweise, die dann bekanntlich wegen Haftunfähigkeit entlassen werden musste. (Heute liegt der ebenfalls jahrelang isolierte Werner

Hoppe seit Monaten haftunfähig in einem Hamburger Krankenhaus.

Last not beast schreib ich dir das, weil du dann wohl besser verstehst, warum mir hier andauernd (z. B. wenn ich als einzige ›Abwechslung‹ einmal am Tag eine Stunde lang alleine in diesem 15 x 3m großen abgemauerten Käfig mit Gitternetz obendrüber zum Sauerstoffausgleich – die Fenster in der Celle lassen sich nicht öffnen – wie ein Tiger auf und ab gehe) der Refrain von *TURPENTINE* durch den Kopf schwirrt: TAKE-A, TAKE SOME TURPENTINE, AND BURN THE WHOLE WILD WORLD RIGHT DOWN, NOW, BURN THE WHOLE WILD WORLD RIGHT DOWN.«

PART IV

Celle

Zwei Tage nach Nikolaus 1978 erscheinen zwei Schließer morgens um 7 Uhr in HAPs Zelle mit den Worten: »Alles einpacken. In 40 Minuten geht's los.« Gleichzeitig mit Heinz wird er in einen VW-Bus verfrachtet – beide in einem Einzelkäfig – und mit Blaulicht und viel Begleitung zum Flughafen Tempelhof gekarrt. Aneinandergekettet besteigen sie ein kleines Propellerflugzeug. US-Pilot. Gegenüber und daneben gequetscht drei Bullen vom Sondereinsatzkommando (SEK). Landung in Hannover und dann erneut mit viel Blaulicht, Hubschrauberbegleitung und großer Eskorte über gesperrte Kreuzungen nach Celle.

Der langhaarige und bärtige Anwalt Rainer E. – beim Prozess nach §146 StPO als Vertrauensanwalt nicht zugelassen – vertritt HAP jetzt in Sachen Strafhaft. Kalle, Axel, Ari und ich treffen ihn nach seinem Besuch in Celle im Kreuzberger »Jodelkeller« in der Adalbertstraße. Rainer ist selbst noch etwas geschockt von den Bedingungen, die HAP ihm erzählt hat. Er hat sich Notizen gemacht.

»Ein Flügel des Celler Zuchthauses ist 1978 zu einem hermetisch vom übrigen Knast abgeschotteten Hochsicherheitstrakt ausgebaut worden. Zur Westseite hin ist ein 4,70 Meter breiter und ca. 25 Meter langer grau gepflasterter Hof durch circa 3 Meter hohe Natodraht-gekrönte Mauern in den Trakt integriert. Der gesamte Hof ist von einem engmaschigen Gitternetz überspannt und wird von zwei Videokameras überwacht. Nach Osten hin wird der Traktflügel von einer, in circa 5 Meter vor den Fenstern errichteten, Holzsichtblende begrenzt.

Der Trakt besteht aus zwölf Einzel-, zwei Sprech- und zwei Bunkerzellen, der Fernsehzelle, dem daneben liegenden Überwachungsraum, Dusche, Bullenklo, Abteilungsleiterbüro sowie zwei Räumen für Habe und Material und der schusssicher verglasten Zentrale mit zahllosen Schaltern,

Hebeln, Warnleuchten, Telefonen und Monitoren. Der klinisch rein gekachelte Flur ist mit fünf Videokameras, mehreren aus der Decke herunterhängenden Mikrofonen, Lautsprechern, Warnleuchten und Alarmanlagen sowie den offen unter der Decke liegenden Vorrichtungen zur elektrischen Türverriegelung ausgerüstet. Die Türen sind aus knallbuntem Stahlblech. In der Mitte ist eine ›Kostklappe‹ aus Panzerglas mit Metallabdeckung angebracht. Geöffnet bzw. verriegelt werden die Türen mittels drei massiven Hebeln und zwei verschiedenen Schlüsseln. Die Besucherzellen sind mit einer versenkbaren Trennscheibe ausgerüstet. Die Zellen sind geräumiger als in Moabit, circa 1,80 Meter mal 6 Meter und haben zwei Türen und zwei Fenster aus Panzerglas. Die Fenster sind von innen nicht zu öffnen und von außen mit insgesamt vier Sicherheitsschlössern verschlossen. Zur Atmung und weiteren Filterung eventueller akustischer Reize ist ein System aus Luftlöchern und -schlitzen neben dem Fenster eingebaut. Die Zelle ist mit rauem Spezialbeton verputzt und wird von drei ganztägig leuchtenden und nicht selbst abzuschaltenden Neonröhren illuminiert. Klo, Wasserbecken und Spiegel sind aus Stahlblech. Wasser kommt auf Knopfdruck, die Menge ist nicht variierbar. Tisch, Stuhl, Bett und ein kleiner Schrank sind genormte Sicherheitsmöbel, deren Öffnungen in den Metallfüßen zugeschweißt sind.«

»Dagegen ist die Ausstattung von ›Raumschiff Enterprise‹ ja ne reine low-cost-Produktion«, wirft Kalle ein.

»Das Perfide dabei ist«, fährt Rainer fort, »dass HAP und Heinz gleich wieder getrennt worden sind. Natürlich wissen die Justizstrategen längst, dass beide unterschiedliche Vorstellungen von Knast haben. Während HAP klar in den Normalvollzug will, vertritt Heinz inzwischen die Forderung nach Zusammenlegung in größeren Gruppen. Als dritter Gefangener ist übrigens noch Karl-Heinz Dellwo eingeflogen worden. Zweimal lebenslänglich wegen Stockholm. Natürlich ebenfalls totalisoliert. Das Ganze ist eindeutig als Experiment zur Gehirnwäsche angelegt. HAP meint, wir sollten in der Bibliothek mal Material zum Gehirnwäschespezialisten Dr. Edgar Schein suchen, wenn wir verstehen wollen, was hier läuft.«

Axel findet etwas in der »Amerika-Gedenkbibliothek«. Der US-Psychologe Edgar Schein[59] hat jahrelang untersucht, wie es den nordkoreanischen Militärs während des Koreakriegs gelungen ist, einen Großteil der gefangenen US-Soldaten »umzudrehen«. Schein nahm im April 1961 im »Federal of Prison« mit Gefängnisdirektoren und Sozialtechnikern an einem »Symposium« über »Neue Horizonte der Besserungsbehandlung« teil. Sein Referat ist im *Journal of Correctional Psychiatry and Social Therapy* abgedruckt. Axel besucht uns in der Fabriketage und liest laut daraus vor.

»Um einen deutlichen Wandel von Verhalten und/oder einer Einstellung zu erzeugen, ist es erforderlich, die Zusammenhänge mit den alten Verhaltensmustern und den alten Einstellungen zu schwächen, zu unterminieren und zu beseitigen. (...) Das kann entweder dadurch passieren, dass man das Individuum physisch isoliert und ihm jegliche Kommunikation mit solchen verhindert wird, um die er sich kümmert, oder dass ihm klargemacht wird, dass die, vor denen er Respekt hat, dieses Respekts nicht würdig sind, und dass er ihnen aktiv misstrauen sollte. (...) Wenn man Verhaltensweisen erzeugen will, die mit den bisherigen Normen dieser Person nichts zu tun haben, muss man zuerst die Gruppe desorganisieren, die diese Normen stützt, dann muss man auch

59 Edgar H. Schein. In: *Journal of Correctional Psychiatry and Social Therapy* (N° 8), 1962. Zitiert in: *Autonomie* 10/79.
Dr. Schein wendete seine Erfahrungen aus der Gehirnwäscheforschung später in seiner Funktion als Experte von Organisationsstruktur und Unternehmensberater an. vgl. das Interview mit Dr. Schein im *Manager-Magazin*: www.manager-magazin.de/harvard/blut-schweiss-und-traenen-von-der-angst-zu-lernen

ihre übrigen emotionalen Bezugspunkte ausschalten und sie in eine neue unsichere Situation stellen, in der die Normen unklar sind – und dann muss man Druck auf sie ausüben. (…) Ich hätte es gerne, wenn Sie über Gehirnwäsche nicht in Begriffen von Politik, Ethik dächten, sondern in Begriffen des überlegten Änderns von Verhalten und Einstellungen (…)«

In Celle gibt's im Radio keine Berliner Sender mehr. Dafür den *NDR* und *Radio Bremen*, wo es manchmal auch gute Musiksendungen gibt. Bei Axels erstem Besuch erzählt HAP von SUICIDE, avantgardistische Musikgruppe aus New York, die er gerade auf *Radio Bremen* gehört hat. Keyboards plus Synthesizer Martin Rev. Stimme Alan Vega. »Hör dir Frankie Teardrop an«, sagt HAP. »Da ist alles drin, was ich hier erlebe. Haargenau die gleiche Atmosphäre. Betonbunker. Elend. Nicht mehr atmen. Nur schreien. Allein. Die Hölle in Celle. Wenn du jemand erklären willst, wie es hier drin ist, brauchst du keine Worte. Leg einfach die Platte auf.« Axel verspricht, bei Erich nachzufragen, der inzwischen beim Buch- und Plattenversand »2001« arbeitet.

(SUICIDE – *Frankie Teardrop*)
Frankie teardrop/ Frankie put the gun to his head/
Frankie's dead/ Frankie's lying in hell

Die (Musik-)Journalistin vom *RIAS*, Beate S., gehört zwar nicht zu HAPs politischer Bezugsgruppe, ihr erster Brief nach Moabit wird trotzdem vom Haftrichter angehalten. Er landet auf der Habe.

»Lieber HAP«, hatte Beate in dem beschlagnahmten Brief geschrieben. »Du siehst mich begeistert. Endlich eine verwandte Seele, die beim Namen Kevin Coyne nicht bedauernd mit den Schultern zuckt. (…) Hören kannst Du mich wieder am 15. Und 27.12., schreiben kannst Du mir immer. Ich freu mich. Es lebe Kevin Coyne!«

Dem Brief hatte sie zwei von ihr selbst aufgenommene Kassetten mit Songs von KEVIN COYNE beigelegt.

Mitte Januar antwortet sie auf HAPs zweiten Brief.

»Endlich komme ich mal dazu, Dir zu schreiben. Ich hatte Dir gleich nach Erhalt Deines Briefes, über den ich mich unheimlich gefreut habe, ein Mini-Päckchen mit zwei Kevin-Coyne-Kassetten geschickt. Zugegeben nicht sehr klug. Hätte mir ja denken können, dass das nicht durchkommt.

In der nächsten Sendung, kurz vor Neujahr, spielte ich wieder was von unserem Freund vom Album *Living in Black and White* und ließ Dich grüßen. 'n Tag drauf kam eine Karte von Klaus Viehmann, der mir mitteilte, wo Du jetzt bist. Leider reicht der Treffpunkt nicht bis Celle, werde ihn (K.C.) jedoch mindestens so lange weiterspielen, bis du wieder draußen bist. (…) Ich fahre seit Wochen mit den *Dynamite Daze* im Autokassettenrecorder spazieren. Meistens mach ich das Radio gar nicht an, weil's da nur Disco-Scheiße o. ä. gibt, sondern flüchte gleich zu Kevin. Nur eins nicht. *Turpentine* werd ich im Treffpunkt nicht spielen. *Burn the world right down*, ohne mich. Die Welt ist so schön, alles was hässlich drauf ist, haben Menschen gebaut. Sprengt die Bunker, Kasernen, Gefängnisse in die Luft. Da wär ich dabei. *Turpentine* ist mir zu kompromisslos. Ich bin – wahrscheinlich im Gegensatz zu Dir – für Konzessionen.«

Von KEVIN COYNE inspiriert entwickeln beide als »Jackie« und »Edna« einen regen Briefwechsel, obwohl sie ziemlich entgegengesetzte Positionen über die Welt, Politik, Justiz, politisches Handeln etc. haben – Ausnahme KEVIN COYNE. Der Anwalt Rainer E. erzählt uns nach seinen Besuchen in Celle manchmal belustigt davon.

Beate, alias »Edna«, wirft HAP, alias »Jackie«, bzw. der gesamten Linken vor, dass sie kein alternatives Gesellschaftsmodell hätten und macht Werbung für den Marsch durch die Institutionen, obwohl sie selbst frustriert und angewidert ihren Job bei der reaktionären *Berliner Morgenpost* kündigt und auf eine Veränderung von innen verzichtet. Mit Poesie versucht sie, ihre Ansichten zu verbildlichen.

»Es waren einmal zwei kleine Mäuschen, die fielen in einen Topf mit Milch. Und das eine Mäuschen schrie immerfort um Hilfe und schrie und schrie. Dabei schluckte es so viel Milch, dass es immer schwerer wurde und schließlich ertrank. Aber das andere Mäuschen spuckte die Milch immer wieder aus; es strampelte und strampelte und siehe da – am nächsten Morgen, als die Sonne aufging, saß es auf einem großen Berg Butter, und es war gerettet.

Jackie, was ich meine, wenn es überhaupt noch jemals 'n Sonnenaufgang auf dieser Welt geben sollte, was ich ja mehr bezweifle, dann werden wir zumindest zu denen gehören, die gestrampelt haben, wenn auch jeder auf seine Art.«

»Jackie« dagegen versucht, die Propaganda und Manipulationsversuche der Massenmedien zum Thema »radikale Linke« aufzuzeigen sowie das einseitige Agieren der Justiz gegen links.

»E D N A!! (…) Ich will mich hier nun keineswegs bedauern (lassen) sondern nur noch mal auf den Widerspruch zwischen gesicherten *facts* (da bleibt nur, dass der Heinz und icke da offensichtlich mehr oder weniger dicht an einem Waffenversteck rumgelatscht sind – und ne Tasche mit Klappspaten dabei hatten) und den sofort in der Presse verbreiteten stimmung-machenden Märchen und Vermutungen hinweisen. (In Essen erschien die *WAZ* mit der Schlagzeile ›Essener Terrorist in Berlin gefasst‹; dazu dann Anschrift und Name meiner Schwiegereltern, bei denen ich mit zweitem Wohnsitz angemeldet war.) Und wenn du diesen Stern erstmal auf die

Stirn eingebrannt gekriegt hast, wirste den in diesem wunderschönen Land auch nie wieder los. (…) Dazu passt in der Anklageschrift ein Hinweis auf ne Reise in einem Konvoi von KPD/ML-Mitgliedern nach Köln – wo ich mein Lebtag nicht gewesen bin. (…) oder ebenso kennzeichnend für die Vorgehensweise (weiß Herold nicht nur bei mir), wenn die Lämplein des nimmersatten Computers schon seit Jahren immer wild aufflackerten, wenn ich mit meinem Terror-Käfer (Bj. 52, geteilte Heckscheibe) an irgendeiner Grenze angerauscht kam, wo sie mich dann fast jedes Mal gründlich gefilzt haben – und so fand ich dann in den Ermittlungsakten beispielsweise die wahnsinnigsten Bücher, die ich als Lektüre bei der Hollandreise dabei gehabt haben sollte, wie *Mein (?) Leben mit Holger Meins* (ich hatte mal eins, das hieß: *Holger Meins: Mein Leben – und andere Dokumente)* oder *Terroristenausbildung in Südjemen.* Wahrscheinlich gibt's kein Buch mit diesem Titel, aber was soll's? Mit derartigen Mosaiksteinchen wird dann das Bild zusammengesetzt, zu dem dem Computer eh nur noch ein Punkt zum fertigen Urteil – *im Namen des Volkes* – fehlte.«

Hungerstreik 2

Weniger lustig sind dagegen die Berichte von Rainer über die Haftbedingungen in Celle. Da die drei Gefangenen nach wie vor totalisoliert sind und alle Anträge der Anwälte gegen diese Maßnahmen abgelehnt werden, beginnen sie Mitte März einen Hungerstreik gegen die Totalisolation in Celle. Sie schließen sich damit dem bundesweiten Hungerstreik gegen die Isolationsbedingungen der politischen Gefangenen an. Die Forderung: »Zusammenlegung in interaktionsfähige Gruppen«. Obwohl HAP nicht hinter dieser Forderung steht sondern normale Haftbedingungen will, kann er nicht zulassen, dass das Konzept der Spaltung in Celle aufgeht.

Justizministerium und Anstaltsleitung ihrerseits wollen genau das. Nach ein paar Wochen gewähren sie für HAP und Heinz eine Stunde gemeinsamen Hofgang sowie abends zwei Stunden Zusammenschluss in einer speziell überwachten Zelle. Der Anstaltsleiter betont dabei, dass sie mit Karl-Heinz – dem Lebenslänglichen aus der RAF – nie zusammenkommen würden.

Die beiden nehmen die Veränderung in ihren Bedingungen an, führen den Hungerstreik aber weiter.

Rainer ist nicht begeistert. Er geht davon aus, dass die Justizbehörden nicht nachgeben werden. Nach vier Wochen erfährt er, dass Karl-Heinz in Celle zwangsernährt wird. Er besucht daraufhin HAP, der auch gerade seine erste Zwangsernährung hinter sich hat. Rainer übermittelt uns HAPs Schilderung dieser Foltermaßnahme.

»Als HAP auf Nachfrage des Anstaltsleiters erklärt, dass er weiter hungern werde, wird er von einem halben Dutzend Knastbullen gepackt und mit Gewalt auf einen speziell angefertigten metallenen Stuhl mit Rollen gezerrt, der im Flur bereit steht. Die Arme werden mit Handschellen gefesselt, Beine und Körper mit Lederriemen fest angeschnallt. Im Knast-Lazarett greifen zwei Schließer in seine Haare, umklammern den Kiefer und pressen seinen Kopf fest nach hinten, sodass er ihn nicht mehr bewegen kann. Der Knastarzt stößt ihm anschließend einen Plastikschlauch durch die Nase bis in den Magen. Provoziert damit Würgen und Kotzgefühle. Ein Sanitätshelfer reicht dem Arzt eine dicke Kanüle mit undefinierbarem Inhalt, den der durch den Schlauch in den Magen pumpt. Dann gleich eine zweite hinterher. Und noch eine und noch eine. HAP fühlt sich, als hätte ihm jemand den Magen mit Steinen vollgepfropft. Wie bei Rotkäppchens Wolf. Er wird in die Zelle zurücktransportiert, wo er sich erschöpft auf das Bett fallen lässt.«

Rainer meint, dass HAP ziemlich abgemagert ist und schlecht aussieht. Er will aber auf keinen Fall aufhören, ehe sie nicht mindestens für alle drei eine Zusage der Aufhebung ihrer Isolation bekommen.

Ich habe eine schlimme Vorahnung, als der Anwalt uns ein paar Tage später in seine Kanzlei zitiert. HAP ist nach einer neuerlichen Zwangsernährung irgendwann abends bewusstlos auf dem Betonfußboden seiner Zelle aufgefunden worden. Kann sich an nichts erinnern. Am nächsten Tag wird die Zwangsernährung ausgesetzt. Und drei Tage später dann endlich die Zusage, dass alle drei gemeinsamen Hofgang und abends Zusammenschluss bekommen. Für später werden Sportmöglichkeiten in Aussicht gestellt.

Mir fällt ein Stein vom Herzen. Freu mich für HAP und die beiden anderen.

Die täglichen Schikanen und Zensurmaßnahmen hören aber natürlich nicht auf. Laut Rainer haben sie eher noch zugenommen. HAP scheint das jetzt allerdings eher gelassener zu sehen und kann manchmal sogar darüber lachen. So z.B. als Berti, ein Freund aus einem besetzten Haus in Schöneberg, ihm zur Aufmunterung ein paar Seyfried-Postkarten schickt. Die Karten werden beschlagnahmt und gehen zur Habe, weil sie sonst HAPs antistaatliche Haltung unterstützen würden. Rainer erzählt, dass HAP sich alleine auf seiner Zelle kaputtgelacht hat, als er die ausführliche kunstkritische Beschreibung des Richters über die Postkarten gelesen hat. So solle mit einer Postkarte suggeriert werden, dass in diesem Land (BRD) die Gedanken nicht frei seien sondern abgehört würden (von Geheimagenten mit riesigen Kopfhörern). Auf einer anderen seien zwei Imbissbuden mit den Aufschriften »Bulletten« und »Freakadellen« dargestellt. An einer der Buden würden zwei – von umherschwirrenden Fliegen verfolgte – Polizisten einen

Imbiss zu sich nehmen, der ihnen von einem Verkäufer mit einem bewusst provoziert karikierten Verbrechergesicht serviert wird. An der zweiten Bude stehen zwei junge, leger gekleidete Personen. Beide Gruppen beäugen sich mit feindseligen Blicken. Mit derartigen Abbildungen würde HAPs ablehnende Haltung gegen die staatliche Gesellschaftsordnung verstärkt und sein Hass auf die Ordnungshüter geschürt werden.[60]

Schöne Beschreibung. Da muss sogar ich als Hündin lachen und weiß sofort, welche Postkarten gemeint sind.

Im Trakt selbst herrscht nach der Neuerung gute Stimmung. Der Hofgang wird im Verhältnis 1:1 überwacht (3 Gefangene – 3 Schließer) und der Hof ist eigentlich ein bisschen eng für drei Spaziergänger. Aber was soll's? HAP findet die Veränderung kolossal. Beim Auf-und-Ab-Gehen mit jemand reden und nicht mehr allein stumm seinen Gedanken nachhängen (bis man irgendwann wahnsinnig wird). Der abendliche Zusammenschluss wird von den Schließern durch eine Glasscheibe überwacht – und vermutlich auch über Abhöranlagen (siehe Postkarte von Seyfried). Die Gefangenen tauschen sich aus, auch wenn ziemlich bald klar wird, dass sie unterschiedliche politische Vorstellungen haben. Als ihnen Fernsehen genehmigt wird, sehen sie mit Vorliebe im DDR-Fernsehen, das in Niedersachsen gut empfangen werden kann, *Der Schwarze Kanal*. Die Schließer ziehen dann auf ihrer Seite einen Vorhang

60 »Die Postkarte Nr. 190 stellt Polizeibeamte in abfälliger Form dar, überdies in enger Beziehung zu Tierbezeichnungen. Sie zielt darauf ab, Polizeiorgane verächtlich zu machen. (…) Derartige Karikaturen, die Organe der Strafverfolgung in der aufgezeigten Weise deformieren, sind geeignet Ablehnung und Haß gegen diesen Staat zu schüren und somit als Beeinflussung zu werten, die der angestrebten Eingliederung des Verurteilten in die bestehende Rechtsgemeinschaft entgegensteht.« (aus: Beschluss 17 StVk 68/80)

vor die Glasscheibe, weil sie die gute Laune der Gefangenen bei den von Karl-Eduard von Schnitzler präsentierten Negativ-Nachrichten aus der BRD schlecht ertragen.

HAP ist doppelt gut gelaunt, weil ihm zudem eine Kaffeetasse aus Keramik mit einem bunten Hahndekor ausgehändigt wurde – identisch mit seiner Lieblingstasse aus der Alvenslebenstraße. Alle Menschen – wie auch einige Hündinnen und Hunde – haben bekanntlich ihre Macken. Bei HAP ist es die Tasse für den morgendlichen Kaffee. Woher wussten die Bullen das? Oder hat ihm jemand aus seinem Freundeskreis die Tasse als Geschenk nach Celle geschickt? Aber wieso wird ihm dann die Tasse aus Keramik ausgehändigt, wo das übrige Geschirr doch aus Plastik ist? HAP ist ein bisschen verwirrt und durcheinander. Im Grunde aber froh, weil er wieder eine Lieblingstasse hat.

Hungerstreik 3

Die gute Laune hält allerdings nicht allzu lange an. Im Gegensatz zu Celle hat sich an den Bedingungen in den anderen Knästen nicht viel geändert. Am 19. Mai 1979 wird von rund 70 politischen Gefangenen ein neuer Hungerstreik ausgerufen. Forderung: »Zusammenlegung in interaktionsfähige Gruppen sowie Überwachung der Haftbedingungen durch internationale humanitäre Organisationen«. Die Gefangenen in Celle sind wieder dabei. HAP auch, teilt uns Rainer mit. Und das, obwohl er nicht hinter dieser Forderung steht und eigentlich Normalvollzug will. Beim Hofgang und Zusammenschluss haben die drei lange und heftig darüber diskutiert. In zunehmend schlechter Stimmung. Am Ende fühlte HAP sich unter Zugzwang, wie er seinem Anwalt berichtet. Er will ihre Minigruppe nicht spalten.

Während des Hungerstreiks werden alle drei wieder total voneinander isoliert. Bis der Kern der RAF-Gefangenen am

26. Juni beschließt, den Streik zu beenden bzw. zu unterbrechen.

»Wir warten jetzt die Ergebnisse der Verhandlungen der von uns beauftragten internationalen Kommission ab, sowie die zwischen amnesty international und dem Bundesjustizministerium geführten Verhandlungen«, schreiben sie.

»Da können sie lange warten«, meint Kalle.

HAP denkt ähnlich und teilt seine Zweifel den beiden Mitgefangenen mit. Die Stimmung zwischen den dreien wird dadurch nicht besser. Aufbauender sind die Brief- und Besuchskontakte zu alten Freunden wie Axel, Didi, Kalle – und neuen Bekanntschaften wie der ehemals drogenabhängigen Wally aus Berlin, die sich in der Lehrter Straße politisiert hat. Oder Martina von einer Gruppe aus der niedersächsischen Region, die durch verschiedene Aktionen die Situation in Celle und den Hungerstreik öffentlich gemacht hat. Störend bei den Besuchen empfindet HAP allerdings die schallschluckende Panzerglasscheibe. Um sich verständlich zu machen, muss man den Kopf zur Seite drehen und in die seitlich angebrachten Sprech- (und Abhör-)schlitze sprechen. Um den Verdacht auf automatisches Mitschneiden der Gespräche zu vertuschen, sitzen gleichzeitig immer noch zwei Staatsschutzbullen auf der Besucherseite und schreiben mit. Ungebetene Gäste.

Rot-Weiß Essen

Eine Begegnung besonderer Art ist für HAP der Besuch einer ihm bis dahin unbekannten Christel H.. So beeindruckend, dass er später in einem Brief an Hansi die Begegnung und seine Gedanken dazu aufschreibt. Von Hansi weiß er, dass der sich – im Gegensatz zu vielen anderen Linken – voll zu seiner Fußballleidenschaft und Borussia Dortmund bekennt.

»Rot-Weiß Essen: Erinnerungen

Christoph S. hieß mein bester Freund in der evangelischen Volksschule Essen-Frillendorf. Cristophs Eltern leiteten damals ein betreutes Wohnheim für jugendliche Lehrlinge (meistens vom Bergbau). Einer der dort arbeitenden Sozialarbeiter hat Christoph und mich dann an einem Sonntag das erste Mal zu einem Spiel von Rot-Weiß Essen in die Hafenstraße mitgenommen. Ich war damals 10 Jahre alt und konnte gerade eben über die Mauer am Spielfeldrand gucken. Und war begeistert. Sofort unsterblicher Fan von Rot-Weiß Essen. (Und damit automatisch gegen Schwarz-Weiß vom Uhlenkrug, im begüterten Essener Süden.)

Der Torwart trug zu der Zeit die Nr. 1 auf seinem Trikot. Und hieß Fritz Herkenrath. Volksschullehrer. Reaktionsschnell und intelligent. Nr. 2: Der rechte Verteidiger Otto Rehhagel. Beinhart.

Noch heute erinnere ich mich gut an ein Ligaspiel in der Hafenstraße gegen den Karlsruher SC, die damals einen sehr schnellen dunkelhäutigen Mittelstürmer hatten. (Vielleicht war er aber auch halbrechts die Nr. 8.) Jedenfalls hatte Herkenrath seine Mühe mit dem »Farbigen«. Als die Situation bedrohlich wurde, hörte ich hinter mir Rufe wie: ›Hau den Schwatten doch inne Hacken.‹

Und dann – Rehhagel grätscht und tritt ihm vehement in die Beine. Ich höre heute noch das Knacken von Knochen gleich neben der Mauer, wo ich stehe und bin entsetzt.

Die anderen Fans pfeifen und johlen, als der Karlsruher Stürmer sich schmerzverzerrt auf dem Boden krümmt und vom Spielfeld getragen wird.

Ich beginne, an mir selbst zu zweifeln. Vielleicht bin ich doch kein richtiger Fan?

Die bekannteste Nr. bei Rot-Weiß (und in der Deutschen Nationalmannschaft) war sicherlich die 7 von Helmut Rahn

(›Der Boss‹). Friedel, meine trinkfeste Essener Schwiegermutter, die nachts in der Postsortierstelle der Hauptpost arbeitete, hat mir später erzählt, wie der Boss nach durchzechter Nacht bei ihnen zu Hause in Rüttenscheid das ein oder andere Mal unter dem Küchentisch seinen Rausch ausgeschlafen hat.

1954 hatte Helmut Rahn stolz und zufrieden verkündet, dass er für die 14 Tage Trainingslager vor der WM seinen Bergarbeiterlohn weiter bezahlt bekam – ohne arbeiten gehen zu müssen. Ein paar Jahre später, 1960, war er einer der ersten Fußballspieler, der für viele Gulden zu einem niederländischen Club wechselte.

Rot-Weiß nahm dann später eine andere Nr. 7 unter Vertrag. Willy ›Ente‹ Lippens, der die gegnerischen Verteidiger mit seinem unberechenbaren Watschelgang zur Verzweiflung trieb. Und mich und die richtigen RWE-Fans in Begeisterung versetzte.

Vor ein paar Wochen hatte sich hier im Hochsicherheitstrakt Celle eine mir unbekannte Besucherin mit dem Familiennamen Herkenrath angekündigt. Als Vertreterin der Roten Hilfe, wie sich bald herausstellen sollte.

»Hast du was mit Fritz Herkenrath zu tun?«, fragte ich interessiert durch die Trennscheibe.

»Ist mein Onkel«, lautete die mürrische Antwort.

»Und? Was macht er heute? Hat er noch was mit Fußball zu tun?«

»Eigentlich hab ich nicht den langen Weg gemacht, um über meine Familie zu reden.«

Ehrlich gesagt kann ich mich nicht mehr an den Inhalt unseres damaligen Hochsicherheitgesprächs erinnern. Jedenfalls hat Christel mich nie wieder besucht.

Neue Selbstzweifel nagen an mir. Bin ich vielleicht gar kein richtiger Revolutionär? Habe ich den Platz im Hochsicherheitstrakt gar nicht verdient? (Und den Besuch von Herkenraths Nichte?)«

Ehe- und Gefangenenstreit

Zweifel anderer Art resultieren aus HAPs zwischenzeitlichem Briefwechsel mit Ehefrau Gudrun. So wie seinen Mitgefangenen gegenüber macht er auch in Briefen nach draußen keinen Hehl aus seiner Einstellung zum Knastkampf. Er lehnt alle Sonderbedingungen für politische Gefangene ab und kann mit der Forderung auf Einhalten der in der *Genfer Konvention für Kriegsgefangene*[61] festgelegten Bedingungen nicht viel anfangen. Ist ihm zu weit weg. Als »Arschwischpapier« bezeichnet er sie in einem Brief zum Thema Hungerstreik. Näher sind ihm da die anderen (sozialen) Gefangenen, zu denen er im Knast Kontakt haben möchte. Das erzählt er auch Axel beim Besuch, während die Staatsschützer fleißig mitschreiben. Gudrun sieht das anders.

»Du bist Schwein«, antwortet sie in einem bitterbösen Antwortbrief. Schwein. Einfach so. Ohne Genus, ohne Artikel. Weder bestimmt noch unbestimmt. Revolutionäre Grammatik.

Axel meint, dass HAP davon schon getroffen war, auch wenn er das flapsig zu überspielen versuchte.

Ehrlich gesagt verstehe ich auch nicht, warum man (oder frau) sich grammatikalisch unkorrekt ausdrücken muss, um seine konsequent revolutionäre Gesinnung zu zeigen. Und noch weniger verstehe ich, warum die Menschen jedweder

61 Nach den Erfahrungen im 2. Weltkrieg wurde 1949 in Genf eine Konvention zur menschlichen Behandlung von Kriegsgefangenen verabschiedet, die 1954 von der BRD ratifiziert wurde. Aufgrund der Erfahrungen bei innerstaatlichen bewaffneten Konflikten in den 60er Jahren wurden 1977 Zusatzprotokolle verabschiedet, die sowohl die Beschränkung der Mittel bei derartigen nationalen Konflikten, den Schutz der Zivilbevölkerung als auch die humanitäre Behandlung der gefangenen Kombattanten festschrieb.

Couleur immer auf Tierbezeichnungen ausweichen müssen, um jemanden richtig fertigzumachen oder bloßzustellen. Schwein, Hund, Sau oder – als Krönung – gar Schweinehund. (»Schweinehündin« hab ich dagegen aus mir unerklärlichen Gründen nie gehört. Göttinseidank.)

Der Briefkontakt zwischen dem Ehepaar schläft daraufhin ziemlich ein. Heinz dagegen wird der Briefkontakt zu Gudrun von vornherein gänzlich untersagt, weiß Axel zu berichten. Dafür bekommt Heinz Besuch von HAPs Schwiegereltern. HAP ist etwas verwundert und würde seine Schwiegereltern eigentlich auch gerne mal wiedersehen. Aber lieber ohne ihre Tochter. Sein Anwalt erklärt uns, dass er trotz allem, pro forma, einen Antrag auf Verlegung nach Berlin stellen will. Als Beistand im Prozess gegen seine Ehefrau, formuliert er als Begründung.

Hintergrund sind die Diskussionen in Celle und unter anderen politischen Gefangenen über einen neuen Hungerstreik, da die Verhandlungen zwischen amnesty und Justizministerium ergebnislos geblieben sind – wie Kalle richtig vorhergesagt hatte. HAP will nicht wieder in Solidaritätszugzwang geraten. Er will weg von und aus Celle.

Der Antrag wird abgelehnt.

Eine alternative Möglichkeit sieht das Strafgesetzbuch vor. Ein Häftling kann/soll demnach nach Verbüßen von 2/3 seiner Haftstrafe entlassen werden, sofern keine Gefahr auf Wiederholung der Straftat besteht.[62]

»Das ist die Norm«, klärt uns Rainer auf. »Aber bei den Politischen sieht das natürlich ganz anders aus.«

62 Gemäß § 57 Abs. 1 StGB ist eine vorzeitige Haftentlassung nach zwei Drittel der Strafe möglich, sofern der Strafgefangene mindestens zwei Monate im Gefängnis gesessen hat und keine Gefahr für die Allgemeinheit darstellt.

Und »natürlich« hat Rainer wieder Recht. Die vorzeitige Entlassung zum 12. Januar 1980 wird abgelehnt, weil HAP sich an drei Hungerstreiks beteiligt hat. Was das mit der Wahrscheinlichkeit einer Wiederholungstat – konkret, gemäß dem Urteil: Waffenbesitz – zu tun hat, kann Rainer uns auch nicht erklären. Vermutlich versteht er es selber nicht.

Die Stimmung unter den drei Gefangenen ist unten durch, hat HAP Rainer erzählt. Speziell Karl-Heinz wirft HAP vor, dass er nicht wirklich kämpfen wolle. Mit Justizbütteln zu kommunizieren sei Verrat.

Als klar wird, dass der nächste Hungerstreik beschlossene Sache ist und nur noch der genaue Termin fehlt, machen Rechtsanwalt Rainer und HAP einen neuen »verräterischen« Vorstoß beim niedersächsischen Haftrichter. Der Anwalt legt dem Antrag auf vorzeitige Entlassung Axels Erklärung bei, dass HAP bei ihm wohnen könne sowie eine von Rainer H. aus der WG Martin-Luther-Straße unterzeichnete Absichtserklärung, ihm eine Arbeit als Psychologe in der Drogenberatung Hauptstraße anzubieten.

Fehlt nur noch der Transport zum Gericht, um sich persönlich (verräterisch) anhören zu lassen.

HAP schildert seiner Lieblingsmoderatorin vom fernen *RIAS-Treffpunkt* von diesem »Ausflug«. Anwalt-Rainer hat einen Durchschlag. Für alle Fälle. Axel kümmert sich dann, wie immer, verlässlich darum, uns die neuesten Nachrichten zukommen zu lassen. Gemeinsam hocken wir in unserer Fabriketage und hören Vorleser Axel zu.

»Ausführung zum Gericht – Anhörung zum 2/3 Termin. Vorher *natürlich* vollständiges Umziehen – besonders pikant dabei immer, dass du mit der Metallsonde abgefummelt wirst, wenn du da in so'nem gekachelten Raum nackt vor vier bis fünf Wärtern stehst. Dann rechts und links an je einen Wärter gehandschellt und so in einen Wagen verfrachtet. (Zynische Denunziation und nackte Machtdemonstration, Erniedrigung, wenn du so vorgeführt wirst – die Typen selbst beim Treppensteigen und auf der Gerichtsbank nicht von deinem Handgelenk weichen). Trotzdem – die Flut der Eindrücke, die urplötzlich durch den Sehschlitz des Transporters reinbricht:

Zerreißen des Betonvorhangs, Häuser, groß, klein, neu, alt, Fachwerk, ne Pommesbude, Kaufmann, Farben, Straßen, Gewimmel von Autos (Modelle, die ich teilweise noch gar nicht kenne), Motorengeräusche, Ampel, Verkehrsschilder, MENSCHEN, zivil, bunt, lebendig, mit Kindern, Hund, die Frau mit dem Palästinensertuch, ein Liebespaar, Schüler, Hausfrau beim Einkauf, Arbeiter in der Mittagspause, meckernder Autofahrer an der Ampel, Hupen –

Knappe zwei Minuten bis zum Gericht. (…) Das Ergebnis der Anhörung in diesem freyheitlichsten Staat (oh!) je muss ich dir ja nicht erläutern, wa?«

Nach Schilderung des Anwalts waren alle Bemühungen HAPs für die Katz (sic!). Bezugnehmend auf seine Verurteilung wegen Waffenbesitz hatte er angegeben, das letzte Mal während seiner Wehrdienstzeit beim BGS eine Waffe besessen zu haben. Dahin wolle er aber auf keinen Fall zurückkehren und in den Besitz einer Waffe zu gelangen, fiele ihm nicht mal im Traume ein. Stattdessen möchte er nach dieser gestohlenen und verlorenen Zeit endlich seinen Beruf als Psychologe ausüben und mit Drogenabhängigen arbeiten. Dabei verwies er auf die Zusage von Seiten der Schöneberger Drogenberatung. Und die Wohnmöglichkeit bei Axel.

Der Richter zeigt sich unbeeindruckt und folgt der Argumentation des Celler Anstaltsleiters. Der jetzige Zeitpunkt – zwei Monate nach der legalen Zeitspanne für 2/3 – sei verfrüht.

HAP müsse weiter beobachtet werden, evtl. auch nach einer späteren Verlegung in eine normale Zelle – in Celle.
Celle ist danach noch mehr Hölle, erzählt HAP seinem Anwalt. Karl-Heinz spricht beim Zusammenschluss nicht mehr mit ihm. Blättert meist geräuschvoll in seinen Unterlagen. Heinz hängt irgendwie dazwischen. Allgemeines Unbehagen.

Verstärkt wird diese Negativstimmung noch, als Gudrun und ihre mitgefangenen Frauen in ihrem 2. Juni-Prozess in Berlin eine Erklärung[63] verlesen, wonach sie die Bewegung 2. Juni aufgelöst haben.

»nach 10 jahren bewaffnetem kampf wollen wir unsere geschichte kritisch reflektieren und erklären, warum wir heute sagen: wir lösen die bewegung 2. Juni als organisation auf und führen in der RAF – als RAF – den antiimperialistischen kampf weiter. (…) die bewegung war eine vermeintliche alternative zur RAF als eine möglichkeit derjenigen genossen, denen der kompromisslose kampf zu weit ging, das hat 10 jahre lang spaltung, konkurrenz und desorientierung unter den linken und auch in der guerilla produziert und es hat auch unseren eigenen revolutionären prozess behindert. So haben wir mit unseren aktionen auf der populistischen ebene operiert, ohne die politische orientierung zu geben, ohne eine mobilisierung gegen die strategie der schweine zu schaffen.«

Klaus Viehmann, Ralf Reinders und Ronald Fritzsch aus dem maskulinen 2. Juni-Prozess antworten in einer langen, ausführlichen Erklärung[64].

---

63 In: *Der Blues. Gesammelte Texte der Bewegung 2. Juni*, Band 2, S. 809.

64 *Der Blues. Gesammelte Texte der Bewegung 2. Juni.* Band 2, S. 210 ff.

»Sozialrevolutionäre Politik – für die u.a. auch die Bewegung 2. Juni steht – lässt sich nicht ›auflösen‹ wie ein kleinbürgerlicher Schrebergartenverein.«

Zum Vorwurf des Populismus bekennen sie: »Na klar sollten die Aktionen der Bewegung 2. Juni populistisch sein – im wahrsten Sinne des Wortes: volkstümlich. Sie sollten Menschen für uns gewinnen, und sie nicht dem Staat in die Arme treiben. Es ist keineswegs besonders revolutionär, auf die Sympathien des Volkes zu scheißen.

Und Beifall, also Zustimmung zu einer Aktion oder Politik der Guerilla zu bekommen, heißt doch, dass das Eis des allgemein herrschenden Bewusstseins gebrochen wird und ein Ansatz für die Unterstützung revolutionärer Politik entsteht. Der ›Beifall‹ schafft das ›Wasser‹, ohne das es keine Verbreiterung, keine Mobilität, keine Logistik, keine Aktionsmöglichkeiten für die Guerilla gibt. (…)

Andauernde militärische Niederlagen beruhen immer auf politischen Fehlern. Sich nicht um seine Basis zu kümmern, die Verbindung zum alltäglichen Kampf des Volkes verlieren, die politischen und konkreten nationalen/regionalen Bedingungen des Kampfes falsch zu analysieren – das sind die Kardinalfehler! (…)

Wenn wir das Gewaltmonopol des Staates – sowohl praktisch als auch im Bewusstsein des Volkes – durchbrechen wollen, dann müssen wir durch militante Aktionen in die Kämpfe des Volkes eingreifen. Wir müssen beispielhafte Aktionen machen, die von vielen verstanden und nachvollzogen werden können, und gleichzeitig klarmachen, dass illegale Aktionen notwendig sind.«

HAP erzählt seinem Anwalt, dass er die Erklärung von Gudrun & Co. für ausgemachten Schwachsinn und Beispiel für Realitätsverlust hält. Und dass er damit – einmal mehr – in der diametral entgegengesetzten Position zu seinem Mitgefangenen Karl-Heinz steht. Und ein bisschen auch zu Heinz. Die drei sind unfähig, ihre Diskussionen auf eine produktive und solidarische Ebene zu bringen.

Als Hündin neige ich normalerweise ja eher dazu, im Zweifel meinen Geschlechtsgenossinnen der Spezies Mensch Recht zu geben. Hier liegen meine Sympathien aber eindeutig auf der Seite der Männer vom 2. Juni.

Allein auf der Zelle übt HAP Selbstdisziplin. Versucht, den Kopf frei zu machen und konzentriert sich auf Liegestütze. Selbst auferlegtes Trainingsprogramm. Nicht locker lassen. Nie und never. Voller Stolz erzählt er Axel beim Besuch, dass er bei 100 Liegestützen angekommen ist. Ein Ziel schon mal erreicht.

Weniger stolz, eher peinlich, erzählt er auch, dass er vor ein paar Wochen Familienbesuch hatte. Von seiner Mutter. Einerseits fand er es großartig, dass sie sich dazu durchgerungen und mit Hilfe seiner Schwester den Besuchsantrag gestellt hat. Ihr Mann – HAPs »ehemaliger« Vater Hermann – durfte und wollte nichts davon wissen. Für ihn existiert der missratene Sohn seit Aufnahme des Psychologiestudiums in Bochum nicht mehr. Alle Notizen über ihn sind seitdem an ihm vorbeigegangen oder abgeprallt. Der Besuch von Mutter Marie fand ohne Trennscheibe und ohne Staatsschutzüberwachung statt. Ein »sehr freundlicher und sympathischer junger Mann« hatte ihr vorher den Besuchsablauf geschildert und ihr erzählt, dass HAP unter dem schlechten Einfluss der anderen Gefangenen stünde. Ihr Sohn sei sehr intelligent und sollte sich doch von diesem schädlichen Einfluss lösen. Vielleicht könnte sie in diese Richtung mit ihm reden. »Wie schön der Eingang hier ist«, war dann ihre erste spontane Äußerung im Sprechzimmer. »All die schönen Blumen da draußen auf den Rabatten.« Und am Ende: »Du wirst das schon richtig machen, Junge.«

Die Tränen in ihren Augen haben ihn aber doch irgendwie getroffen, bekennt er etwas niedergeschlagen.

PART V

1/8 statt 2/3

Aber dann. Rainer E. bestellt uns erneut in seine Anwaltskanzlei. Diesmal habe ich keinerlei Vorahnung. Hab mich in den letzten drei Jahren an (zu) viele schlechte Nachrichten gewöhnt. Irgendwas ist heute aber anders. Rainers Augen funkeln strahlend über seinem dunklen Bart. Er zeigt uns stolz ein offizielles Schreiben vom niedersächsischen Landgericht und liest vor. HAP wird am 28. Oktober 1980 in Celle freigelassen. Die fehlenden 6 Monate seiner Gesamtstrafe werden ihm auf 3 Jahre zur Bewährung ausgesetzt. Keine Ahnung, was Aussetzen auf Bewährung ist. Ich höre nur »frei«. HAP wird wieder frei sein. Frei. Das heißt, ich werde wieder mit ihm zusammen sein. Auf ihn aufpassen. Meine Mission erfüllen. Nie wieder werde ich ihn allein lassen. Symbiotisch verbunden werden wir wieder durch die Welt ziehen. Und sie verändern, falls es noch geht. HAP wird mir zu Hause wieder Pansen kochen – obwohl ich gegen Kalles Kochkünste und Aris Begleitung absolut nichts sagen kann. Aber HAP kennt nun mal meinen Geschmack und meine Vorlieben. Und sicher wird er mir manchmal ein Stück Fleischwurst oder Frankfurter Würstchen kaufen. Und vielleicht machen wir auch mal wieder einen Ausflug nach Dänemark und besuchen Kjeld und seine neue Freundin Lissi.

Im Moment fährt allerdings erstmal Axel mit mir um 5 Uhr morgens in Dreilinden auf die Interzonenautobahn. Als wir 3½ Stunden später am tatsächlich idyllischen, blumengeschmückten Torbogen des Eingangsportals von Celle ankommen, parkt dort bereits ein beigefarbener Opel Rekord. »Zivis«, sagt Axel zu einer netten jungen Frau, die ich nicht kenne, und die ebenfalls auf HAP wartet. Ich sehe nichts. Bin zu aufgeregt. Nach etwa einer halben Stunde Wartezeit tritt HAP durch die Pforte, die so gar nicht zu dem passt, was sich dahinter verbirgt. Mit etwas unsicherem Gang, zwei Pappkartons und einer großen Tasche in der Hand blinzelt er in die Herbstsonne und kommt langsam auf uns zu. Da kann ich nicht länger halten. Mit Riesenschritten springe ich zu ihm und an ihm hoch, dass er fast das Gleichgewicht verliert. »Sheila, meine treue kleine Sheila.« Er drückt und herzt mich und umarmt dann Axel und die sympathische Frau. Die Frau bestellt HAP Grüße von Christel aus Hannover, einer anderen Frau aus der Knastgruppe, die zu ihrem Bedauern keine Zeit hatte, um zum Empfang bei HAPs Gang in die Freiheit dabei zu sein.

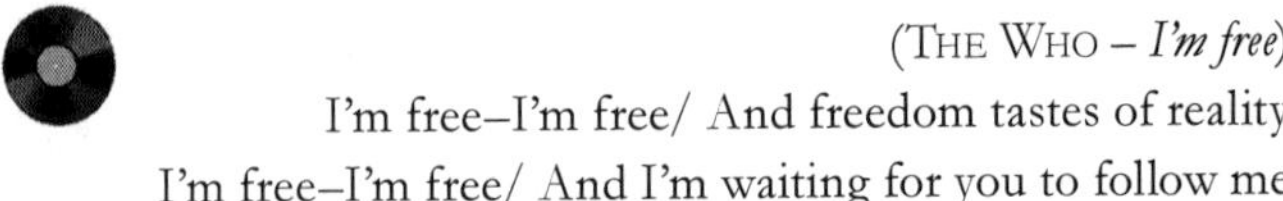

(The Who – *I'm free*)
I'm free–I'm free/ And freedom tastes of reality
I'm free–I'm free/ And I'm waiting for you to follow me

HAP stellt sie vor. Martina von einer regionalen Unterstützer:innengruppe, die durch verschiedene Aktionen in und um Celle die Bedingungen über den Hochsicherheitstrakt und die Hungerstreiks öffentlich gemacht haben. Er sagt noch irgendwas wie »Wildes Huhn«[65]. Den Zusammenhang hab ich nicht genau verstanden, weil ich schlichtweg aus'm Häuschen bin. War aber sicher keine Beleidigung. Axel packt Kartons und Tasche in den Wagen, und wir fahren alle zusammen in ein nahegelegenes Waldcafé.

Nach der langen Fahrt kann ich mich endlich wieder frei im Wald auslaufen und durch das bunte Herbstlaub toben.

65 »Wildes Huhn« nannte sich ein selbstverwaltetes linkes Kultur- und Kommunikationszentrumin Salzgitter, das in den 70er Jahren zum Thema staatliche Repression und Knast arbeitete.

Während HAP in guter Gesellschaft durch den Wald spaziert. Frei. Nie werde ich zulassen, dass er noch mal weggeschlossen wird.

Plötzlich riecht es wieder penetrant nach Wildschwein. Habe ich Halluzinationen? Wie ein *flashback* tauchen die Bilder aus dem Tegeler Forst vor mir auf. »Lauf, Sheila, lauf!«, höre ich HAP rufen. Ich sehe, wie der Opel Rekord, der Axel vor dem Knast aufgefallen war, langsam den Waldweg hochkommt. »Komm, Sheila. Komm her«, ruft HAP. Wir sind an dem Waldcafé angekommen und setzen uns auf die Terrasse. Ich bekomme Wasser und zwei Frankfurter Würstchen. HAP einen Milchkaffee und ein Stück Käsekuchen. Martina trinkt Kräutertee und Axel sein Kristallweizen.

Langsam wird's Zeit für die Rückfahrt. Wir verabschieden uns von Martina und fahren Richtung Autobahn.

Ich sehe, wie HAP alle Eindrücke in sich aufsaugt – die bekannten Trabbis und die neuen Westmodelle, Bäume und Felder neben der Autobahn, Radarfallen der Volkspolizei, der Staatsschutz im Opel hinter uns … Als Axel müde wird, übernimmt HAP das Steuer. Er hat das Fahren nicht verlernt. Ich fühle mich pudelwohl.

In Michendorf machen wir an der Raststätte Halt. Gefüllte Rinderrouladen mit Salzkartoffeln und Rotkohl bestellen die beiden (3,50 der Teller – man kann sogar wahlweise mit Ost- oder Westmark bezahlen), und ich bekomme meine zweite Bockwurst.

In Dreilinden wechseln die Fahrer wieder. Axel meint, dass HAP mit dem vielen Verkehr vielleicht Probleme hätte. Zuerst müssen wir zur Schinkestraße in die Fabriketage, wo ich noch meinen Futter- und Wassernapf habe und eine Schlafdecke. Außerdem möchte ich mich gerne verabschieden, weil ich mit Kalle und Ari – trotz allem – eine gute Zeit hatte. Ari ist aber wieder mal nicht da. »Irgendwelchen kurzbeinigen Hündinnen hinterher«, meint Kalle. Er erzählt uns auch, dass er mit einer Gruppe in Kontakt steht, die in den nächsten Tagen ein leerstehendes Fabrikgebäude in der Kreuzberger Cuvrystraße besetzen will. Er wird mitmachen und wenn es klappt, will er dort einziehen.

Dann fahren wir weiter zu Axels Wohnung nach Schöneberg. In unser neues Quartier. Höchstrichterlich abgesegnet. Axel wohnt dort mit Socke und Paul. Kjelds Abschiedsworte in Brunshaab kommen mir plötzlich als flashback hoch: »Herrchen heißt übrigens Harry Axel Paul. Den Axel hat er von meinem Vater, den Paul von Hermanns Vater. Für mich ist der komplette Name aber auch übertrieben lang und ein bisschen kompliziert. Nenn' ihn einfach HAP! Und pass gut auf dein Herrchen auf.«

10 Jahre sind seitdem vergangen. Ich bin älter und reifer geworden. Bis zu meinem Lebensende werde ich auf ihn aufpassen. Nie werde ich ihn verlassen.

Häuser besetzen

Ich glaube, HAP braucht mich. Berlin hat sich extrem verändert in den 3½ Jahren seiner Abwesenheit. Gudrun und Heinz im Knast, Karola M. und die anderen Freundinnen von Gudrun verschwunden. Das »Spectrum« zehnmal größer als vorher. Und nicht mehr in Schöneberg, bei Axel um die Ecke, sondern Teil eines neuen selbstverwalteten Projekts in Kreuzberg 61. Der Mehringhof.

Es kostet HAP anfangs Mühe, Axel dort zu besuchen. So viele Menschen auf einmal zu sehen, ist er nicht mehr gewöhnt. Für Axel, Hansi und die anderen Kollektivmitglieder vom »Specki« ist das dagegen täglich Brot. Trotzdem – oder gerade deshalb – sind sie gerade dabei, eine Strategie zu entwickeln, um den Massenansturm zu reduzieren. Um 24 Uhr macht die gesamte Belegschaft – nach der Ankündigung »letzte Runde vor der Pause« – geschlossen eine Stunde Pause.

Das ist die Zeit, in der HAP sich am liebsten an der rechten Tresenecke (aus Sicht von vor dem Tresen) zu Axel, Hansi, Helmut (»Drogentod«), Paul, Ruth und den anderen Freund:innen gesellt, um sich die neuesten Entwicklungen der Hausbesetzungen erklären zu lassen. Ich leg mich in die Ecke und höre zu.

Rund 20 Häuser sind inzwischen besetzt. Fast alle in Kreuzberg. Vereinzelt aber auch in Schöneberg oder Neukölln. Zur Koordinierung der Besetzungen und Aktionen hat sich ein Besetzerrat aus Vertreter:innen der besetzten Häuser gegründet. Oberstes Ziel: Gemeinsames Handeln, damit das Spaltungskonzept des Berliner Senats nicht aufgeht. Dazu gehört in erster Linie das Insistieren auf der Freilasssung aller Personen, die bei verschiedenen Demonstrationen nach Räumung von besetzten Häusern festgenommen worden sind.

Am 12. Dezember verhindert die Polizei die Besetzung eines leerstehenden Hauses am Fraenkelufer. Es kommt zu Straßenschlachten, die die ganze Nacht andauern. Und zu zahlreichen Verhaftungen. Kalle, der inzwischen in der Cuvrystraße das Kerngehäuse mitbesetzt hat, erzählt uns davon. Er war die Nacht mit Ari unterwegs.

Ein paar Tage später findet im »Spectrum« eine Vollversammlung der Hausbesetzer:innen statt. Resultat: eine Demo Richtung Kudamm mit der Forderung nach Freilassung aller Gefangenen. Sie meinen damit alle im Zusammenhang mit Hausbesetzungen oder –räumungen Verhafteten. Ich frage mich allerdings, warum sie nicht auch explizit die Freilassung von anderen politischen Gefangenen wie Heinz Herlitz oder Karl-Heinz Dellwo fordern.

Axel fährt bei der Demo den grünen Speckibus mit Lautsprecheranlage. Er bittet HAP, für die Demo ein paar fetzige Songs aufzunehmen. Macht HAP natürlich gerne.

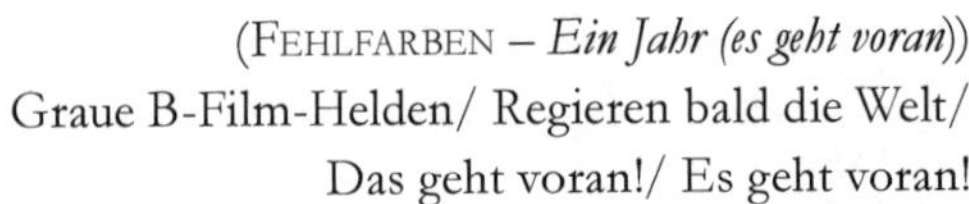

(Fehlfarben – *Ein Jahr (es geht voran)*)
Graue B-Film-Helden/ Regieren bald die Welt/
Das geht voran!/ Es geht voran!

(Dead Kennedys – *California über alles*)
Now it is 1984/ Knock-knock at your front door/
It's the suede denim secret police/
They have come for your uncool niece

(David Peel – *Here comes a cop*)
Here comes a cop/ all dressed in blue/
He's after me/ he's after you

Kurz vor der Demo macht er mit Axel noch kurz einen Soundcheck. Alles funktioniert. Viele Leute sind gekommen. Laut Dieter Kunzelmann, Mitbegründer der Kommune 1, der sich am Lautsprecherwagen zu uns gesellt, über zweitausend. HAP kann da nicht mitreden. Und will nicht wetten. Zu lange hat er keine Demo mehr miterlebt. Er freut sich, als Dieter sich bei ihm unterhakt und mit seinem unverkennbaren fränkischen Akzent »Ketten bilden!« in die Menge ruft. Langsam fährt Axel los, und die Menge setzt sich zu HAPs

Rhythmen in Bewegung. Bei DAVID PEEL ertönt Dieters kauzig-schnarrendes Lachen. »Harrr, harrr, harr.« Zu HAPs Überraschung kennt er DAVID PEEL & THE LOWER EAST SIDE. Sein Lieblingssong ist allerdings *I like Marihuana.*

Ich laufe gemütlich neben den beiden her und lausche mehr oder weniger intensiv ihrer Unterhaltung.

Als wir den Kudamm erreichen, höre ich plötzlich Scheibenklirren. Alarmanlagen ertönen und vermischen sich mit Polizeisirenen. HAP ist ebenso überrascht wie ich. Meine Mission: ich muss auf ihn aufpassen und weiche nicht von seiner Seite. Die unbändige Wut der Demonstrant:innen ist neu für uns beide. Entschlossen rückt die Demo gegen die Polizeiketten vor. Lässt sich nicht einschüchtern. Steine und Flaschen fliegen. Ich ziehe mich mit HAP zurück. Wir sind beide ja inzwischen ein bisschen älter geworden, aber umso begeisterter über die neue Jugend. Unglaublich die power. Ohne Angst.

Ein paar Wochen später die nächste Demo. Diesmal zum Knast nach Moabit. 15.000 Teilnehmer:innen laut Zeitungsberichten. Wir sind natürlich dabei. HAP will unbedingt die Mauer mal wieder von außen sehen. Als wir auf dem Weg nach Alt-Moabit die Spree überqueren, rieche ich plötzlich Ari, der kurz darauf schwanzwedelnd vor mir steht. Mit Kalle im Schlepptau. Kalle sieht ziemlich übernächtigt aus und erzählt uns von seiner persönlichen Hausbesetzung. Er hat im Kerngehäuse ein kleines Nebengebäude (Remise) im Seitenflügel besetzt, wo er als erstes ein biologisches Kompostklo bauen will. Mitte Dezember will er dann – wenn alles planmäßig verläuft – aus der Fabriketage in der Schinkestraße ausziehen. Sein Zimmer, das ich mir vorher 3½ Jahre lang mit ihm und Ari geteilt habe, wird also frei. Schon witzig, dass ich jetzt HAP unsere Wohnung und den Stadtteil zeigen werde.

Fabriketage

Mit uns wohnen in der Fabriketage Brigitte S. plus Tochter Lara, der Anwalt Frank A. sowie Bernd und Walter, zwei junge Architekten. In der Etage unter uns Lothar, Ruth und Musikfreak Alfons, mit dem HAP sich sicher gut verstehen wird. Als ich – gemeinsam mit Brigitte – HAP sein neues Zimmer zeige, sehe ich, dass er überwältigt ist von der Größe und Höhe des Raums. Kann es nicht fassen. Rechts neben der Tür das Hochbett, links ein Schrank, und der Schreibtisch am Fenster. Kalle hat fast alles da gelassen, sodass HAP sofort einziehen kann, ohne sich groß um Möbel zu kümmern. Mein Platz bleibt – wie vorher – unter dem Hochbett. Diesmal alles für mich alleine.

Ein paar Tage später scharrt und kratzt es morgens um 5 an der Eingangstür. Ich nehme den Geruch von Ari wahr. Hat er etwa Sehnsucht nach mir? Oder hat er nur vergessen, dass er jetzt mit Kalle Besetzer in der Cuvrystraße ist? HAP steht am Ende etwas schlecht gelaunt auf und öffnet die Tür. Schnell dreht Ari eine Runde durchs Zimmer, ohne mich groß zu beachten, läuft dann in die Küche, riecht kurz an allen Türen und kratzt wieder an der Eingangs- bzw. Ausgangstür. HAP öffnet, und weg ist Ari. Auf autonomer Suche nach Kalle.

Am Sylvesterabend treffen wir die beiden im Tiergarten wieder. Wir sind mit Brigitte, Axel und vielen anderen auf dem Weg nach Moabit, wo wir den Gefangenen um Mitternacht zuprosten und ein paar Knaller über die Mauer schicken wollen. Am Ende der Paul(!)straße werden wir von einem Polizeiaufgebot gestoppt. Kalle und einige andere wollen zurück und einen anderen Weg suchen. Wir stehen direkt vor der Bullenkette, als HAP plötzlich zusammensackt. Ich sehe, wie ein Bulle – ein Bullen**schwein** – grinsend seinen Schlagstock einsteckt, mit dem er HAP gerade aus heiterem Himmel eins übergezogen hat. Geli, eine Freundin von Brigitte, kniet neben HAP, redet beruhigend auf ihn ein und gibt ihm einen Schluck Wasser. Sie hat ihr Auto in der Nähe geparkt und fährt uns nach Hause. Anschließend begleitet sie uns nach oben und bleibt über Nacht bei HAP im Hochbett. Für alle Fälle. Später kommt sie uns öfters besuchen und manchmal gehen wir zusammen weg. Gefällt mir.

Konzertbesuch

In einer normalen Mietwohnung in der Körtestraße besucht HAP mit mir Eberhard D., seinerzeit als Drucker in der Bundesdruckerei in Belin beschäftigt, der durch Zufall in Schöneberg verhaftet worden war und somit zum zweiten Verhaftungserfolg der Berliner Polizei nach der Lorenz-Entführung wurde. Eb hat die meiste Zeit in Bayern abgesessen und gibt ein paar Anekdoten zum Besten. Die beiden sprechen auch über Musik und stellen Ähnlichkeiten im Musikgeschmack fest. HAP würde gerne zum Konzert von Bob Dylan nach Bad Segeberg fahren. Eb ist dabei, und zusammen fahren wir in seinem Opel Kadett über die bekannte Interzonenstrecke nach Norden. Ein ganzes Stück ist inzwischen zur Autobahn ausgebaut. Geht jetzt schneller trotz 100 Stundenkilometer Höchstgeschwindigkeit. Das Konzert ist im Bad Segeberger Freilichttheater am Kalkberg, wo sonst im Sommer die Karl-May Festspiele stattfinden. Mit Pierre Brice als Winnetou, der die Bühne jetzt für Bob Dylan freigemacht hat.

Wahrscheinlich inspiriert von Old Shatterhand trägt »Bobby« einen Cowboyhut und ein mit Glitzersteinen besetztes Cowboy-Shirt. Im Hintergrund drei Gospelsängerinnen, die immerzu »Hallelujah« trällern. Es ist offensichtlich, dass Bobby eine Erleuchtung hatte und zum frömmelnden Cowboy-Christen mutiert ist.

Eb und HAP sind frustriert. »Wenn er sich wenigstens als ›Indianer‹ verkleidet hätte«, meint HAP.

It ain't me babe.

Eb ist nicht nur über Bob Dylan frustriert sondern auch über die aktuelle Bewegung in Berlin. Er verkauft HAP seinen Opel Kadett und erwirbt selbst einen alten Omnibus. Mit Freundin Lena vom Heilehaus[66], ihrem Sohn und dem neugeborenen Baby emigriert die Familie dann im Bus nach Andalusien, wo er heute noch lebt.

Drogen

Mitte Dezember findet Axel in seinem Briefkasten einen offiziellen Brief für HAP. Sein Bewährungshelfer lädt ihn zu einem Termin Ende des Monats vor. HAP geht hin und lässt die Belehrungen des Sozialarbeiters über sich ergehen. Dass er keinerlei Straftaten begehen dürfe, sich einmal pro Monat bei ihm melden solle, jede Veränderung von Arbeit und Wohnung umgehend mitteilen müsse, usw. Bei Nichterfüllung käme er wieder für 6 Monate in Haft. So erfährt besagter Sozialarbeiter also unsere aktuelle Wohnanschrift und auch, dass HAP für Anfang Januar ein Vorstellungsgespräch bei der Drogenberatung Hauptstraße hat.

Drogenberater Rainer H. erklärt HAP grob die Entstehungsgeschichte. Ich höre gut zu. Vielleicht kann ich was lernen. Brigitte hat mir nämlich gerade erst vorgeworfen, dass ich wohl würstchensüchtig sei. Als die Heroinprobleme rund um den Bahnhof Zoo und die TU (Technische Universität) Ende der 70er Jahre überhand nehmen, starten ein paar Studenten

---

66 1981 wurde in dem besetzten Haus Waldemarstraße 36 ein selbstverwaltetes Zentrum zur gesundheitlichen Beratung und Behandlung errichtet, das Heilehaus, das auf der Basis von Naturheilkunde beruht.

der Pädagogischen Hochschule ein Projekt zur Information und Beratung bei Drogenproblemen in der TU-Mensa. Dem Berliner Senat gefällt das Konzept und er stellt der Gruppe Räume in der Schöneberger Hauptstraße – sicherheitshalber etwas entfernt von der Wohnung, die DAVID BOWIE und IGGY POP in der gleichen Straße gemietet hatten – und eine Finanzierung zur Verfügung. Die Gruppe besteht aus 15 Leuten und versteht sich als Kollektiv. Alle machen die gleichen Arbeiten mit einem Einheitslohn von 1.200 DM, egal welche Stelle sie formell besetzen. Der Rest geht in eine gemeinsame Kasse, mit der sie ab und an verschiedene Projekte oder Initiativen finanziell unterstützen. Gerade z. B. die neue Lautsprecheranlage für den »Speckibus«.

Arbeitsfelder sind die Beratung in der Hauptstraße selbst, streetwork vor Ort auf der Drogenszene, Knastarbeit, Kontakt und Überführung zu Therapieeinrichtungen, Prävention und Öffentlichkeitsarbeit.

»Hört sich alles gut an«, meint HAP. »Am liebsten würde ich mich ja zur Knastarbeit melden. In meiner Zeit in Moabit hatte ich ein paar gute Kontakte mit Junkies. Und außerdem kenne ich den Knast ein bisschen von innen. Das kann sicher auch von Vorteil sein.«

Rainer versucht ein bisschen HAPs Euphorie zu bremsen. »Stell dich morgen erstmal beim Plenum vor. Dann sehen wir weiter.« Ich spüre, dass HAP total Lust auf die Arbeit hat. Für ihn war der Kontakt zu Rainer H. und der Schrieb der Drogenberatung mehr als ein Papier für den Richter, um früher aus Celle entlassen zu werden. Seit seinen positiven Junkie-Kontakten in Moabit hat er Interesse, mit diesen Leuten zu arbeiten. Das versucht er den anderen Kollektivmitgliedern zu vermitteln, die das Bewerbungsgespräch danach unter sich auswerten. Und HAP ins Kollektiv aufnehmen. Später belausche ich in »unserer« Specki-Ecke ein vertrauliches Gespräch zwischen Rainer H. und Axel. Rainer lässt dabei durchblicken, dass die Entscheidung nicht so glatt verlaufen ist, wie es den Anschein hat. Einige Mitglieder hatten Probleme mit HAPs Vorgeschichte.

Der Drogenbeauftragte des Berliner Senats, Wolfgang H., ebenfalls. Er tobt, als Rainer ihm von HAPs Anstellung berichtet und andeutet, dass HAP gerne Knastbesuche machen möchte. Dabei hat der Drogenbauftragte Psychologie studiert wie HAP und war während seiner Studienzeit ebenfalls Maoist und KPD-Anhänger. Jetzt allerdings gewendet zu SPD und Ford-Cabrio.

Die Berliner Justiz steht auf der Seite des Dorgenbeauftragten. Sie untersagt HAP generell den Zutritt zum Knast, um drogenabhängige Gefangene zu besuchen.

Thomas R. weiht ihn dafür in die Prinzipien und Probleme des Streetworkers ein. Und eine Woche später begleiten HAP und ich ihn zur Potsdamer Straße, dem aktuellen Treffpunkt der Drogenszene. Die meisten sind in einem beklagenswerten Zustand. Abgemagert wanken sie durch die Gegend. Abwesender Blick. Abszesse an Armen und Beinen. Manchmal am Hals. Ein paar Junkie-Mädchen bieten sich in der Kurfürstenstraße an. Billige Sexware. Konkurrenz für die professionelle Prostitution in der Potse. Und Kundenabschreckung bei anderen Geschäften. Ein paar Junkies kennen HAP vom Knast her und begrüßen ihn freudig. Einige (wenige) wollen zur Beratung in die Hauptstraße kommen.

Die Beratungsgespräche in der Hauptstraße werden immer zu zweit geführt und gleich im Anschluss an das Gespräch ausgewertet. In der Küche, wo die Drogenberater:innen immer eine Milka-Schokolade (300g-Tafel) bereit liegen haben und die brodelnde Melittafilter-Kaffeemaschine auf dem Tisch steht. (Wenn der oder die letzte Benutzer:in vergessen hat, Wasser neu aufzufüllen – oder die Maschine abzustellen – höre ich regelmäßig lautes Fluchen. Kostet immer einige Mühe, den angeschmorten Kaffeesatz zu reinigen.

Und Anblick und Geruch sind echt eklig.) Ich denk mir meinen Teil über die pausenlos Schokolade essenden und Kaffee trinkenden Drogenberater:innen. Und von mir behaupten einige dann, dass ich würstchensüchtig sei.

Nach Aussage von HAP ist die Anspannung bei den Gesprächen enorm. Das sehe ich ihm an.

Wenn – meist erst nach dem dritten oder vierten Gespräch – das Eis gebrochen ist, geht's ans Eingemachte. Das wahre Leben. Das wahrhaftige Elend. Und die gemeinsame Suche nach einem Ausweg.

In Berlin und der BRD existiert eine breite Palette von verschiedenartigen Therapieeinrichtungen. In den meisten möchte HAP selbst nicht leben. Und das nicht nur, weil ich als Haustier Zutrittsverbot hätte oder er viele seiner Lieblingsplatten nicht mehr hören dürfte. Ihn stört bei vielen der verhaltenstherapeutische Ansatz, der ihn an seine Bochumer Laborratte Nostradamus erinnert. Die Patienten werden erstmal auf die Nullstufe gesetzt, aus der sie sich dann durch gutes (angepasstes) Verhalten auf der Hierarchieleiter Stufe für Stufe hocharbeiten müssen. Mit stufen-entsprechenden Privilegien. Und immer kontrolliert von den Höherstufigen. Es gibt aber auch andere Therapien – Therapiegemeinschaften –, bei denen alle gemeinsam und gleichberechtigt Aufgaben und Arbeiten im Haus übernehmen und erfüllen müssen. Ohne Drogen, versteht sich.

Gemeinsam die Entscheidung zu treffen, wer für welche Therapie am besten geeignet ist, ist keine einfache Aufgabe. HAP wettet einmal mit Thomas seinen langen Bart darauf, dass er für seine Lieblingsklientin Babsi nach acht langen Beratungsgesprächen während drei langer Monate, Entzug und Erledigung des ganzen administrativen Schriftkrams endlich die richtige Lösung gefunden hat. Babsi will wirklich raus aus der Szene. Entscheidet sich für eine Therapie, die ihr zusagt und in der ein Platz frei ist. Wir fahren sie an einem Freitagmorgen raus in die 560 km entfernte Therapie.

Am Dienstag danach treffen wir sie wieder auf der Potsdamer Straße. HAP schneidet den Bart ab und sieht aus wie Rory Gallagher. Meint Thomas.

Andere bleiben gleich nach dem ersten Gespräch weg, wenn sie überhaupt den Weg bis in die Hauptstraße schaffen. Das ist z.B. der Fall bei Vera F., die sich danach zwei *Stern*-Journalisten als Gesprächspartner sucht und als *Christiane F.* Karriere macht.

(David Bowie – *Helden / Heroes*)
Niemand gibt uns eine Chance/
Doch können wir siegen/Für immer und immer/
Und wir sind dann Helden/ Für einen Tag

Der Film *Christiane F.* macht Furore unter den Jugendlichen. Vor allem die Aufnahmen aus der beliebten Diskothek »Sound«, wo ich seinerzeit am Eingang bei Gerd gewartet habe, bis HAP angetörnt von Kevin Coyne's *Saviour* wieder nach oben kam. Ohne sich auf der Toilette einen ›Schuss‹ gesetzt zu haben, wie es in *Christiane F.* gezeigt wird. In der Arbeitsgruppe Prävention diskutieren die Drogenberater:innen lange über den Film. Sie kommen zu dem Schluss, dass es pädagogisch nicht sinnvoll ist, den Film für Jugendliche zu empfehlen.

Statt aufzuklären oder Alternativen aufzuzeigen, weckt der Film im Gegenteil eher das Interesse und die Lust auf das Verbotene. Selber mal ausprobieren. Cool sein.

Es gibt Anfragen von verschiedenen Schulen, die wollen, dass die Drogenberater:innen als Expert:innen mit den Jugendlichen über Drogen und *Christiane F.* sprechen. Da die anderen meist mit der Arbeit im Knast voll ausgelastet sind, muss HAP diese Aufgabe öfters übernehmen. Macht er gerne, zumal ich ihn dorthin begleite und die Stimmung von vornherein entspanne. (Ich kann nur hoffen, dass HAP nicht neidisch oder eifersüchtig wird, da die Schüler:innen oft mehr an mir interessiert sind als an HAPs aufklärenden Worten.)

Andere Anfragen kommen von Kindergärten oder Nachbarschaftsvereinen. Hier sind es die Spritzen, die viele Junkies achtlos wegwerfen und die den Erzieher:innen und Eltern oder Anwohner:innen Angst machen. HAP versucht zu beruhigen. Sie sollen die Kinder aufklären, dass es kein Spielzeug ist und selbst auf dem Kindergartengelände und in der Umgebung ein bisschen Obacht geben. Die Polizei zu rufen, wie einige Erzieher:innen vorschlagen, redet er ihnen aus. Finde ich auch. Ich muss auf der Straße auch ständig aufpassen, nicht auf Bierdosen, Zigarettenkippen oder Kaugummis zu treten und bin noch nie auf die Idee gekommen, die Polizei zu rufen.

Einmal hält HAP vor einer Gruppe von Sozialarbeiter:innen einen Vortrag über das Drogenpoblem und die Sinnlosigkeit der Repressionsschiene gegen Drogenabhängige. Am Ende kommt ein Sozialarbeiter zu ihm nach vorne – HAPs Bewährungshelfer. Er bedankt sich für den Vortrag und druckst ein bisschen verlegen herum. Schließlich meint er aber, dass es schon reichen würde, wenn HAP ihn zweimal pro Jahr ›besuche‹.

Das Hauptproblem der Drogenarbeit ist – neben dem schnellen gesundheitlichen Verfall und dem Tod – die Kriminalisierung der Abhängigen. Wo immer die Junkies auftauchen, werden sie ausgestoßen wie Aussätzige, verfolgt, verjagt und festgenommen. Vom Knast aus wenden sie sich dann an die Drogenberatung und erklären, dass sie eine Therapie machen wollen. Statt Strafe. Wenn es klappt, kommen sie raus und sind meistens nach ein oder zwei Wochen Therapieanlauf wieder auf der Szene. Und der Kreislauf beginnt von vorn.

Bei den Plenen in der Hauptstraße wird deshalb viel über Öffentlichkeitsarbeit diskutiert und darüber, wie die Drogenarbeiter:innen eine Veränderung der repressiven Drogenpolitik durchsetzen können. Unter Federführung ihres Supervisors Jörg C.[67] – der seinerzeit zusammen mit dem Berliner Drogenbeauftragten Wolfgang H. Psychologie studiert und in der Studienzeit ebenfalls für Mao geschwärmt hat – organisieren sie mehrere nationale Drogenkongresse. Zu dem Kongress nach Bremen darf ich mitfahren. Das Plakat zum Kongress gefällt mir. Die Freak Brothers auf einem Drogenkarussell. Ohne Ausweg. Immer im Kreis.

Samstagnachmittag, in einer Kongresspause, besuchen HAP und ich Uschka. Hübsch und nett wie früher. Das gleiche Lächeln. Hat immer noch einen VW-Bus. Und eine Tochter mit einem sympathischen italienischen Vater. Ich wäre gerne nochmal eine Runde mit ihr gefahren, aber HAP wollte wohl nicht fragen.

In den Berliner Medien erscheinen regelmäßig Horrorberichte über die Drogenszene in der Potsdamer Straße, die das ›gesunde Volksempfinden‹ empören. Gemeinsam mit den Beschwerden der Ladenbesitzer:innen und professionellen Sexarbeiterinnen bewirken sie vermehrte Polizeieinsätze und –kontrollen, bis die ›Szene‹ schließlich Richtung Nollendorfplatz vertrieben wird.

Thomas, HAP und ich mit unserer *streetwork* hinterher. Auf einem Plenum beschließen die Schöneberger Drogenar-

---

67 Neben der Tätigkeit als Supervisor hatte Jörg Claus Anfang der 80er Jahre eine Drogenselbsthilfegruppe – das Drogen-Info – aufgebaut. Nach seinem anschließenden – parallel absolvierten – Medizinstudium widmete er sich weiter der Betreuung von Drogenabhängigen und eröffnete in Berlin-Kreuzberg eine Arztpraxis. In dieser Praxis betreute und behandelte er auch HAPs Freundin Silli (vgl. Kapitel Silli, S.115 ff), die er bis zu ihrem Krebstod begleitete.

beiter:innen öffenlichkeitswirksame Aktionen rund um den neuen Drogentreffpunkt. Sie kleben Plakate, verteilen Flugblätter und machen Musik. Ich bekomme ein Transparent umgehängt. »Wir sind alle drogenabhängig.« Eine Idee von HAP, die ich ehrlich gesagt nicht besonders toll finde. Der gleiche Slogan prangt fettgedruckt auf einem großen Plakat, das HAP gerade am U-Bahn Eingang aufhängt, als es plötzlich wieder stark nach Wildschwein riecht. Aus drei direkt auf den Bürgersteig fahrenden Autos springen mehrere durchtrainierte Männer in Jeans und Pulli, einer mit Lederjacke. Sie rennen zu HAP, reißen das Plakat ab. Babsi und Andreas (Willie-the-Pimp), die bei HAP stehen, protestieren lautstark. Der Lederjackentyp ergreift Babsi und will sie in den bereit stehenden Passat zerren. Ich belle so laut ich kann. Erschrocken lässt der Typ Babsi los. Thomas, ein paar andere Drogenberater:innen und mehrere Junkies kommen uns zu Hilfe. Thomas will die Dienstnummern der Zivis und ihren Einsatzbefehl sehen. Nach vielem Hin und Her ziehen die Männer mit dem Wildschweinparfüm schließlich ab. Wir gehen Kaffee bzw. Wasser trinken und fahren danach in die Hauptstraße.

Um mehr Öffentlichkeit zu erreichen, schicken Thomas und HAP eine Presserklärung zu der Aktion an die verschiedenen Zeitungen. HAP kauft am nächsten Morgen den *Tagesspiegel* und den *Abend* und will sie beim Kaffee in der Drogenberatung lesen.

Im Grunde keine große Überraschung. Ihre Aktion wird totgeschwiegen. Dafür wird lang und breit über die Häuserbewegung berichtet. Mehr als 160 Häuser sind im Mai ’81 (instand-) besetzt, mehr als die Hälfte davon in Kreuzberg.

In Kreuzberg werden gleichzeitig immer mehr Stimmen laut, die sich besorgt zeigen über die wachsende Zahl von Drogenabhängigen im Bezirk. Rund um den U-Bahnhof Kottbusser Tor wird zudem offen gedealt, ohne dass die Polizei hier – wie am Nollendorfplaz oder vorher auf der Potsdamer Straße – Präsenz zeigt.

Das ist zumindest der Eindruck vieler Kreuzberger Hausbesetzer:innen. Sie befürchten, dass zunehmend Heroin in Umlauf gebracht wird, um die Bewegung zu unterlaufen und zu schwächen.

Das »Slaínte« (auf gut Deutsch: Prost) ist eine zweistöckige Kneipe in der Oranienstraße, in direkter Umgebung von mehreren besetzten Häusern. Das Bier und die Preise sind gut, die Bedienung sympathisch. Und meistens gibt es gute Musik – ›punk‹, ›independent‹ und ›irish‹ – was nicht nur HAP gefällt. Die Kneipe ist immer voll, wenn ich da mit HAP auflaufe. Die Wirtsleute sind – wie ihre Nachbar:innen aus den besetzten Häusern – besorgt über die rasch zunehmende Zahl von Junkies im Kiez. Oft benutzen sie die Kneipentoilette, um sich einen ›Schuss‹ zu setzen. Was tun? Sie rufen in der Hauptstraße an und fragen um Rat. HAP hat Lust, in der Kneipe eine Veranstaltung zum Thema zu organisieren. Ich werde natürlich mit eingeladen und bekomme eine Portion ›Corned Beef‹. Der Laden ist rappelvoll.

HAP stimmt der Einschätzung zu, dass Polizei und Senat Interesse daran haben, dass Drogenszene und Heroin sich in Kreuzberg breit machen, um die Besetzer:innenbewegung zu unterlaufen und zu schwächen.

»Stimmt«, sagt er. »Dafür gibt es genügend Beispiele aus der jüngeren Geschichte von subversiven Bewegungen. Denken wir nur an die ›black panthers‹ in den USA oder an die linken Bewegungen in Italien oder Amsterdam. Es kann aber nicht unsere Aufgabe sein, nach der Polizei zu rufen oder selbst Repression gegen diesen marginalisierten Teil der Gesellschaft auszuüben. Wir wollen schließlich eine Alternative zum Lebensstil des kapitalistischen Ausbeutungssystems aufbauen. Und da können wir nicht die gleiche Repression und Ausgrenzung anwenden, die dazu führt, dass die Junkies in der Gosse verrecken. Was das Ziel der herrschenden Drogenpolitik ist. Alle Junkies sind nicht gleich. Ich bin sicher, dass fast alle aus dem Drogenkreislauf rauskommen wollen. Was ihnen fehlt, ist eine attraktive Alternative, wo sie aktiv werden und sich verwirklichen können.«

An dieser Stelle meldet sich Püppi zu Wort. Seit ein paar Wochen wohnt sie mit ihrer Besetzerfreundin, von der sie vorher regelmäßig Besuch im Frauenknast Lehrter Straße bekommen hat, in dem besetzten Haus Luckauer Straße. Ich kenne sie aber schon von der Drogenszene in der Potsdamer Straße, und HAP hat danach verschiedene Beratungsgespräche mit ihr gemacht. Eine Kollegin, mit der zusammen HAP eigentlich nicht gerne Beratung macht (er hat da so seine Eigenheiten und Vorlieben), hat sie einmal als ›therapieresistent‹ bezeichnet. Püppi ist eine gute Freundin von Babsi, hat jetzt aber einen anderen Weg eingeschlagen.

»Es stimmt schon, dass wir alle weg wollen von der Szene«, gibt sie HAP recht. »Aber die meisten sind schon zu kaputt. Ohne Vertrauen in sich selbst und andere. Sie denken nur an ›H‹ und wie sie das nötige Geld dafür aufbringen. Deshalb ist es schon wichtig aufzupassen, wenn man mit ihnen zusammen ist. Auch hier in der Kneipe. Das sag ich aus Erfahrung. Aber meine Erfahrung sagt auch, dass ich am Ende rausgekommen bin aus meinem Sumpf. In erster Linie durch das Vertrauen, das meine Freundin mir über Jahre bewiesen hat. Und dann durch das antörnende *feeling* in unserem besetzten Haus. Die Verbesserungsarbeiten, die wir – auch wir Frauen – zur Instandhaltung machen.Die Sicherungsmaßnahmen für eine eventuelle Räumung. Die Demos. Alles törnt tausendmal mehr an als ›H‹.«

Die Leute im »Slaïnte« sind baff. Einige beginnen zu klatschen. HAP auch, bis der ganze Raum schließlich im Beifall tost. Püppi hat Tränen in den Augen. Ich gehe zu ihr und schmiege mich an sie. Sie kniet sich zu mir runter und umarmt mich. Tränen kullern mir aufs Fell.

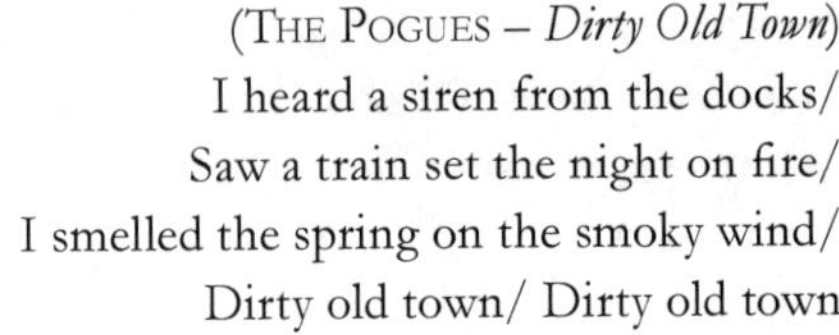

(The Pogues – *Dirty Old Town*)
I heard a siren from the docks/
Saw a train set the night on fire/
I smelled the spring on the smoky wind/
Dirty old town/ Dirty old town

Linienkampf

Die Besetzer:innen der Luckauer Straße gehören zusammen mit denen vom Turm am Leuschner Damm zum radikalsten Teil der Bewegung. Auf dem Besetzerrat vertreten sie lautstark die Position, dass man mit den Vertreter:innen dieses Ausbeutersystems nicht sprechen oder verhandeln darf.

»Wir haben die leerstehenden Häuser, die sie dem Verfall und der Spekulation preisgegeben haben, enteignet. Und wir reparieren sie in Eigenregie und nach unseren Vorstellungen, um da selbstorganisiert gemeinsam zu wohnen. So wie wir wollen. Die Häuser denen, die drin wohnen. Und basta.«

Auf der anderen Seite gibt es Häuser, die eine andere Position vertreten oder ihre Linie nicht so klar haben. Die Bewegung ist gespalten und verliert damit an Stärke. Einig sind sich aber alle, dass die Forderung nach Freilassung ganz oben steht. Und dass man auf Räumungen und polizeiliche Provokationen reagieren muss. Mit Gegengewalt.

Relativ kurz nach unserem Umzug in die Schinkestraße machen HAP und ich einen Spaziergang durch Kreuzberg.

Am Oranienplatz ruft jemand HAPs Namen. Erstaunt drehen wir uns um und sehen einen dunkelhaarigen, ziemlich großen, drahtigen Typ mit dunkelbraunen Augen und ausgeprägter Kasper-Nase, der breit lächelnd auf uns zukommt. Er stellt sich als Tarek M. vor, Hausbesetzer aus der Oranienstraße 45. Erzählt HAP, dass er ihn bei Axel am Lautsprecherwagen bei einer Demo gesehen hat. Wollte ihn da eigentlich schon begrüßen, musste dann aber als Demo-Melder mit seinem Motorrad schnell wieder weg. Fragt, ob HAP sehen wolle, wie sie bei den Demos an der ›Feindaufklärung‹ arbeiten. Ich sehe HAP an, dass er irgendwie überrascht und misstrauisch ist. Wieso will Tarek ihm zeigen, was er bei den Demos macht? Wieso spricht er ihn an und kennt seinen Namen? Andererseits hat HAP schon mehrfach bemerkt, dass er als ehemaliger politischer Gefangener in bestimmten Szenen irgendwie prominent ist. Ein ›Held‹, mit dem man sich gerne sehen lässt (was ihm selbst eigentlich total peinlich ist). Mir ist das egal. Auf diese Art lerne ich viele neue Leute kennen.

Tarek riecht nicht nach Wildschwein, weshalb ich nichts dagegen habe.

In einer Wohnung am Leuschner Damm – ganz in der Nähe der »Henne« – zeigt er uns eine verkabelte Apparatur aus Kurzwellenempfänger und Scanner, mit der er regelmäßig – und besonders bei militanten Demos – den Polizeifunk abhört, wie er sagt. Wenn er etwas Besonderes hört – z. B. Nachrichten von einem bevorstehenden Einsatz – fährt er mit seinem Motorrad los und warnt die Demoleitung. Als Demonstration seiner Fähigkeiten schaltet er den Empfänger ein und wir hören glasklar, wie sich verschiedene Polizeieinheiten mit ihrer Zentrale absprechen.

HAP ist beeindruckt und wir besuchen Tarek danach öfter in der O 45.

Ein Sonderfall im Spektrum der Hausbesetzungen ist das Kerngehäuse. Kalle gibt uns ein bisschen Geschichtsunterricht, als wir ihn und Ari in der Remise besuchen.

»Das hier war früher eine Fabrik für Kinderspielzeugnähmaschinen. (›Bestimmt für Mädchen‹, denke ich.) Gleichzeitig waren mehrere Räume oder Etagen an verschiedene kleinere Gewerbe vermietet. Ein durchmischter lebendiger Gewerbehof, so wie es früher typisch war für diese Gegend. Nach dem Bankrott des Fabrikbesitzers Müller fällt das Gebäude in die Hände von Spekulanten. Und was machen Spekulanten als erstes? Klar, die Mieten für die ansässigen Gewerbe dermaßen erhöhen, bis diese nicht mehr bezahlen können und die Räume verlassen. Ziel erreicht. Das gesamte Gebäude steht leer – dem Verfall und Abriss ausgeliefert. In Kreuzberg existiert aber schon seit Ende der 70er Jahre eine Bürgerinitiative SO 36 gegen Leerstand und Verfall im Kiez. Und verschiedene kleine Arbeitskollektive und kulturelle Gruppen zeigen ebenfalls Interesse für den Erhalt des Kerngehäuses. Sie wollen es als Verein kaufen oder mieten und treten in Verhandlungen mit dem neuen Besitzer. Als dann die Besetzungswelle losgeht, gelten sie von vornherein als ›Verräter‹, weil sie mit einem Spekulanten verhandeln wollen. Die Verhandlungen scheitern aber und die Gruppe beschließt – nach langen kontroversen Diskussionen – das Gebäude am 1.11.1980 zu besetzen. Da war ich dann mit Ari auch dabei. Als aber am 12.12. am Fraenkelufer die ganzen Leute, die bei der Besetzung dabei waren, abgegriffen wurden, hat unsere Verhandlungsgruppe aus Solidarität alle Gespräche eingestellt. Das vergessen die *straighten* Hausbesetzer:innen gerne zu erwähnen.«

Es trifft Kalle, dass er und seine Mitstreiter:innen innerhalb der Besetzer:innenszene als ›Verräter‹ betrachtet werden. HAP kann das verstehen und Kalles Frust nachvollziehen. Es erinnert ihn irgendwie an Celle.

Später wird das Kerngehäuse tatsächlich gekauft. Mit einem Kredit der Stiftung Umverteilen.[68] Die Mieter:innen zahlen eine Miete von 6,18 DM pro Quadratmeter.

Es gibt im Kerngehäuse ein paar Wohnungen, der Großteil ist aber im – Gegensatz zu den anderen besetzten Häusern – von Arbeits- oder kulturellen Kollektiven besetzt. Tischlerei, Metallbearbeitung, Taxikollektiv, Ingenieure, Architekten, Sprachschule, Theater, Lebensmittelkooperative, etc.

Andere Häuser trifft ein anderes Schicksal. Vor allem die Häuser, die vehement am ›Nein‹ zu Verhandlungen festhalten, werden nach und nach mit großem Polizeiaufgebot geräumt. Gewaltsam verschafft sich die Polizei auch Zugang zu anderen Häusern, um sie provokativ zu durchsuchen. Postwendend gibt es dann in der Regel auf der Straße militante Auseinandersetzungen – in einigen Häusern existieren gut trainierte *streetfighter*-Gruppen – mit zahlreichen Festnahmen. Diese Dynamik nimmt noch zu, als im Juni '81 eine neue Regierung aus CDU und FDP mit dem Wahlversprechen, hart durchzugreifen, ins Berliner Rathaus einzieht. Die Alternative

68 Die Stiftung ist eine Gründung des Kreuzberger Apothekers Ulf Mann. Als seine Eltern ihren Berliner Pharmakonzern verkaufen, fällt den vier Erben eine Erbschaft von 30 Millionen DM zu, sowie eine Villa in Zehlendorf und ein Mietshaus in Kreuzberg. Ulf – der in Kreuzberg als radikaler Verfechter des Konsumverzichts bekannt ist und auf der Straße nie anders als mit seinem alten Fahrrad und in Sandalen und Overall zu sehen ist – sichert sich aus dem Erbe eine Dachgeschosswohnung in dem Mietshaus und steckt dann sein gesamtes Erbe komplett in die Stiftung. Die Stiftung legt das Geld langfristig an, vergibt Kredite und unterstützt Projekte in Lateinamerika und Afrika. Ulf selbst – der Stifter – nimmt nur in der Anfangszeit als Vorstandsmitglied an den Entscheidungen der Umverteilung teil und zieht sich dann zurück.

Liste, zum ersten Mal im Rathaus, bringt dagegen einen Entwurf für ein Amnestiegesetz ein und meldet eine Demo zum Rathaus an (»Sturm aufs Rathaus«). 12.000 Teilnehmer:innen werden gezählt. Als die Abschlusskundgebung vor dem Rathaus verboten wird, spaltet sich die Demo. Es kommt zu Randale mit Plünderungen und zahlreichen Verletzten. Von weitem sehe ich Tarek auf seinem Motorrad vorbeiflitzen. Seine Informationen scheinen effektiv zu sein. Jedenfalls braucht die Polizei eine gute Stunde, bis sie die Situation im Griff hat und einzelne Demonstrant:innen verhaftet.

Mit dem Ziel, weitere Räumungen zu verhindern, übernehmen Gewerkschaftsgruppen, Kreisverbände verschiedener Parteien, Bürgerinitiativen, Hochschullehrer:innen, Anwält:innen, Ärzt:innen, Pfarrer, Künstler:innen etc. so genannte ›Patenschaften‹ für einzelne Häuser. Einige ziehen sogar in ihr Patenhaus mit ein. Unbeeindruckt wird trotzdem unter Einsatz von 2.000 Polizist:innen die von Innensenator Lummer angekündigte Räumung von acht besetzten Häusern in Schöneberg durchgezogen. Ich bin mit HAP in der abgesperrten Winterfeldtstraße und muss hilflos mitansehen, wie hinter einer brennenden Barrikade Kalle mit Ari auf dem Arm von zwei Polizisten aus dem besetzten Haus Nr. 24 abgeführt wird. Kurz darauf hält Lummer in Napoleonpose in dem gerade geräumten Haus Bülowstraße 89 eine Pressekonferenz ab. Unter Schlagstock-und Tränengaseinsatz treibt die Polizei uns alle zusammen von der Bülowstraße weg in Richtung Potsdamer Straße. Direkt in den fließenden Verkehr. Es gibt keinen Platz zum Ausweichen, sodass viele panisch auf die Straße flüchten. Der 18-jährige Jürgen Rattay wird dabei von einem Doppeldeckerbus der BVG erfasst und überfahren. Tot.

Ich bin entsetzt. Es hätte genauso gut HAP treffen können. Alle sind wir im gleichen Moment wie blind vor den Polizeiangriffen geflohen. Um die Wellen zu glätten, ordnet der Regierende Bürgermeister von Berlin, Richard von Weizsäcker, einen temporären Räumungsstopp bis zum 7. Oktober an. Und hofft auf temporären Zoffstopp.

Knastarbeit

HAP und Brigitte diskutieren zu Hause über die Situation. HAP ist immer noch beeindruckt und begeistert von dem Mut und der Militanz der Hausbesetzer und –besetzerinnen.

»Die feministische Form kannst du dir ruhig sparen«, meint Brigitte. »Guck doch mal genau hin. Es ist immer die gleiche Truppe von Mackern, die da martialisch mit ihren Lederjacken und DocMartens-Stiefeln den Ton angeben. Wahrscheinlich wissen die Bullen mit ihrem Spitzelsystem eh schon lange, wer alles dazugehört. Sie haben aber offensichtlich mehr Interesse daran, die weitermachen zu lassen, um die Bewegung weiter zu spalten und zu schwächen.«

HAP ist mit dieser Lesart nicht 100prozentig einverstanden. Er sieht die Ursachen für die Schwächung der Bewegung in erster Linie in der Repression. In der enormen Zahl der Verhaftungen. Im Knast, der von der Außenwelt isoliert und die Verbindung zur Bewegung abschneidet. Und der Angst macht.

Sie brechen die Diskussion ab, als HAP Besuch bekommt. Christel aus Hannover, die bei seiner Knastentlassung in Celle verhindert war, ist auf Durchreise und macht eine Stippvisite bei uns. Sie hat mir zwar nichts mitgebracht, ist mir aber trotzdem sympathisch und riecht angenehm. HAP hat gute Laune.

Kurz danach organisiert er gemeinsam mit einigen Hausbesetzer:innen und ehemaligen Gefangenen einen regelmäßigen Treff in einem Ladenlokal in Kreuzberg am Chamissoplatz. Mittwochs von 18–20 Uhr.

HAP hat den Schlüssel. Wir sind also immer pünktlich, was man nicht von allen Hausbesetzer:innen sagen kann. Zuerst hängt HAP normalerweise eine lange Liste mit den Namen aller gefangenen Hausbesetzer:innen auf. Im Laufe des Abends wird die Liste dann aktualisiert. Manchmal können einige Namen gestrichen werden. Danach gibt's Diskussionen. (Wiederholt fällt dabei ein Begriff, den ich bis heute nicht so recht verstehe: »*Darüber müssen wir uns ausführlich* **auseinandersetzen**.« Ziel des Treffs im Chamissoladen sollte doch eigentlich sein, sich **zusammen** zu setzen.) Sie sprechen über die Erfahrungen im Knast und bei den Verhaftungen. Die Unsicherheit, allein den Bullen oder dem Haftrichter gegenüber zu stehen. Welche Rechte habe ich? Wie läuft das Leben konkret im Knast ab?

HAP schlägt vor, ein Flugblatt in großer Auflage zu drucken und präventiv zu verteilen, in dem ganz konkret auf die verschiedenen Situationen von Verhaftung, Gefangenensammelstelle, Haftrichter eingegangen wird. Bis zur Einlieferung in Moabit oder der Lehrter Straße.

»Was tun, wenn's dich erwischt? Wir haben immer wieder die Erfahrung gemacht, dass viele Leute immer noch nicht wissen, wie sie sich bei Festnahme, Vernehmung und Einknastung verhalten sollen und was auf sie zukommt. So haben viele Leute Fehler gemacht, wie z. B. Aussagen gegenüber den Bullen, aus denen ihnen ein Strick gedreht werden kann. Deshalb wollen wir noch einmal die wichtigsten Sachen aufschreiben und hoffen, dass sich die Leute das gut durchlesen und auch untereinander über ihre Ängste und Unsicherheiten reden/nachfragen. Dass es jeden von uns treffen kann, haben wir wieder einmal am 24./25.3. in Kreuzberg erlebt. Denn die Bullen schlagen wahllos zu und zusätzlich haben sich Zivis unter uns gemischt, die die Leute auschecken und den Bullen angeben. Angesichts der systematisch vorbereiteten Ermordung der Hungerstreikenden und des Bullenterrors bezüglich der Häuser ist anzunehmen, dass auch in nächster Zeit noch 'ne Reihe von Leuten einfahren werden. (...)

- Lass dich auf keine Fragen oder Gespräche mit den Bullen ein. (...)

- Unterschreibe nichts!!! (...)

- Nur Angaben zur Person (Name, Geburtsdatum Meldeadresse) machen! Keine Aussagen machen!!!«

Zusätzlich gibt's in dem Flugblatt ganz konkrete Schilderungen über den Ablauf bei der Einlieferung in den Knast und die alltäglichen Bedingungen dort, sowie einen Vordruck für eine Prozessvollmacht, die bei einem Anwalt hinterlegt werden sollte. Für alle Fälle.

Um das Problem Knast in der Bewegung präsenter zu machen, organisiert die Knastgruppe Chamissoladen eine spezielle Knastdemo. Ich darf im Lautsprecherwagen mitfahren, wo HAP eine Musikkassette einschiebt und am Ende einen Redebeitrag an die Bewegung richtet.

»Es hat in der Vergangenheit etliche Häuser gegeben, die sich einen Scheißdreck um ihre eingefahrenen Mitbesetzer gekümmert haben. – Die Knastgruppen werden schon machen. – Kontinuierlich und verantwortungsbewusst Gefangene mit Informationen, mit Kleidung und Kohle versorgen? Konkrete Unterstützung? – Null Bock. Man (mit zwei n und Lederjacke) könnte dabei auch zu viel mitkriegen von der Realität Knast, von den realen Machtverhältnissen in diesem Staat, mit denen man sich dann illusionslos auseinandersetzen müsste.

Natürlich macht es mehr Spaß, das Straßenpflaster aufzureißen als sich ein paar Stunden hinzusetzen, um einen Brief über die Mauern zu schicken oder vor dem halbstündigen Besuch zwei Stunden lang in der Moabiter Wartebaracke zu hocken. (...) Eine Bewegung, die ausschließlich nach dem Bockprinzip handelt und zusätzlich die Auseinandersetzung mit den realen Machtverhältnissen, also auch mit dem Knast, verdrängt, sollte besser heute schon einen Vertrag mit dem Bestattungsinstitut Grieneisen abschließen. Resultat der Knastverdrängung ist nämlich – wie die Festnahmen seit dem 12.12. mehrfach gezeigt haben –, dass die Funktion Knast aufgeht.

Der unausgesprochene Horror davor, hinter Gittern weggeschlossen zu sein und die tatsächlich in vielen Fällen abreißende Verbindung zur Bewegung bringt viele dazu, die von der Staatssicherheit gewünschten Aussagen zu machen. Der Abschreckungseffekt wirkt. (…)

Für diejenigen, die auch im Knast weiter Widerstand leisten, hält sie das Folterinstrument der Hochsicherheitstrakte bereit. In Berlin sitzen z. Z. (noch) »nur« die Gefangenen aus RAF und Bewegung 2.Juni in dieser Vernichtungsmaschine. Bereits beim Neubau Plötzensee, bei 60 todgesicherten Plätzen lässt sich aber ablesen, dass Hochsicherheitstrakt alle ungebrochenen Gefangenen meint – in allernächster Zukunft also UNS.

Wenn wir heute nicht den Kampf um die Abschaffung der Hochsicherheitstrakte und jeglicher Isolation und Kleingruppenisolation mit auf die Tagesordnung setzen, kann es morgen zu spät sein.«

Vom Fenster des Specki-Busses aus beobachte ich die Demonstrant:innen. Besonders beeindruckt scheinen sie nicht von HAPs Moralpredigt zu sein. Die meisten quatschen unentwegt miteinander. Tarek entdecke ich auch in der Menge. Ohne Motorrad.

Es ist klar, dass die Erfahrung im Hochsicherheitstrakt HAP weiter bewegt. Und die verzweifelten Kämpfe der Gefangenen. Die Hungerstreiks. Während des Hungerstreiks der RAF von

Februar bis April 81 – der mit dem Tod des Gefangenen Sigurd Debus[69] in Hamburg endet – nehmen wir nur sporadisch an Solidaritätsaktionen teil. HAP steht bekanntlich nicht hinter der Forderung nach Zusammenlegung und noch weniger hinter der Forderung nach Anwendung der Genfer Konvention. Zudem nervt ihn der dogmatische Absolutheitsanspruch der anti-imperialistischen RAF-Unterstützer:innen (Antiimps).

Ein wirklicher Knastarzt

Im Gegensatz zu anderen Knästen wie Celle oder Hamburg, wo die Ärzte zu der brutalen Methode der Zwangsernährung greifen, um den Hungerstreik zu brechen, hört HAP aus Moabit andere Töne. Dr. Volker Leschhorn, Chefarzt des Knastkrankenhauses, und seine Kolleg:innen berufen sich auf ihren Eid als Mediziner:innen und verweigern eine Zwangsernährung gegen den Willen der Gefangenen. Statt Gewalt anzuwenden und damit lebensbedrohliche Gefahren einzugehen – wie der Tod von Sigurd Debus gezeigt hat – versuchen sie, das Vertrauen ihrer Patient:innen zu gewinnen. Als die Justizbehörde Leschhorn auffordert, schriftlich seine Erkenntnisse über die Gefangenen mitzuteilen, weigert er sich unter Berufung auf das Arztgeheimnis.

Nach einem Besuch bei der ebenfalls hungerstreikenden Gudrun im Haftkrankenhaus treffen wir HAPs Schwiegereltern in einem Café in der Turmstraße. Begeistert schildern sie uns, wie Dr. Leschhorn den gleichzeitig eintreffenden Staatsschützer:innen den Zutritt zum Krankenzimmer verwehrt hat. Wegen des schwachen Gesundheitszustands von Gudrun wollte er jede

69 Siehe link in histomania.com (https://histomania.com/app/Sigurd_Debus_W2285416)

Aufregung von ihr fern halten. Immer noch ganz euphorisch erzählt Friedel – HAPs Schwiegermutter –, dass sie am Ende mehr als zwei Stunden unüberwacht bei Gudrun bleiben konnten.

Ich bin beeindruckt von Friedel. Früher, in Essen, hat sie ständig an Gudrun rumgenörgelt – ganz zu schweigen von der Drohung, HAP bei der Polizei anzuzeigen, wenn sie vor der Heirat mal eine Nacht in unserer Wohnung geblieben ist. Jetzt ist sie stolz auf ihre Tochter und tut alles, um sie im Kampf gegen Knast und Justiz zu unterstützen.

Ein paar Wochen vor dem Besuch im Knastkrankenhaus Moabit, hat sie mit anderen Eltern und Familienangehörigen von RAF-Gefangenen in Hamburg die Redaktion der Zeitschrift *Spiegel* besetzt, um die Situation der Gefangenen im Hungerstreik öffentlich zu machen. Obwohl – eigentlich ist das normal für eine Mutter, denke ich. Ditte, meine Mutter, hätte mich genauso mit Klauen und Zähnen verteidigt.

Den Staatsschützer:innen, einigen Schließern und anderen Justizbediensteten passt die Linie von Dr. Leschhorn ganz und gar nicht. Es hagelt Dienstbeschwerden. Obwohl auf der anderen Seite das von ihm aufgebaute Vertrauensverhältnis wahrscheinlich der Grund dafür ist, dass es nach mehr als 70 Tagen Hungerstreik in Berlin zu keinem Todesfall kommt. Leschhorn versichert den Gefangenen darüberhinaus, dass er sich für eine Veränderung der Haftbedingungen einsetzen will. Als »Lohn« für seinen lebensrettenden Einsatz leitet die Justizbehörde ein Disziplinarverfahren gegen ihn ein.

Und noch vor Abschluss dieses Verfahrens enthebt der Berliner Justizsenator Scholz Dr. Leschhorn seines Amtes als Chefinternist in Moabit und (straf-)versetzt ihn auf eine unbedeutende Nebenstelle in der Strafanstalt Tegel. Kaltgestellt. Mit Nachwirkungen.

Volker Leschhorn fällt in tiefe Depression und erhängt sich am 11. Januar 1982 in seiner Wohnung. Sein Bruder findet einen von ihm beschriebenen Zettel:

»Was will man unter diesen Umständen noch machen? Ich kann diese Senatsverfolgungen nicht mehr ertragen. Das müsste alles nicht sein.«

Die Berliner Justizverwaltung äußert »Betroffenheit«. HAP und ein paar Mitstreiter:innen aus dem Chamissoladen und anderen Knastgruppen organisieren eine Arbeitsgruppe Leschhorn. Sie sprechen auch die Alternative Liste an, die ihre Teilnahme zusagt. Dabei lerne ich die blonde Renate K. kennen, die aber außer dem Vornamen nichts mit der dunkelhaarigen Soziologiestudentin aus Neukölln gemein hat. Irgendwie ist mir diese Renate hier aus unerklärlichen Gründen unsympathisch. Falls ich das als Hündin mal so sagen darf.

Als Resultat ihrer Arbeit veröffentlicht die Gruppe eine Broschüre, die von der AL mitfinanziert wird.

Renate macht danach als Parteivorsitzende der Grünen Karriere. Volker Leschhorn wird begraben. Rupert Scholz bleibt Justizsenator. Und steigt später zum Verteidigungsminister der BRD auf.

Knackt den Trakt

Im Chamissoladen lausche ich unterdessen den Diskussionen über die Notwendigkeit einer breiten »KNACKT-DEN-TRAKT«-Kampagne. HAP, der inzwischen auch in der Initiative Hochsicherheitstrakt mitarbeitet, besucht mit mir dazu die anderen undogmatischen Knastgruppen in Berlin. Die meisten sind einverstanden und verabreden die Kontaktaufnahme mit anderen Gruppen in Westdeutschland. Am Ende einigen sich alle darauf, in Hamburg ein erstes nationales Treffen zu organisieren. Wieder fahren wir mit dem Opel Kadett die bekannte Interzonenstrecke entlang. Die Kontrollen halten sich im Rahmen.

Das Treffen ist produktiv. So steht es jedenfalls im Protokoll. Und die Knastkämpfer:innen und –expert:innen verabreden sich für weitere Treffen und Arbeitsgruppen, um die Kampagne vorzubereiten.

HAP übernimmt mit Ronny aus der Hamburger Traktgruppe die Aufgabe, einen Entwurf für eine Broschüre zu schreiben, die den Bogen spannen soll vom Hochsicherheitstrakt als Versuch der Gehirnwäsche bei politischen Gefangenen bis zum zukünftigen Knastmodell für alle nicht-angepassten Gefangenen und der sozialen Kontrolle im neuen Massenwohnungsbau. Wir bleiben deshalb noch ein paar Tage länger in Hamburg. Ronny, der in Geschichte ziemlich bewandert ist, erzählt uns von einer lokalen Initiative, die fordert, dass Altona wieder dänisch werden soll. Ist mir sehr sympathisch. Sowohl die Forderung der Initiativgruppe als auch Ronny.

In einem Buch über die Geschichte der Knäste hat er außerdem den Abdruck eines Kassibers aus dem Jahr 1831 gefunden, den er uns zeigt. HAP ist begeistert. »Müssen wir unbedingt in der Broschüre abdrucken«, meint er.

»Die obersten kerls von der regierung und von dem oberlandesgericht sind verlarvte menschenschinder, und hier an allem übel schuld; diese bestien müssen von kleinen haufen braver leute die in einer nacht um dieselbe stunde zugleich in die wohnungen derselben einbrechen, abgemurkst und ausgeplündert werden. Dann können wir unsere gefangenen kameraden befreien, haben weiter nichts zu befürchten und zugleich auf eine weile etwas zu leben.«

Für mich klingt das ein bisschen brutal. Sicher versteht HAP den Kassiber aber nicht als Handlungsanweisung sondern nur als historisches Dokument. Hoffe ich.

Aktueller sind die Dokumente, die Ronny über den 1971 an der Hamburger Uni ins Leben gerufenen Sonderforschungsbereich 115 kopiert hat. Freiwillige Psychologiestudent:innen sowie 500 Bundeswehrrekruten nahmen seinerzeit an den Experimenten zur sensorischen Deprivation teil. Die Versuchspersonen wurden zwei bis acht Stunden in einer camera silens untergebracht, einem fensterlosen Raum, in den kein Licht und keinerlei Geräusche eindringen. Kein Hören, kein Sehen, kein Fühlen. Resultat: Verlust jeder Orientierung und die Unmöglichkeit, die Realität von den eigenen Vorstellungen zu unterscheiden. Halluzinationen. Kurz vor dem Wahnsinn.

Ronny liest vor, was der Versuchsleiter über die positive Anwendung dieser Experimente denkt.

»Dieses Moment – das der Isolation – kann sicher eine positive Rolle in der Bestrafungskunde spielen, und zwar dort, wo es um die Umerziehung des Einzelnen oder einer Gruppe geht, und wo die empfindliche Ausnutzung derartiger Abhängigkeiten und die Manipulation – also Beeinflussbarkeit – mit solchen Zuständen wirksam den Prozess der Umerziehung beeinflussen können.«[70]

Praktisch umgesetzt wurden die Forschungsergebnisse zuerst im »Toten Trakt«, einem vom übrigen Knast völlig abgetrennten Gebäudekomplex. Anfang der 70er Jahre wurden die RAF-Gefangenen Ulrike Meinhof, Astrid Proll und Ronald Augustin monatelang dort unter den Bedingungen der sensorischen Deprivation gefangen gehalten. Systematisch umgesetzt wurden die Forschungsergebnisse und die Erfah-

70 In: Autonome Knast- und Widerstandgruppen aus verschiedenen Städten – *Sand im Getriebe der Macht*, 1982. S. 27.

rungen mit dem »Toten Trakt« danach in den Hochsicherheitstrakten.

Ronny übernimmt die Aufgabe, die Folterforschung und ihre Umsetzung in einem Artikel zusammenzufassen.

Wenn die Beiträge aus den anderen Städten vorliegen, wollen Ronny und HAP alles zusammenstellen und ein ansprechendes Layout für den Druck entwerfen. Entweder in Berlin oder wieder in Hamburg. Und die Öffentlichkeit aufklären. Ob die Öffentlichkeit das will?

HAP macht gleichzeitig weiter Besuche im Knast. Der Besuchsantrag bei Gerd Albartus, der in Köln einsitzt, wird allerdings zunächst abgelehnt. Danach wird dann aber überraschenderweise ein zweiter Besuchsantrag genehmigt. Man soll nie aufgeben. Das hab ich in meinem Leben als Hündin in Deutschland schon lange gelernt.

HAPs Freude während der Fahrt steckt mich an, obwohl klar ist, dass ich nicht mit in den Knast darf. Ich durfte ja im »sound«, wo ich Gerd das letzte Mal gesehen hab, auch noch nicht mal mit runter in die Disco. Gerd erzählt HAP, dass er relativ normale Bedingungen im Knast hat. Er liegt zwar auf einer Station für Schwerkriminelle, hat dort aber neben normalem Hofgang sogar Umschluss mit anderen Gefangenen. Das schnappe ich bei einem späteren Gespräch zwischen HAP und Axel auf.

In Celle sieht's dagegen finsterer aus denn je. Heinz und Karl-Heinz, die nach HAPs Entlassung nur noch zu zweit im Trakt sind, hatten nach zahlreichen harten Zwangsernährungen als letzte im April den Hungerstreik abgebrochen. Erst nachdem sie durchsetzen konnten, dass ein Fenster im Trakt zum zeitweiligen Atmen von frischer Luft geöffnet wurde. Außerdem bekommen sie eine Zusage, dass in Zukunft andere Gefangene aus der RAF nach Celle verlegt werden könnten. Und das Besuchsverbot für HAP bei Heinz wird aufgehoben.

Mit gemischten Gefühlen fahren wir in Dreilinden auf die Autobahn. Ich bin froh, weil ich weiß, dass HAP nach dem Besuch wieder rauskommen wird. HAP hat Bauchschmerzen, weil er weiß, dass er wieder rausgehen kann, während Heinz weiter in der »Hölle« schmoren wird.

Geschenke

Heinz erzählt vom Hungerstreik und dass sie konkret in Celle außer dem Sauerstoffgenuss und der vagen Zusage der späteren Verlegung von anderen Gefangenen nach Celle nichts erreicht haben. Keine fundamentale Veränderung in Sicht, weshalb sie eigentlich mit dem Hungerstreik bis zuletzt – trotz der lebensbedrohenden Zwangsernährungen – nicht aufhören wollten. Die täglichen Schikanen und Scherereien gehen auch weiter. Selbst sein popeliger Antrag auf einen Plattenspieler wird abgelehnt. Er dürfte nur einen bekommen, wenn der komplett durchsichtig wäre.

HAP nimmt das Stichwort auf. Wieder zu Hause gehen wir bei uns um die Ecke zu »Boxen Gross« am Maybachufer und HAP erklärt ihnen das Problem. »Kein Problem«, sagen die. Und machen sich an die Arbeit. Sie konstruieren einen Plattenspieler. Eingebettet in eine komplett durchsichtige Plexiglas-Karkasse. Einzelanfertigung.

Beim nächsten Besuch gibt HAP den durchsichtigen Plattenspieler an der Pforte ab. Und tatsächlich wird er Heinz – nach ausgiebiger Überprüfung – ausgehändigt. Schallplatten muss er über den Knast bestellen.

Vielleicht als gerechten Ausgleich bekommt HAP im gleichen Jahr ebenfalls zwei phantastische Geschenke.

Zuerst laden Hansi und Axel ihn zu einem einwöchigen Motorradtrip nach Italien zum Gardasee ein. Da keiner von beiden einen *sidecar* hat, kann ich nicht mit. Aber ich gönne ihm die Reise. Und warte bei Brigitte, Lara und den anderen geduldig auf die heile Rückkehr.

HAP erzählt begeistert von den Treffen mit (gutgekleideten) italienischen Kommunist:innen, dem guten Essen, Espresso und Oliven. Außerdem sagt er, dass er sich in dem Klima und der Abgeschiedenheit gut auf seine Augenübungen gegen die Kurzsichtigkeit konzentrieren konnte, die seit dem gebremsten Betonblick der letzten Jahre in Celle erheblich zugenommen hat. Inneres Augenrollen und dann mit geschlossenen Augen weit schwingen lassen. Nach der Methode von William Bates.[71]

Ein bisschen erschrocken habe ich mich, als er berichtet, wie er sich mehrmals in voller Fahrt beim Einnicken auf Axels Soziussitz ertappt hat. Aber nix passiert. Zum Glück.

So kann er auch das zweite Geschenk genießen. Beate S., die *Treffpunkt*-Moderatorin, schenkt ihm einen *backstage*-Pass für das Konzert von KEVIN COYNE im »Metropol«. Ich bin wieder mal nicht dabei. HAP erzählt danach zu Hause, wie er etwas nervös vor dem Konzert hinter die Bühne gegangen ist. Kevin, zwei Flaschen Bier in der Hand, fragt HAP, ob er die aufmachen könne. Da der als Nichtraucher kein Feuerzeug besitzt und schon lange nicht mehr auf dem Bau gearbeitet hat, ist das nicht so ganz einfach für ihn. Fehlende Praxis. Eine kriegt er dann aber mit einiger Mühe doch geöffnet (schäumt ein bisschen über) und reicht sie Kevin. Gesprächsthema Knast: Kevin spielt oft und gerne im Knast. Am liebsten hören die Knackis *House on the Hill*, sagt er. Dann

71 In den 80er Jahren sehr populär in der linken und alternativen Bewegung.

fragt HAP noch nach *Bursting Bubbles,* der letzten LP, die ihm insgesamt etwas düster erscheint. Kevin stimmt zu. Sein Vater ist kurz vorher gestorben, weshalb er selbst dann wohl ein bisschen düster und depressiv drauf war. Dann erscheint aber auch schon der Manager und fordert die Musiker auf sich zu sammeln. Das Konzert beginnt in zehn Minuten.

HAP geht runter von der Bühne und mischt sich unter das Publikum. Happy.

Das allergrößte Geschenk dann aber ein paar Wochen später. Für mich – und HAP. In der Mariannenstraße steht ein orangefarbener VW-Bus zum Verkauf. 800 DM. HAP hat gerade seinen Lohn von der Drogenberatung überwiesen bekommen und damit genügend Geld auf Tasche. Er ruft die Telefonnummer des Verkäufers von zu Hause aus an und kauft den Bulli.

Zuerst macht er eine kleine Spritztour mit mir quer durch Berlin. Am Ende parken wir am Columbiadamm, um noch einen kleinen Spaziergang durch die Hasenheide zu machen. Wir sind bester Dinge. Als wir am Denkmal von Turnvater Jahn vorbei sind, renne ich wie ein verrücktes Reh über den Rasen. Plötzlich hören wir aus einem Lautsprecher: »*Leinen Sie sofort den Hund an!*« Ich fühle mich nicht angesprochen, da ich bekanntermaßen Hündin bin. Und HAP will sich die gute Laune nicht verderben lassen und geht einfach weiter. Während ich weiter renne, steigt mir allerdings der unangenehme Geruch nach Wildschwein in die Nase. Und richtig. Wir sehen, wie ein Polizeiwagen mit Blaulicht und Sirene auf einem Fußweg langrast und quer über den Rasen direkt auf mich zukommt. Als er stoppt, springt ein Bulle raus und zieht seine Pistole. HAP ruft: »Lauf, Sheila, lauf!« Die Bilder überschlagen sich in meinem Kopf. Plötzlich sehe ich eine Bank, aus der ein Bulle in Zivil herauskommt und mit einer Pistole auf einen Kinderwagen zielt. Mehrere Bullen mit umgehängten Patronengurten, die schwer bewaffnet aus dem aufberstenden Unterholz zwischen den Bäumen auftauchen. Alle zielen auf mich. Ich gerate in Panik. Wo ist HAP? »Komm, Sheila, komm!« höre ich von der Baumreihe links. Ich renne, was ich kann, zu ihm. Und zusammen rennen wir weiter und weiter, bis wir sehen, wie der Polizeiwagen langsam vom Rasen in Richtung Columbiadamm wegfährt. Vorsichtig gehen wir dann zurück. Und angespannt sehen wir uns ständig um, obwohl es schon lange nicht mehr nach Wildschwein riecht.

Ich bin ziemlich außer Atem. HAP auch. Als die Luft rein ist, sagt er, dass er mich auf einen Imbiss einladen will. In der Karlsgartenstraße hat ein Imbiss für Hunde eröffnet (Hündinnen inklusive, versteht sich. Auch wenn meine Geschlechtsgenossinnen nicht extra erwähnt werden). Pansen, Blättermagen, Putenhälse und Kochwurst haben sie heute im Angebot. HAP kennt meinen Geschmack und bestellt eine Portion Pansen, die mir in einem Napf unten vor der Theke serviert wird. Köstlich.

Etwas später gibt es auch im Moabiter Knast zwar keine Geschenke aber doch Anlass für Freude: Peter K., einer der am 12. Dezember am Fraenkelufer in Kreuzberg Verhafteten, wird nach der Berufung, die unser Mitbewohner, Rechtsanwalt Frank A., eingelegt hat, freigelassen. Er zieht bei uns ein und bekommt das Zimmer von Walter, dem Architekten, der nach Westdeutschland gegangen ist.

Psychologie

Der Zoff auf der Straße geht unterdessen ungebrochen weiter. Angeheizt von den zunehmenden Räumungen und zahlreichen Durchsuchungen. Auf Anweisung des politischen Staatsanwalts Möllenbrock, mit dem HAP bei seiner Verhaftung bereits Bekanntschaft gemacht hat, wird die Luckauer Straße durchsucht und der gesamte, gerade dort tagende 100

Personen starke Besetzerrat festgenommen. Ende ’82 verkündet der Senat stolz, dass sie bis dato insgesamt 630 Räumungen und/oder Durchsuchungen durchgeführt und dabei die Personalien von 3.805 Personen festgestellt haben.

Auf der anderen Seite gehen innerhalb der Häuserbewegung die Auseinandersetzungen über Verhandeln – Ja oder Nein – weiter. Und wenn ja, nach welchem Modell?

Mitbwohner Peter K. hat Informationen, wonach Pieper, der Hausmeister vom Mehringhof, und seine Freundin Barbara die Remise, die sie am Heinrichplatz im Hinterhof besetzt haben, aufgeben wollen. Sie ziehen nach Westdeutschland um. Lothar, der in der Fabriketage unter uns wohnt, soll Piepers Nachfolger im Mehringhof werden. Wir gehen runter und fragen ihn. »Stimmt«, sagt er. »Ist ein schönes kleines Hinterhaus und, wie ich Pieper kenne, haben sie das schon gut winterfest gemacht.«

Zusammen mit Lothar statten wir den beiden Besetzer:innen einen Besuch ab. Der Eingang ist ein schmaler Gang zwischen den beiden Kneipen »Rote Harfe« und »Zum Elefanten«. Als wir den Hof betreten, rutscht mir fast das Herz in die … – bzw. direkt auf das Hofpflaster. Im linken Seitenflügel springen zwei riesige Deutsche Schäferhunde wie wildgewordene Bestien an den Fenstern hoch und füllen mit ihrem wütenden Gebrüll den Hof. Und wahrscheinlich auch den ganzen Heinrichplatz. »Müsst ihr euch dran gewöhnen«, meint Pieper. »Die Bestien sind von Hauke, dem Besitzer der Harfe. Er würde sich am liebsten auch das Hinterhaus unter den Nagel reißen und versucht deshalb, uns mit den Tölen Angst einzuflößen.«

Ich zittere am ganzen Körper. Barbara streichelt mich. »Brauchst keine Angst zu haben«, tröstet sie mich. »Die können da nicht raus.« Die Männer lassen sich nichts anmerken und gucken sich die Remise von innen an.

Zwei Wochen später ziehen wir ein. Werden Hausbesetzer:innen. Mit von der Partie sind Peters Freund Felix, und

Wally. Ehemalige Drogenabhängige und HAPs verlässliche Briefpartnerin und regelmäßige Besucherin in Celle.

Die Statistik der besetzten Häuser erweitern wir aber nicht. Und auf dem Blockrat, der aus dem Kreuzberger Besetzerrat hervorgegangen ist, schreiben wir auch nicht groß Geschichte. Für mich gibt es da zu viele Hunde – vor allem aus dem Besetzereck gleich schräg bei uns gegenüber. Und HAP wie Peter verlieren auch ziemlich bald das Interesse an den endlos langen Diskussionen über die Statuten einer Genossenschaft, die die Häuser im Block als Treuhänderin übernehmen und mit dem Senat in Verhandlung treten will.

Als besetztes Haus inmitten des Blocks von Häusern, die auf die Verhandlerlinie eingeschwenkt sind, stehen wir auch bei den Straßenkämpfen nicht in der ersten Reihe.

Trotzdem riecht es auch vor unserer Tür immer wieder mal nach Wildschwein. Der Geruch kommt aus den vor oder neben unserem Hauseingang geparkten Wagen, die immer von zwei Personen besetzt sind.

In der Szene ist allgemein bekannt, dass HAP Psychologe ist – oder das zumindest studiert hat. Und dass er in der Drogenberatung arbeitet. Es wundert mich deshalb nicht, als Anita bei uns anklopft und mit HAP ein *»vertrauliches Gespräch unter vier Augen«* führen will. Anita wohnt mit ihrem Freund – der einen Kampfhund mit kurzen O-Beinen und einem breiten Schädel hat – im Turm, dem radikalen Nicht-Verhandlerhaus, das bereits mehrfach durchsucht worden ist. (Der Hund ist so hässlich, dass er mir echt leid tut – sein Herrchen ist auch nicht gerade eine Schönheit, was mich aber komplett kalt lässt.) Manchmal sucht Anita Zuflucht und Schutz bei uns im Haus, wenn ihr Freund sie wieder geschlagen hat. Allerdings will sie gar nicht über ihre Probleme sprechen. Sie sucht Hilfe für die Probleme eines Mitbewohners. Hajo, der bei allen Straßenkämpfen dabei ist. Immer in der ersten Reihe. Immer einen Stein in der Hand oder in der Tasche.

Ich weiß sofort, von wem sie spricht. Hab ihn vor kurzem in der Reichenberger Straße beim Barrikadenbau gesehen. Hasskappe auf und die Ärmel seiner Lederjacke hochgekrempelt. Bisschen übertrieben«, hab ich mir gedacht. So heiß ist es ja nun auch wieder nicht.

Laut Anita ist er seit ein paar Tagen *»total auf Paranoia«*. Sieht überall Bullen, die ihn verfolgen und festnehmen wollen. Seit Tagen schläft er nicht mehr. Isst und trinkt kaum etwas. Er denkt, dass sie ihn vergiften oder mit Drogen betäuben wollen.

HAP will persönlich mit Hajo sprechen. Sie verabreden sich für den nächsten Morgen.

Als Anita dann mit Hajo im Schlepptau ins Haus kommt, muss ich sofort an Alex aus der Dennewitz denken. Der gleiche flackernde, verlorene Blick, der mich fixiert ohne mich zu sehen. Auf HAPs Fragen antwortet er nicht. Guckt nur stumm auf den Hof, wo Haukes Hunde laut bellen. HAP erklärt Anita – und Hajo –, dass das Wichtigste erstmal ist, dass Hajo schläft, um zur Ruhe zu kommen. Ohne zu schlafen, wird die Situation immer schlimmer.

HAP kennt von der Drogenarbeit her einen Psychiater, dem man vertrauen kann, sagt er. Anita ist einverstanden. Hajo sagt immer noch nichts. HAP ruft an und bekommt für nachmittags einen Termin.

Als wir uns auf den Weg machen, riecht es auf dem Heinrichplatz stark nach Wildschwein. Armer Hajo. Sein Gefühl verfolgt zu werden ist durchaus nicht gänzlich irreal.

Der Psychiater verschreibt ein starkes Beruhigungs- und Schlafmittel, das Hajo sofort in den Müll wirft.

Vier Tage später liefern Anita und zwei andere Turm-Besetzer Hajo in der geschlossenen Psychatrie-Abteilung vom Urban-Krankenhaus ein.

Ich habe ihn danach nie wieder gesehen. Wahrscheinlich ist er zu seiner Mutter nach Westdeutschland zurück, denke ich. Falls er entlassen ist.

Freigang

Ich bewohne mit HAP das Schlauchzimmer links im Seitenflügel. Als Schlafstatt dienen uns mehrere auf dem Fußboden zusammengeschobene Matratzen. Vorteil: die Küche ist genau gegenüber. Nachteil: das Zimmer grenzt direkt an die »Rote Harfe«. Ich muss die beiden Schäferhundbestien täglich riechen. Und manchmal auch ihr Knurren und Zähnefletschen hören. Da HAP das Zimmer außerdem ein bisschen klein findet, kommt er auf die glorreiche Idee, ein Zimmer im Dachgeschoss für uns auszubauen. Manchmal, wenn ich schnell über den Hof zum Ausgang renne, belle ich jetzt zurück, wenn Haukes Bestien am Fenster fauchen. Draußen, auf dem Heinrichplatz, habe ich auch keine Angst mehr. HAP und Peter haben den »Elefanten« zu ihrer Stammkneipe gemacht. Und Walter, der Besitzer und Feind vom »Harfen«-Hauke, wird schnell mein Freund. Die Zukunft sieht gut aus.

Das denken auch Detta, Micha und Peter, die in Tegel ihre Strafe absitzen, weil sie eine Bank ausrauben wollten. Das (erhoffte) Geld sollte in ein Jugendzentrum investiert werden. Jetzt sollen die Bankräuber nach Plötzensee auf die Freigängerstation verlegt werden, wenn sie einen festen Wohnsitz nachweisen können. Für Detta kein Problem. Er hat im Knast unsere Brigitte aus der Schinkestraße geheiratet und damit eine Meldeadresse. Micha und Peter melden sich polizeilich bei uns im Hinterhaus an. Die Knastleitung akzeptiert.

Zwar riecht es jetzt wieder ab und an etwas stärker nach Wildschwein vor dem Haus. Aber das ist für mich kein Problem, solange ich an HAPs Seite bin. Am Wochenende müssen die Bankräuber im Knast schlafen. Spätestens um 23 Uhr müssen sie zurück sein. Meist fährt HAP sie mit unserem VW-Bus. So wie jetzt an diesem kalten Dezemberabend. Peter sitzt neben HAP auf dem Beifahrersitz. Ich mit Micha auf der Rückbank. Detta ist autonom und wird von Brigitte gebracht. In der Höhe vom Großmarkt Beusselstraße geraten wir in eine Polizeikontrolle. Ein junger Polizist öffnet die Beifahrertür und verlangt die Personalpapiere. (Da ich keine Person bin, fragt er mich nicht.) Er sammelt die Papiere ein und entfernt sich mit den Worten: »Fenster auflassen.« »Ham die'n Arsch auf?«, fragt Peter uns scheinheilig, macht die Tür zu und kurbelt das Fenster hoch.

Heizung ist nicht die Stärke vom Bulli. Der Jungbulle, dem offensichtlich selbst kalt ist, liefert die Papiere in einem Streifenwagen ab und kommt dann wie ein Blitz auf uns zugeschossen.

»Ich hab gesagt, das Fenster bleibt auf«, brüllt er und reißt die Beifahrertür auf.

»Sachma Atze, hasse heute nich gekackt, oder wat?«, fragt Peter mit unschuldigem Augenaufschlag.

»Ich schon. Aber Sie vielleicht nicht«, antwortet der jun ge Polizist, ballt die Fäuste und stampft wie ein Kind mit dem rechten Fuß auf das kalte Straßenpflaster.

Wir schaffen es dann trotzdem bis fünf vor elf zum Knast. »Ich bin nichts. Ich kann nichts. Gebt mir eine Uniform«, hallt es in meinem Kopf wider. Schlachtruf von unzähligen Demos, bei denen ich HAP begleitet und auf ihn aufgepasst habe.

Reagan

Oft genug arten die Demos in regelrechte Straßenschlachten aus. Nicht nur beim Thema Hausbesetzungen. Eine der heftigsten Straßenschlachten der Berliner Nachkriegsgeschichte entsteht aus der – verbotenen – Friedensdemo gegen den Besuch von US-Präsident Reagan am 11. Juni 1982.

(Mitch Ryder – *Er ist nicht mein Präsident*)
Er ist nicht mein Präsident/Ich bin aus Amerika/
Er ist nicht mein Präsident/ Ich bin aus Amerika

Vorausgegangen war der so genannte »Lappenkrieg«. Außer bei unserem Hinterhaus, das von der Straße aus nicht zu sehen ist, entfernt die Polizei tagelang von den Fassaden der besetzten Häuser sämtliche Transparente und übermalt Parolen, die sich auf Reagan beziehen.

Trotz Verbots versammeln wir uns am Besuchstag mit rund 4.000 Gleichgesinnten am Nollendorfplatz. Wir wollen weiter bis zum Rathaus Schöneberg. Zum Kriegstreiber Reagan. Was die Polizei natürlich längst weiß. Nach einem ausgeklügelten Plan schlagen sie zu.

Mit einem Riesenaufgebot, Natodraht, Wasserwerfern, Bullenwannen und knüppelnden Polizeiketten zingeln sie die Demo auf dem Platz ein. Tarek kommt mit seiner Warnung zu spät.

HAP ist verzweifelt. Warum? Fürchtet er, dass er vielleicht verhaftet wird und seine Bewährung dann verfällt? Hat er das Vertrauen in unsere *streetfighter* verloren? Und vergessen, dass ich an seiner Seite bin?

Ich sehe, wie sich an mehreren Stellen Gruppen von vermummten *fightern* sammeln. Sie graben Steine aus, die sie wutentbrannt gegen die Umzingler und ihre Fahrzeuge schmeißen. Andere machen sich mit speziellem Werkzeug am Natodraht zu schaffen. Und – nach gut einer Stunde wird das Unmögliche wahr. Mit Wut, Ausdauer, Kampferfahrung und gegenseitiger Unterstützung durchbrechen die ersten Gruppen den Blockadering. Ein Steinhagel prasselt auf die nächststehenden Bullen nieder, die panisch die Flucht ergreifen. Aufgebracht rennen einige Demonstrant:innen hinterher. Andere richten ihr Augenmerk auf eine verlassene Bullenwanne[72]. Mit vereinten Kräften kippen sie die »Wanne« um und zünden sie an. Die schwarzen Qualmwolken sehen wir noch, als wir bei unserem Rückzug am Mehringdamm ankommen. Gerettet. Das Foto der brennenden Wanne geht in die Annalen der alternativen Medien ein.

Und die Gefangenenliste im Chamissoladen wird um 21 Namen ergänzt.

Baustellen

Mit dem Ausbau unseres Mansardenzimmers kommt HAP – sehr zu meinem Leidwesen – nicht so schnell voran wie gedacht. Die Wärmedämmung unter Berücksichtigung der notwendigen Luftzirkulation macht ihm zu schaffen. Und irgendwie macht er vielleicht auch zu viele Sachen gleichzeitig. Arbeit, Chamissoladen, Mansardenausbau. Okay, ich will mich nicht beklagen. Normalerweise nimmt er mich immer mit. Und findet noch Zeit, um mit mir spazieren oder abends ins »Specki« zu gehen. Und Pansen zu kochen. Es wäre nur

72 Mannschaftswagen der Polizei.

schön, wenn ich bald in einem Zimmer mit Geruchs- und Hörentfernung von Haukes Bestien schlafen könnte.

Überraschend bekommen wir nach der Reagan-Demo erstmal Besuch. Uwe K. aus Bochum, der uns vor ein paar Jahren die gefälschten BVG-Karten und Einkaufsgutscheine zum Verteilen gegeben hatte, ist in Berlin. Er will zu einer Ärztin, die bekannt ist für ihre alternativen Behandlungsmethoden, gerade auch in hoffnungslosen Fällen. Uwe hat ein Problem mit der Leber, und die traditionellen Ärzte haben ihm eine Restlebenszeit von ca. einem Jahr gegeben. Eigentlich wollte er sein letztes Jahr auf einer Weltreise ableben, sagt er. Aber jetzt weiht er als erster unsere halbferige Mansarde ein. Und sitzt morgens im gestreiften Bademantel seines verstorbenen Opas beim Frühstück in unserer Besetzerküche. Nach den Besuchen bei der Ärztin und dem Beginn der Alternativtherapie ist er guter Dinge. Den Bademantel überlässt er nach seiner Abreise HAP als Geschenk und Andenken.

Manchmal toben HAP und ich morgens in der Küche. Ich verbeiße mich wie ein Kampfhund in den Bademantelärmel und denke, dass ich die Bestien aus der »Roten Harfe« gepackt habe. HAP schleudert mich dann herum, ohne dass ich loslasse. Meine Zähne hinterlassen tatsächlich Spuren in dem alten Bademantel. Hätte ich nicht gedacht.

Auf der Arbeit hat HAP eine zweite Baustelle offen. Angeregt von den alternativen Erfahrungen im Umgang mit Drogenabhängigen in Zürich beschließt die Drogenberatung die Anmietung eines Ladens in der Yorckstraße, um besseren »Kontakt« zu den Junkies zu kriegen. Entsprechend dem Züricher Modell soll ihnen dort eine Waschmaschine, Dusche, Kaffeemaschine sowie zu bestimmten Zeiten ärztliche Behandlung und Beratung zur Verfügung stehen. Ziel ist – im Gegensatz zur offiziellen Drogenpolitik – die Junkies nicht in der Gosse und im Elend verrecken zu lassen. (In Zürich wollen sie nicht, dass die drogenabhängigen Menschen »vor die Hunde gehen«, meint Thomas bei der Diskussion.)

Der Berliner Drogenbeauftragte kennt die Situation in Zürich und die Einstellung der Schöneberger Drogenberater:innen. Er warnt sie vor weiteren »Provokationen« und droht mit der Schließung der Beratungsstelle, falls sie es wagen sollten, wie in Zürich einen Spritzentausch zu ermöglichen. Die alte abgeben und eine neue bekommen, um die Übertragung von Krankheiten zu verhindern.

Ich bin keine Ärztin, weder für Tiere noch für Menschen. Aber als HAP zu Hause über Zürich spricht, muss ich den Schweizer:innen Recht geben. Die Übertragung von Krankheiten zu verhindern ist doch schlichtweg human und schützt letztendlich die gesamte Bevölkerung. Der Berliner Drogenbeauftragte war mir schon in dem Moment unsympathisch, als ich ihn das erste Mal in seinem Ford-Cabrio am Winterfeldtmarkt gesehen hab.

Silli

Neben den offenen Baustellen steht auch wieder eine Reise nach Westdeutschland an. Freu ich mich schon drauf. Endlich wieder länger Bulli fahren. Das letzte nationale Treffen der Knast- und Traktgruppen vor der Sommerpause. Es findet wieder in Hamburg statt. Außer den bekannten Gesichtern entdecken wir zwei neue. Zwei Frauen aus Berlin, die über ihre Erfahrungen im Frauenknast Lehrter Straße sprechen. Es handelt sich um zwei Frauen, die wegen Drogen im Knast saßen und sich über den Kontakt zu den gefangenen Frauen vom 2. Juni und der RAF politisiert haben. Genau auf der Linie, die HAP sowohl als Ex-Gefangener als auch in der Rolle des Drogenberaters immer propagiert.

Einig sind sich alle, dass die Hochsicherheitstrakte für die Gefangenen aus bewaffneten Gruppen nur die Spitze des Eisbergs sind. Und Experimentierfeld für den Knast der Zukunft. Das zeigt jetzt schon der Neubau der Frauenhaftanstalt in Berlin Plötzensee, wo sechzig Hochsicherheitszellen für nicht-angepasste Frauen geplant sind.

Eine der beiden Frauen will nach Ende des Treffens noch ein paar Tage in Hamburg bleiben, die andere fragt HAP, ob sie mit uns nach Berlin zurückfahren kann. Kein Problem. Ich leg mich nach hinten und überlasse ihr meinen Beifahrerinnensitz.

Bei Menschen kann ich immer schlecht das Alter schätzen. Von HAP weiß ich aus einer Diskussion über sein früheres Credo »Trau keinem über 30«, dass er inzwischen schon das Alter von Jesus erreicht hat. 33 Jahre. Unsere Mitfahrerin kommt mir jünger vor. Mitte zwanzig vielleicht. Sie ist einen Kopf kleiner als HAP, also ca. 1,65 Meter groß und ein bisschen pummelig. Mittellanges dunkles Haar, dunkle Augen mit etwas Grün in der Iris. Sympathisches Lächeln, wobei zu erkennen ist, dass ihr ein Backenzahn fehlt. (Ist also nicht die Flamenco-Frau aus dem *song* von INTERZONE, der vorne zwei Zähne fehlten.) Eigentlich ganz nett, wenn sie nur nicht rauchen würde. Selbstgedrehte. Mit Tabakkrümeln auf meinem Sitz. Ehrlich gesagt verstehe ich meinen überzeugt nicht-rauchenden HAP nicht. Als die Frau – Silvia heißt sie, alle nennen sie aber Silli, weil Silvia ihr nicht gefällt – als Silli also fragt, ob sie im Bus rauchen könne, antwortet HAP lächelnd: »Kein Problem. Wenn du das Fenster bitte aufmachst.«

Die beiden reden dann den ganzen Weg lang bis Berlin fast ohne Pause. Ich komme kaum zum Schlafen. Aber schließlich bin ich ja auch ein bisschen neugierig.

Silli war mal für kurze Zeit im Release[73], hat aber nie eine Therapie gemacht. Lehnt sie für sich ab. Im Knast saß

73 Siehe wikipedia: https://de.wikipedia.org/wiki/Release-Bewegung

sie, weil sie als Dreierbande die Tresore verschiedener Büros geknackt haben. Um Geld für Drogen zu beschaffen. Angefangen mit dem Drücken hat sie direkt nach ihrer Zeit im Mütter-Kind-Heim in Frankfurt.

Wie bitte? Ich spitze meine Ohren. War Silli da Mutter oder Kind in dem Frankfurter Heim? Die Aufklärung kommt sofort. Silli ist mit 15 nach einem Zelturlaub mit ihrem Freund schwanger geworden und hat dann mit 16 ein Mädchen geboren. »Und wo ist das Kind jetzt?«, fragt HAP bass erstaunt.

»Meine Eltern haben Yvonne zu sich genommen, als ich auf ›H‹ kam und mich nicht mehr richtig um sie kümmern konnte.« Als sie das erzählt, lächelt sie nicht mehr. HAP fährt sie bis vor die Tür des besetzten Hauses in der Adalbertstraße, wo sie wohnt. Gleich um die Ecke vom Heinrichplatz. Mein Gefühl sagt mir, dass wir Silli bald wiedersehen werden. Ich hoffe nur, dass es nicht am Nollendorfplatz, dem aktuellen Treffpunkt der Drogenszene, sein wird.

Von der Häuserfront gibt es schlechte Nachrichten. Kurz vor unserer Abfahrt nach Hamburg ist das Besetzereck am Heinrichplatz geräumt worden und während des Hamburger Knastgruppentreffens auch der Turm. Der Senat hat sich am Ende durchgesetzt. Nur wer zu Verhandlungen bereit ist und das staatlich vorgegebene Regelsystem akzeptiert, kommt weiter. Insgesamt sind es rund 60 Häuser, die letztendlich in Berlin legalisiert werden. Wer das Unmögliche fordert und den Kapitalismus abschaffen will, bekommt das staatliche Gewaltmonopol zu spüren. Begleitet vom Applaus der Medien.

Im Gegensatz zu 80/81 gibt es bei diesen letzten Räumungen nur wenig Mobilisierung auf der Straße. Die *power* ist raus.

Beim Knastgruppentreffen in Hamburg hatte HAP besonderes Interesse an dem Tagesordnungspunkt Medien gezeigt:

»Wie schaffen wir es, die totgeschwiegenen Informationen über Knast und Repression zu verbreiten?« Und dann auch das Thema »Knast und Repression international«. Er selbst verfolgt vor allem die Situation in Frankreich. Und ein bisschen in Spanien, wo seine Sprachkenntnisse aber nicht ausreichen.

In Berlin haben in der jüngeren Vergangenheit verschiedene Piratensender zu verschiedenen Aktionen und Anlässen – auch zum Hungerstreik – spezielle Sendungen ausgestrahlt. Von der Szene für die Szene.

Seit einiger Zeit existiert jetzt *Radio 100*, ein freies Radio mit fester Sendefrequenz, besserer Sendequalität und weitergehendem Anspruch. Zwei Hausbesetzer:innen, Wolfgang und Julia, die bei *Radio 100* engagiert sind, sprechen im Chamissoladen vor und bieten ein Zeitfenster für Informationen zum Thema Knast an. *Radio Mauerrisse*. Einmal pro Woche wollen sie eine Sendung über internationalen Widerstand und Repression machen. HAP ist sofort begeistert dabei. Information und Musik. Eine Stunde lang.

Als das Thema Spanien mit dem Schwerpunkt Baskenland dran ist – mehrere hundert politische Gefangene, Folter, staatlich organisierte und finanzierte Todesschwadronen, Gefangenenkollektiv – spielt er einen Song des baskischen Liedermachers MIKEL LABOA ein, der ihn fasziniert, obwohl er kein einziges Wort versteht. LABOA hatte noch zu Lebzeiten Francos in Bayonne eine Platte mit vertonten Brecht-Gedichten in der vom Franco-Regime verbotenen baskischen Sprache aufgenommen.

(MIKEL LABOA – *Gaberako aterbea*)
Kontatu didate Nueva York-en/
Broadway eta 26 karrikaren kantoian/
Negu gorrian, gizon batek gabero/
Jendeari otoi eskatzen/
Aterbea bilatzen duela/bilutsirik daudenentzat

Die Nachtlager (1931)
Ich höre, dass in New York/
An der Ecke der 26. Straße und des Broadway/
Während der Wintermonate jeden Abend ein Mann steht/
Und den Obdachlosen, die sich ansammeln/
Durch Bitten an Vorübergehende ein Nachtlager verschafft.

Mein Gefühl hat mich nicht getäuscht. Zwei Tage nach Ausstrahlung der Knastsendung mit dem Lied von MIKEL LABOA treffen wir Silli zufällig auf der Oranienstraße. HAP lädt sie zu einem Kaffee ins »Café Jenseits« am Heinrichplatz ein. Er nutzt die Gelegenheit und fragt, ob er wohl die Garage in der Adalbertstraße bei Bedarf benutzen könne. Der Bus muss zum TÜV und braucht vorher ein paar kleinere Reparaturen. Sillis Augen strahlen.

»Klar doch. Überhaupt kein Problem. Ich lade euch zum Essen ein. Dann lernt ihr auch mal meine Mitbewohner kennen.«

Sie kocht Nudeln mit leckerem Gulasch und gibt mir die Reste. Damit hat sie gleich einen Stein bei mir im Brett. Ihre Mitbewohner, zwei Ralfs – einer groß und kräftig, der andere klein und schmächtig –, Kassi und Roland, sind auch begeistert, weil sie ansonsten offensichtlich nicht zu oft in den Genuss von Sillis Kochkünsten kommen. Ralf, der Große, öffnet uns am nächsten Morgen das Tor zu der geräumigen Garage. Und macht Fotos vom ölverschmierten HAP im Overall. Ralf ist Fotograf und jobbt als Kameramann beim *ZDF*. Er hat deshalb auch ein Telefon im besetzten Haus auf seinen Namen – Ralf Bäcker – angemeldet. Wenn man bezahlt, geht alles.

Ob ölverschmiert oder nicht, HAP ist gut erzogen und weiß, was sich gehört. Für den Samstag danach lädt er im Gegenzug Silli zum Essen bei uns zu Hause ein. Er zeigt ihr das Haus inklusive Baustelle Mansarde. Silli gefällt unser aktuelles Zimmer und sie bleibt über Nacht, um das auf dem Fußboden ausgebreitete Matratzenlager auszuprobieren. Es gibt ein bisschen Bewegung und ich höre (und rieche), wie Silli sich eine Zigarette anzündet. HAP scheint nichts dagegen zu haben und hat vorsorglich sogar einen Aschenbecher organisiert. Silli hört sich sehr zufrieden an. Sie gesteht HAP, dass sie vorher Angst vor dieser Situation hatte. Sie war überzeugt, dass sie nie mehr mit einem Mann schlafen könnte, nachdem sie ein paar Monate vorher von zwei Junkies in einem anderen besetzten Haus in der Oranienstraße vergewaltigt worden war. Ich bin echt bewegt. Die Menschen, und insbesondere die Männer, werden noch viele Jahrzehnte oder Jahrhunderte brauchen, um zu Menschen im wahren Sinne des Wortes zu werden. HAP sehe ich an, dass sich in seinem Inneren auch was bewegt.

Familienurlaub

Gleichzeitig hat er aber auch Grund zur Freude. Der VW-Bus erhält die neue TÜV-Plakette (nur leichte Mängel), und er bekommt Urlaub im August. Urlaub im VW-Bus. Ich bin dabei. Wenn auch nicht alleine. HAP lädt Silli ebenfalls ein. Er schlägt vor, gemeinsam mit ihr und ihrer Tochter den Urlaub in Südfrankreich zu verbringen. Silli bricht nicht gleich in Jubelschreie aus, wie ich eigentlich erwartet hatte. Und HAP sicher auch. Sie ist sich unsicher, ob Yvonne mitfahren möchte. Und ob ihre Großeltern, die die Vormundschaft haben, einwilligen würden. Sillis Vater ist Alkoholiker, sagt sie. Und das Verhältnis zu ihrer Mutter ist mehr als angespannt.

Sie will erstmal alleine nach Frankfurt fahren und die Situation klären. Wenn es klappt, wird sie uns anrufen.

Es klappt und wir fahren nach Frankfurt. Yvonne ist für ihre 5 Jahre sehr klein und zierlich, fast zerbrechlich. Auffallend ihre großen, grünbraun glänzenden Augen und zwei auffallend große Vorderzähne. Wie von einem kleinen Kaninchen. Sie scheint schüchtern zu sein und guckt mich mit traurigem Blick an. Streichelt dann zärtlich mein Fell. Wir bleiben eine Nacht bei Sillis Eltern – in getrennten Zimmern. Ich mit HAP im Zimmer von Sillis Bruder, der beim Militärdienst ist. Silli auf der Wohnzimmercouch.

Am nächsten Morgen packen wir dann Yvonnes Sachen in den Bus und fahren zu Yvonnes Kindergartenfreundin Meike, die in der gleichen Straße wohnt wie Yvonne und ihre Großeltern. Yvonne hatte darauf bestanden, dass ihre Freundin mitkommt. Meike und ihre Mutter sind einverstanden.

Dann geht's endlich los. Richtung Süden zum Campingplatz Le Pin Sec in den Landes de Gascogne. In der berühmten Spectrum-Ecke hatte ein Gast HAP den Tipp gegeben. Er war so begeistert, dass er schon dreimal da war. Die ersten Male mit einer Jugendgruppe. Und zuletzt alleine mit Freundin.

Die Fahrt ist allerdings ein bisschen anstrengend. Silli redet kaum und Yvonne verträgt das Autofahren nicht. Alle fünf Minuten fragt sie: »Wann sind wir denn da-aaa?« In den Kurven geht es ihr richtig schlecht und sie muss sich mehrmals übergeben. Tut mir echt leid.

Auf dem Campingplatz geht's dann aber gleich besser. Nachdem wir alles aufgebaut haben, rennen wir über die Dünen runter zum Strand. Yvonne und Meike an der Hand von HAP gleich ins Wasser, worüber ich nicht besonders begeistert bin.

Ich weiß nicht warum, aber vor Wasser habe ich Respekt. Und irgendwie hab ich immer Angst, dass den anderen im

Wasser etwas zustößt. Dass sie nicht mehr zurückkommen. Die Angst ist aber unbegründet. Pitschnass kommen sie zurück und wir toben im Sonnenschein den Strand entlang.

Silli ist auf dem Campingplatz geblieben. Sie sitzt auf einem der Autositze, die HAP ausgebaut hat, und raucht. Keine Ahnung, was ihr fehlt. Sie ist immer noch mundfaul und lässt sich von unserer guten Laune nicht anstecken.

Nach ein paar Tagen hat sie aber ihr Stimmungstief überwunden. Das Wetter ist die meiste Zeit gut. Yvonne und Meike vertragen sich gut und sind meistens mit mir draußen auf dem Campingplatz oder am Strand. Manchmal spielen HAP und Silli mit den Kindern Mensch ärger dich nicht, oder Karten. Alle haben wir viel Spaß miteinander. Gerade wenn's am schönsten ist, muss man meistens aufhören. Das habe ich auch schon gelernt.

Die Rückfahrt steht an. Yvonne steht das Grauen vor der langen Fahrt ins Gesicht geschrieben.

Wir kommen aber heil in Frankfurt an und HAP fragt Yvonne, ob sie nächstes Jahr wieder mit uns Urlaub machen will.

»Ja, aber nur wenn Sheila und Meike auch mitkommen. Und wenn wir nicht durch so viele Kurven fahren.«

Diese Nacht bleiben wir nicht in Frankfurt. Wir fahren gleich weiter und übernachten an einer Raststätte im Bus.

Geheimdienst

In Berlin geht's neben der Lohnarbeit – HAP macht jetzt regelmäßig Dienst im Kontaktladen – weiter mit dem Mansardenausbau. Gleichzeitig plant er aber auch schon wieder eine Fahrt nach Westdeutschland. Unser Freund Gerd Albartus war schon vor fast zwei Jahren aus der Haft entlassen worden und wir haben ihn bislang noch nicht wiedergesehen. Er wohnt jetzt in Düsseldorf in einer gut ausgestatteten Wohnung. Die Möbel sehen teurer aus als bei uns zu Hause, obwohl sie mir nicht unbedingt besser gefallen als unsere Sperrmüllmöbel.

Die Wiedersehensfreude ist auf allen Seiten sehr groß. Gerd erzählt von seinem neuen Leben in der neuen Stadt. Noch im Knast hat er sich offen zu seinem Schwulsein bekannt, und in Düsseldorf ist er mit einem Partner zusammen, der aus einer ganz anderen Welt und Gesellschaftsschicht kommt. Und viel älter ist als Gerd. Er zeigt uns ein Foto. Wow! Könnte wirklich sein Vater sein. Gleichzeitig hat er aber auch Kontakt zu jungen Linken im Kiez, die in einer Knastgruppe mitarbeiten. Er selbst macht auch noch Knastbesuche bei ehemaligen sozialen Mitgefangenen wie auch bei politischen. Geld verdient er ab und an mit sozialkritischen Reportagen, die er dem *WDR* verkauft. Und wenn ihm mehr der Sinn nach Abenteuern steht, trifft er sich mit einem ehemaligen Knastkumpanen, der wieder in der Düsseldorfer Unterwelt unterwegs ist. Begleitet ihn dann zu Einbrüchen in Büros oder Lagerhallen, wobei immer ein kleines Zubrot abfällt. Er braucht diesen Nervenkitzel, sagt er.

Heute ist er allerdings aus einem anderen Grund nervös. Zwischen 17 und 18 Uhr erwartet er einen wichtigen Anruf. Ein Geheimagent, der angeblich Zugang zum Verfassungsschutz hat, will ihm Informationen übermitteln, die seine Person betreffen. Es ist kurz vor fünf und Gerd wird immer nervöser. HAP irgendwie auch. Um Viertel nach fünf klingelt dann das Telefon, Gerd hebt ab und macht uns ein Zeichen ruhig zu sein. Am anderen Ende der Leitung vernehmen wir deutlich die Stimme eines Mannes mit sächsischem Akzent.

»Pass gut auf, mit wem du dich triffst«, warnt er. »In der Knastgruppe gibt es eine Person, die auf dich angesetzt ist. Ich rufe dich nächsten Donnerstag um die gleiche Zeit an.« Knack. Aufgelegt.

Gerd ist total blass. »Was soll ich machen?«, fragt er. »Es gibt ein junges Pärchen in der Gruppe, mit denen ich mich ein bisschen angefreundet hab. Hab sie für nächste Woche zum Kaffee eingeladen.«

HAP kann immer noch nicht richtig fassen, was er gerade am Telefon gehört hat. »Bist du denn sicher, dass die Information echt ist«, gibt er zu bedenken. »Wie kann jemand, der so stark sächselt, an Informationen vom Verfassungsschutz kommen?«

»Doppelagent wahrscheinlich«, meint Gerd. »Er hat mir schon mehrmals wertvolle Informationen gegeben. Waren immer richtig. Wenn er das nächste Mal anruft, werde ich ihm ein klandestines Treffen vorschlagen. Mal sehen, wie er reagiert.«

Ich sehe, dass HAP überfordert ist. Geheimdienstler treffen? Vielleicht sogar Doppelagenten? Kann er sich nur im Film vorstellen. Gerd bekommt bei dem Gedanken auch Bauchschmerzen, bekennt er. Ist aber fest entschlossen, sich auf das Abenteuer einzulassen. Er will wissen, wer sich hinter dieser Stimme verbirgt. Beim Abschied verspricht er, uns bald in Berlin zu besuchen, da er sowieso in Kürze nach Ostberlin muss. »Hauptstadt der DDR«, wirft HAP ein. Beide lachen und wir machen uns auf den Weg zurück.

Mitbewohner:innen

Zu Hause haben wir jetzt immer öfter Besuch von Silli. Sie hilft ein bisschen beim Mansardenausbau oder geht mit mir im Kiez spazieren. Felix, der Freund von Peter, hat zwischenzeitlich seinen Unimog wüstenfest gemacht und will für mehrere Monate nach Marokko. Er reißt seine Zelte am Heinrichplatz ab. HAP schlägt Silli als Nachfolgerin vor. Akzeptiert. Alle drei werden wir zusammen in die Mansarde ziehen.

Für kurze Zeit bringt Silli dann noch eine Freundin aus ihrem Ambiente – politisierte (Ex-) Junkie – bei uns im freigewordenen Schlauchzimmer unter. Suse hat Ausgang vom Knast, will aber nicht wieder dahin zurück sondern untertauchen. Problem: sie hat keine Papiere. Für solche Fälle hatte sich schon vor einiger Zeit Tarek, unser Kradmelder, angeboten. HAP spricht ihn jetzt darauf an. Ein paar Tage später hält er einen gut gefälschten Pass für Suse in der Hand. Überglücklich verschwindet sie auf Nimmerwiedersehen.

Zusammen mit Axel und einigen anderen Älteren aus dem »Spectrum« und Umfeld hat HAP sich im Mehringhof zu einem Karatekurs angemeldet. Kursleiter Tarek. Tarek ist Schwarzgurtträger und kämpft bei Karatewettbewerben mit der Nationalmannschaft für die Farben der BRD. In der Freizeit.

Im Berufsleben macht er bei *Gegensatz* das Layout für diverse antistaatliche Publikationen. Darunter z. B. die Zeitschrift *Radikal.* Die Zeitschrift wird polizeilich verfolgt, seit sie den Buback-Nachruf des Göttinger Mescalero nachgedruckt hat. Um die Redaktionsarbeit und das legale Weitererscheinen zu ermöglichen, geben laut Impressum wechselnde Gruppen die Zeitschrift heraus. HAP ist mit seiner Initiative gegen den Hochsicherheitstrakt ebenso dabei wie z. B. die Alternative Liste oder auch die *taz.* Ende 1983 wird trotz aller Solidarität ein Prozess gegen den Journalisten Benny H., und den Studenten Michael K. nach Paragraph 129a – »Werben für eine terroristische Vereinigung« – eröffnet. Die Zeitschrift hatte Erklärungen der Revolutionären Zellen abgedruckt. Und Benny und Michael standen auf der Liste der Herausgeber. Zweieinhalb Jahre Knast lautet das Urteil. »Im Namen des Volkes«.

Wir treffen uns mit Tarek und einigen seiner Mitbesetzer:innen aus der O45 im Café des KuKuCK, dem ebenfalls besetzten – und räumungsbedrohten – Kunst- und Kulturcentrum am Anhalter Bahnhof. Während Tarek, HAP und die anderen darüber diskutieren, was sie gegen das Urteil und die Zensur unternehmen können, drehe ich eine Runde durchs Haus. Die bunte und lockere Atmosphäre gefällt mir. Es gibt Leute, die verkleidet sind und Theater spielen, andere üben sich in Akrobatik oder machen Musik. Und natürlich gibt es auch ein paar Hunde. Als einer mein Hinterteil beschnuppert, renne ich schnell zu HAP zurück, der mich beschützt und den Rüden verscheucht.

Auf dem Heimweg zur Oranienstraße spricht HAP über das freigewordene Zimmer am Heinrichplatz. Sagt, dass er gerne mit Tarek zusammen wohnen würde. Tarek freut sich. Meint, dass er sich seit einiger Zeit ohnehin nicht mehr besonders wohl in der O45 fühlen würde. Er müsse das Angebot aber erst noch überdenken, da er in der O45 verantwortlich für Roger ist, der im Rollstuhl sitzt. Mich fragt wieder mal keiner. Immerhin hat HAP vorher aber Peter und Wally schon nach ihrer Meinung gefragt. Beide wären einverstanden.

Am Ende sagt Tarek zu. Zum Einstand kocht er ein Gericht, das als Tarek-Teller (TT) in die Geschichte eingehen soll. Geschnetzeltes Schweine- oder Hühnerfleisch, in der Pfanne anbraten. Eine Paprikaschote, Sojasprossen, Mais, Ananas und Erdnüsse dazugeben, mit Curry und Sojasauce würzen und mit Reis servieren. Ich bekomme die Reste. Fleisch ist darin nicht mehr viel vorhanden. Wenn ich ehrlich bin, hat mir Sillis Einstiegsgericht tausendmal besser geschmeckt.

Vielleicht bin ich einfach eifersüchtig. Jedenfalls merke ich, dass es mir auch nicht besonders gefällt, wenn HAP Tarek einfach den VW-Bus überlässt, damit der zwischendurch mal schnell zu irgendwelchen »wichtigen« Treffen fahren kann. Und wenn er einen Unfall baut, und wir dann im Sommer nicht, wie versprochen, mit Yvonne in Urlaub fahren können? Manchmal verstehe ich HAP nicht.

Für den nächsten Urlaub will er den Bus umbauen. Seine Idee: eine Holzplattform auf dem Dachgepäckträger installieren und darauf ein Zelt zum Aufklappen. Da können dann Yvonne und Meike schlafen.

Die Holzleisten lässt er sich im Bauhaus zurechtschneiden, um sie bei uns im Hof mit Bootslack gegen Feuchtigkeit zu lackieren. Am Wochenende fahren wir nach Schöneberg zum Kontaktladen der Drogenberatung, wo HAP genug Platz hat, um die Plattform und das Klappzelt zu montieren. Um das schwere Ungetüm rauszutragen und auf den Bus zu hieven, muss er Peter und Tarek um Hilfe bitten. Sieht lustig aus der Bus. Penthouse auf Rädern.

Vorerst parkt er das montierte Zeltdach auf unserem Hof, wo die Bestien der »Roten Harfe« es anbellen können. HAP hatte Eile bei der Fertigstellung, weil er nicht sicher ist, wie lange sie den Laden, der den Abhängigen der Drogenszene das Leben etwas erleichtern und am Leben erhalten soll, noch betreiben können.

Arbeitslos

Der Berliner Drogenbeauftragte fühlt sich erneut provoziert, als das Kollektiv HAPs Vorschlag aufnimmt und den Ex-Bankräuber Detta als Drogenberater einstellt. Außerdem organisiert das »Släinte« in Kooperation mit der Drogenberatung im »Spectrum« eine Veranstaltung mit dem Österreicher Hans-Georg Behr, dem Verfasser des Bestsellers *Weltmacht Droge*.

Behr kritisiert zum einen das bürgerliche Verständnis von Drogenabhängigkeit, das seltsamerweise von der Linken, in diesem Fall der Hausbesetzerszene, identisch übernommen wird. »Wir alle benutzen Drogen – egal ob es sich um Alkohol, Nikotin, Koffein, Medikamente oder andere Pharmaka handelt – als eine Art Stütze und Lebenshilfe für den Alltag«, sagt er. Er hat einen starken österreichischen Akzent, wenn er spricht. Mir kommt dabei sofort die Kellnerin im Salzburger Bergcafé in Erinnerung, und die Reste vom Wiener Schnitzel, die HAP mir damals gegeben hat. »Und dann gibt's welche, die fallen durch oder wegen oder trotz solcher Stützen grauenvoll auf die Nase«, führt er weiter aus. »Und da unterschieden wir dann plötzlich. Aber es gibt keinen wirklichen Unterschied. Wo wird aus einem, der z.B. gerne einen über den Durst trinkt, ein Alkoholiker? Ab wann ist einer, der gegen alle möglichen Sachen seine Pillen schluckt, ein Tablettenabhängiger? Hier setzt unsere bürgerliche Gesellschaft ein unfehlbares Kriterium ein: bei Verlust der Leistungsfähigkeit. Ab dann ist er drogenkrank. Und vorher nicht.«

Ich passe weiter auf HAP auf, bin also nicht drogensüchtig. Ich leiste etwas.

Im zweiten Teil spricht Behr dann konkret über Heroin.

»Zunächst einmal: Wie kam es überhaupt zu Heroin? Die Opiatabhängigkeit und Morphinabhängigkeit war so gegen Ende des vorigen Jahrhunderts doch so problematisch geworden, dass man sagte, man muss Morphin durch andere Stoffe ersetzen. Bei der Firma Bayer kam ein findiger Chemiker, Felix Hoffmann, 1897 auf die Idee, dass man das Ganze nur mit Essigsäureanhydrid abkochen braucht und dann, sieh da, ist es offensichtlich ungefährlich. Die Firma Bayer hat dann dieses Mittelchen auf den Markt gebracht. Gegen Husten, Übelkeit aller Art, seelische Tiefs, also Depressionen und außerdem noch gegen Opiatabhängigkeit. Der Name des Produkts ist ja bekannt. (…) 1906 wurde dann in Berlin und anderswo auf die Litfaßsäulen ein großes Plakat affichiert. Dort war eine im Jugendstil gezeichnete schöne Mutter mit einem glücklich lächelnden Kind, und der Text: ›Damit mein Kind sich immer glücklich fühlt, gebe ich ihm jeden Morgen Heroin – von Bayer‹.

Ich wollte dieses Plakat einmal wiederauflegen, aber die Firma Bayer hat mir per einstweiliger Verfügung und

700.000 DM Strafandrohung erklären lassen, dass dieses Plakat immer noch ihr geistiges Eigentum sei. Mittlerweile wird Heroin bekanntermaßen nicht mehr von Bayer hergestellt. (...) Nach Schätzungen des Bundeskriminalamtes ist Heroin in der Bundesrepublik ein volkswirtschaftlicher Faktor geworden, der jährlich zwischen 500 und 700 Millionen Mark in Bewegung bringt.«

Im letzten Teil kritisiert Behr dann die Drogengesetzgebung der BRD und die Scheinheiligkeit der Politiker:innen. Er spricht sich gegen die pauschale Ausgrenzung aller Junkies aus und tritt für eine Legalisierung der Drogen ein.

Eine Position, die ebenfalls von einigen Drogenarbeiter:innen auf dem kurz darauf folgenden nationalen Drogenkongress vertreten wird. Die Teilnehmer:innen beschließen, in die Offensive zu gehen. Die Drogenarbeit unter den herrschenden legalen Bedingungen dreht sich im Kreis. Die Mehrzahl der Junkies wartet, bis die Repression zuschlägt und sie wegen Dealen oder Beschaffungskriminalität in den Knast steckt. Von dort wenden sie sich an die Drogenberatungen, um via Therapieantritt entlassen zu werden. Dann verschwinden sie aus der Therapie und HAP und Kolleg:innen treffen sie erneut an den bekannten Drogenumschlagsplätzen. Und der Sisyphos-Kreislauf geht von vorne los. Durchbrechen könnte man ihn nur durch eine Legalisierung der Drogen. Nur so, ohne Schwarzmarkt und der einhergehenden Notwendigkeit der Beschaffungskriminalität könnte man zu einer Situation gelangen, in der die Drogenabhängigen sich frei entscheiden könnten, ihre persönlichen Probleme wahrhaftig anzugehen.

Die Berliner Drogenberater:innen greifen in Stellungnahmen, Interviews und Öffentlichkeitsaktionen mehr denn je die offizielle, repressive Drogenpolitik an. Sie machen die Politik für die steigende Zahl der Drogentoten und das Auftauchen der AIDS-Krankheit bei Drogenabhängigen verantwortlich und weigern sich, im Knast Zwangsberatungen durchzuführen, wie sie gemäß der Neufassung des Betäubungsmittelgesetzes von ihnen verlangt wird. Der Senat möchte sie mundtot machen und politische Äußerungen verbieten. Die Zeichen stehen auf Sturm. Die Berliner Drogenberater:innen pokern hoch. Im Prinzip sind sich alle Beratungsstellen einig. Schließlich haben sie die Drogenarbeit in Berlin aufgebaut, als der Berliner Senat keinen blassen Schimmer davon hatte. Und sie erledigen schließlich die praktische (Sisyphos-)Arbeit.

Ein Dialog scheint unmöglich.

Der Senat droht mit dem Entzug der Finanzierung der kritischen Beratungsstellen. Unter der Hand entwickelt er mit einer Gruppe von angepassten Drogenarbeiter:innen das Konzept für eine neue Beratungsstelle, den Drogennotdienst. Als die neue Beratungsstelle funktionsfähig ist, streicht er gleichzeitig drei historisch gewachsenen und kritischen Beratungsstellen die Finanzierung. Rund 30 Personen sind betroffen.

HAP ist arbeitslos. Das Arbeitslosengeld ist allerdings mehr als der Lohn, den sie sich im Kollektiv ausgezahlt haben, stellt er nach der ersten Einzahlung auf sein Konto fest. Genug, um sich einen Spanischkurs bei »Babylonia« leisten zu können. »Babylonia« ist ein Kollektiv von Deutschen und Ausländer:innen. Jedes Kollektivmitglied kann in seiner Muttersprache unterrichten. Außerdem nehmen einige von ihnen an der internationalen »Knastgruppe Babylonia« teil. Klar, dass HAP diese Gruppe auch interessiert. Die Räume von »Babylonia« befinden sich im Kerngehäuse. Vorher hatte HAP schon mal mit zwei Kollegen aus der Drogenberatung einen Schnupperkurs Spanisch bei der Exil-Chilenin Monica B. gemacht, die mit Jörg C., dem Supervisor der Drogenberatung, verheiratet ist. Die Sprache gefällt ihm.

Silli geht unterdessen viel mit mir spazieren, macht ihre Knastbesuche und lebt ansonsten zufrieden in den Tag hinein. Sie schreibt lange Briefe in den Knast. Manchmal aber auch phantasievolle Geschichten, verziert mit schönen Bildern, für sich selbst. Oder für wen? Auch beim Handarbeiten zeigt sie Kreativität. Nach vielen Anläufen beendet sie einen in Form und Farben einzigartigen Pullover. Und HAP schenkt sie zu seinem 36. Geburtstag (in Kreuzberg 36) einen Bettbezug, den sie aus zwei verschiedenfarbigen Seidenstoffen zusammengenäht hat. Koch- und Putzdienst macht sie wie alle. Es gibt also eigentlich nichts zu meckern. Ich finde allerdings, dass die Qualität beim Essen etwas nachgelassen hat. Und das, obwohl wir viele Sachen ökologisch bewusst bei »Kraut & Rüben« einkaufen, ein Bioladen direkt am Heinrichplatz, wo Peter jetzt arbeitet.

Ärger gibt es meistens, wenn sie einmal pro Monat zum Sozialamt muss und nicht die Extras bekommt, die ihr laut der von linken Sozialarbeiter:innen verfassten Soziahilfebroschüre zustehen würden. Dann flucht sie zu Hause stundenlang herum.

Familie

Abends im Bett höre ich, wie HAP in ernstem Ton mit ihr über Yvonne spricht. Yvonne wird dieses Jahr eingeschult und HAP hat die Befürchtung, dass ihre Großeltern dem Problem nicht gewachsen sind. Er denkt, dass sie bei uns besser aufgehoben wäre. Wenn sie in Berlin eingeschult würde, könnten wir uns um die Schule kümmern. Und überhaupt. Wenn Silli jetzt *clean* ist, wäre es doch an der Zeit, dass Yvonne wieder bei ihrer Mutter lebt.

Sillis Antwort ist nicht so klar. Irgendwie druckst sie herum. Ich denke, sie hat Angst, weil sie in der Vergangenheit keine gute Mutter war. Besser gesagt, gar keine.

Am Ende einigen sich beide darauf, diesen Sommer keine Auslandsreise zu machen. Wir werden Yvonne in Frankfurt abholen und Urlaub in Berlin machen. Sie soll uns, unsere Freund:innen, unser Haus, unser Berlin kennen lernen.

Die drei Wochen mit Yvonne sind toll. Seit HAP arbeitslos ist, hat er jetzt viel Zeit und wir machen viele Ausflüge. Einmal auch zum Tegeler Forst, wo mir etwas unbehaglich zu Mute ist. Keine Ahnung, warum HAP mit uns dahin gefahren ist. Vielleicht will er sein eigenes Trauma angehen? Der Ausflug zum Wannsee und Grunewald gefällt mir dagegen sehr gut. Und zur Glienicker Brücke, wo man in die DDR gucken kann. HAP erzählt uns, dass die USA und die Sowjetunion auf dieser Brücke mehrmals Spione ausgetauscht haben, die sie vorher in ihrem Land gefangen genommen hatten.

Ich muss dabei an Gerd denken. Ob er sich wohl mit seinem Doppelagenten getroffen hat?

Nach drei Wochen kommt der Abschied. Wir parken den Bus vor der Tür und packen die Sachen. Yvonne verabschiedet sich im Haus von Wally und Tarek, die sie herzlich drücken. Und auch von Jenny, der kleinen Tochter von Bernd und Dorle aus dem Vorderhaus, mit der Yvonne sich angefreundet hat. Gegenüber, bei »Kraut & Rüben«, kaufen wir ein paar Äpfel für die Fahrt und Yvonne verabschiedet sich da auch von Peter.

Im Bus fragt HAP Yvonne, die mit mir hinten auf der Sitzbank sitzt, ob ihr der Urlaub in Berlin gefallen hat.

»Ja, sehr«, antwortet sie ehrlich und streichelt mich.

»Wie wäre es denn, wenn du hier richtig bei uns wohnen würdest«, fährt HAP fort. »Du könntest dann auch hier zur Schule gehen. Silli und Sheila würden dich jeden Tag hinbringen und abholen. Du kämst da mit Jenny zusammen in die gleiche Klasse.«

Yvonne zögert mit der Antwort. Damit hat sie nicht gerechnet. Wahrscheinlich ist die Entscheidung zu schwer für sie. »Ich weiß nicht.« Sie macht eine Pause. »Was würde denn Marianne (ihre Großmutter) dazu sagen?«

Silli versucht, sie zu beruhigen. »Marianne ist doch deine Oma und natürlich gerne mit dir zusammen. Aber sie hat auch Probleme mit Kurt und dem Geschäft. Ich hab viel mehr Zeit und bin schließlich deine Mutter. Aber natürlich werden wir in Frankfurt erstmal mit ihr reden.«

Yvonne tut mir echt leid. Für mich sieht das so aus, als würden Silli und ihre Mutter beide an Yvonnes dünnen Ärmchen ziehen. Jede in eine andere Richtung. Mir fällt dabei ein, dass HAP Silli vor einiger Zeit von dem Theaterstück *Der kaukasische Kreidekreis* von Bertolt Brecht erzählt hat, in dem es um genau so eine Situation geht.[74]

Bei der Ankunft in Frankfurt ist die Stimmung zwischen Silli und ihrer Mutter von Anfang an auf minus 20. Ihr Vater Kurt ist dagegen gutgelaunt und bietet uns ein Bier an. Silli lehnt ab. Sie zieht es vor, dass wir uns verziehen und im Stadtteil etwas trinken gehen. Wir sagen Yvonne Gute Nacht und dass wir uns beim Frühstück wiedersehen.

---

74 Brecht schreibt das Theaterstück *Der kaukasiche Kreidekreis* Mitte der 40er Jahre im Exil in Kalifornien. Das Stück ist räumlich in Georgien angesiedelt. Nach einem Staatsstreich wird der reiche Gouverneur Abaschwili hingerichtet. Seine Frau kann entkommen, läßt aber ihren Sohn Michel zurück, da sie zu sehr mit sich selbst und ihren teuren Kleidern beschäftigt ist. Die arme Magd Grusche nimmt sich nach einigem Zögern des Kindes an und flieht mit ihm ins Gebirge, da der Thronfolger überall gesucht wird. Auf der Flucht heiratet sie einen Bauern, damit ihr Ziehkind legale Papiere bekommt. Nach Ende des Krieges spürt die reiche Gouverneursfrau das Kind auf und verlangt seine Herausgabe. Um zu entscheiden, wer die rechtmäßige Mutter ist, setzt der Dorfrichter das Kind in die Mitte eines auf den Boden gemalten Kreidekreises. Beide Mütter sollen nun einen Arm des Kindes ergreifen und versuchen, das Kind aus dem Kreis zu sich herauszuziehen. Als sie sieht, wie das kleine Kind leidet, lässt die Magd den Arm los. Die Gouverneursfrau gewinnt. Der Richter erklärt aber daraufhin die Magd zur rechtmäßigen Mutter, da sie mit ihrem Handeln ihre wahre Mutterliebe unter Beweis gestellt hat.

Das Frühstück ist ein einziger Krampf. Marianne wirft ihrer Tochter vor, dass wir ihr Yvonne abspenstig machen wollen. »Wer hat sich denn die ganzen Jahre aufgeopfert, damit Yvonne ein Zuhause hat? Du warst doch dein Leben lang nicht für deine Tochter da. Hast dich immer nur um dich selbst und deine Drogen gekümmert. Frag doch Yvonne. Für sie ist klar, wo ihr Zuhause ist.«

HAP schaltet sich ein und versucht, die Stimmung ein bisschen zu beruhigen. »Hast du dir noch mal überlegt, worüber wir gestern auf der Fahrt gesprochen haben?«, fragt er Yvonne.

»Ja, ich möchte in Frankfurt bleiben und mit Meike in die Schule gehen.«

»Gut, okay.« HAP versucht so zu reden, dass man ihm die Enttäuschung nicht ansieht. »Wir akzeptieren natürlich deine Entscheidung. Und wenn du es dir irgendwann einmal anders überlegst, kannst du trotzdem jederzeit zu uns kommen. Und nächstes Jahr machen wir auch wieder eine Urlaubsreise mit dir und Meike. Du hast ja das neue Zeltdach schon gesehen.«

Er umarmt und drückt Yvonne. Silli das Gleiche. Yvonne geht schnell in ihr Zimmer, ohne sich von mir zu verabschieden.

Projekt Arthur (making of)

Im »Specki« treffen wir Didi, der jetzt ja eigentlich in Freiburg wohnt, aber oft in der O45 ist. Zusammen mit seinem Zwillingsbruder Pepe, Miriam, Bertram und Mike widmen sie sich dort im Kollektiv Medienwerkstatt Freiburg[75] der Her-

75 Die Medienwerkstatt Freiburg wurde 1978 als (anarchistisches) Kollektiv gegründet und gehörte später zu einem Netzwerk von rund 50 Videogruppen, die sich in den 1970er Jahren bildeten. Sie fühlten sich den damaligen engagierten Protestbewegungen (AKW, Häuser-

stellung und Verbreitung von Dokumentarfilmen. Didi hat eine Idee. Am Tresen bestellen sie sich bei Hansi zwei Flens und setzen sich an einen Tisch, um in Ruhe zu reden. Sie reden lange und am Ende stehen acht leere Flaschen auf dem Tisch – und ein leerer Wassernapf darunter. Die Idee ist klar und begeistert HAP, auch wenn sie – oder vielleicht gerade weil sie viel Arbeit verspricht. Sie wollen die verschiedenen Ansätze des bewaffneten Kampfes in der BRD dokumentieren und vergleichend nebeneinanderstellen. Mit authentischen Zeitzeug:innen und Dokumentarmaterial. Als Interviewpartner für die RZ will HAP Gerd Albartus fragen, für die RAF Brigitte Asdonk und Irene Goergens aus der Anfangszeit der RAF, die sicherlich viel über Knast und Haftbedingungen erzählen können. Für den 2. Juni müsste man Kontakt aufnehmen zu den Männern in Moabit und evtl. zu Norbert Kröcher (Knofo), der nach seinem Aufenthalt hinter »schwedischen Gardinen« inzwischen auch wieder in Berlin lebt.

Um genauer darüber zu reden, fährt HAP mit mir nach Freiburg. Das gesamte Medienkollektiv wohnt gemeinsam in einem alten Haus in der Konradstraße. Außerdem wohnen auch Didis Freundin Siggi mit in der WG und der Drucker Norbert. Und Konrad, ein goldbrauner Retrievermischling. Wir verstehen uns vom ersten Moment an. Nach dem Abendessen gehen wir mit Didi und dem Mitglied des Videokollektivs Mike, der auch an dem Projekt mitarbeiten will, in

---

kampf, Trikont etc.) eng verbunden und schufen eine Form von Gegenöffentlichkeit, welche damals eine tatsächliche Alternative zu den bürgerlichen Medien darstellte.Ihre Mitglieder lebten und arbeiteten nach den Prinzipien einer egalitären Gesellschaft über 10 Jahre zusammen, bevor der sich anbahnende Neoliberalismus der 90iger Jahre die Individualisierung der Kommunarden vorantrieb. Die Filme aus der Kollektivzeit sind über http://medienwerkstatt-freiburg.de zu beziehen.

den »Geier«, **die** Szenekneipe in Freiburg. Miri und Konrad begleiten uns bis zum Kneipeneingang.

Die erste offizielle Sitzung – mit Protokollschreiben – findet dann am nächsten Morgen in der Konradstraße statt. Die drei Projektler sind sich einig, dass die erste Phase in einer ausgiebigen historischen Recherche besteht. Sie erstellen einen Katalog zu verschiedenen historischen Bereichen, die sie bearbeiten wollen und unter sich aufteilen. Und setzen auch einen vorläufigen Terminplan fest. Didi soll sich in Sachen Finanzierung des Projektes kümmern.

Nach einer Woche fahren wir zurück. Eigentlich waren wir nur kurze Zeit weg, aber es gibt Veränderungen am Heinrichplatz. Wally will ausziehen und lieber alleine wohnen. Peter schlägt vor, dass Jutta, eine Frau aus einem alternativen Buchladen für sie einzieht. Niemand hat was dagegen. Dann verkündet Silli ihren Plan, dass sie für ein paar Tage nach Frankfurt zu Yvonne fahren will. Und danach mehrere Wochen nach London, um die dortige Besetzer:innenszene kennenzulernen. HAP ist einverstanden, weil er so Zeit hat, sich voll und ganz auf das Filmprojekt zu konzentrieren. Er spricht mit Tarek über das Projekt, der die Idee gut findet und gespannt auf das Ergebnis ist.

Die ersten Rückmeldungen klingen allerdings nicht besonders vielversprechend. Im Gegensatz zu dem, was HAP erwartet hatte – meine vierbeinige Wenigkeit eigentlich auch – sagt Gerd nicht gleich zu. Kann sich momentan noch nicht entscheiden, sagt er. Muss das erst noch länger überdenken. Immerhin will er aber seinen Mitstreiter Enno Schwall informieren, mit dem zusammen er verhaftet worden war.

Die Antwort aus dem Moabiter Knast ist klipp und klar. Ein politischer Film über die Bewegung des bewaffneten Widerstands ist unsinnig. Wenn, dann wird die Bewegung eines

Tages selbst die Geschichte schreiben. Zusätzlich kommt noch das Argument, dass es schlichtweg unmöglich ist, mit Finanzierung aus öffentlichen Mitteln einen revolutionären Film über revolutionäre Gruppen zu drehen.

Von Seiten der RAF gibt es – erwartungsgemäß – auch noch keine Zusage.

HAP spricht mit Detta, der seinerzeit im Knast seine Mitbewohnerin der Schinkestraße, Brigitte, geheiratet hatte. Erklärt ihm grob die Leitlinien des Projekts und fragt ihn, ob er Lust hätte mitzuarbeiten. HAP will nicht als einziger Ex-Gefangener für die Authentizität der Projektgruppe stehen. Außerdem steht Detta einigen Personen aus dem Antiimp-Lager näher und ist nicht durch Zuordnung zur Bewegung 2.Juni oder vehementes Eintreten für die Knastkampf-Forderung »Normalvollzug« gebrandmarkt. Am Ende gelingt es ihm tatsächlich, Brigitte A. und Irene G. zu überzeugen, sich für das Projekt interviewen zu lassen. Die Mitarbeit findet auf Vertrauensbasis statt. Sämtlichen Interviewpartner:innen wird versichert, dass ohne ihr Ja-Wort für die Endabnahme des Films nie Aufnahmen von ihnen veröffentlicht werden.

Zum nächsten Treffen in Freiburg ist Detta noch verhindert. Er hat sich gerade in ein neues Projekt eingeklinkt. Axel, Hansi und Kolleg:innen haben genug vom Kneipendasein und übergeben das »Spectrum« – das dann »Ex-Spectrum« heißen soll – 1984 an eine neue Crew, zu der auch Detta gehört. Axel, Hansi und alle anderen fliegen Ende desselben Jahres nach Nicaragua, wo sie eine Schule bauen und die Sandinistas[76] mit anderen Aktivitäten unterstützen wollen.

76 Linksorientierte Guerillaorganisation, die 1979 gemeinsam mit Gewerkschaften und oppositionellen Studentengruppen die Regierung

HAP fährt alleine mit mir nach Freiburg, bietet aber bei der Mitfahrzentrale zwei freie Plätze an. Am Ende meldet sich eine Gothik-Frau im totalen Grufti-Outfit. Schwarze Lederstiefel, schwarze Kleidung, schwarzer Lippenstift, fetter tiefschwarzer Lidstrich und Augenränder. Sie will bis Frankfurt mitfahren. Gleich beim Einsteigen meint sie allerdings, dass sie keinen Pfennig mehr hat und sich deshalb nicht an den Benzinkosten beteiligen kann. Ok. HAP ist großzügig. Und ich auch. Wir müssen sowieso über Frankfurt. Anfangs schläft die Grufti eine Weile, so wie ich. Aber dann redet sie stundenlang mit HAP über Musik. Es stellt sich heraus, dass sie eingefleischter Fan von SUICIDE ist. Wie HAP war sie vor kurzem auch bei einem Konzert von Alan Vega im Quartier Latin. Alan Vega ist – oder war – die Stimme von SUICIDE. Seit Martin Rev, der andere Teil, wieder auf Heroin ist, hat Alan Vega mehrere Solo-LPs eingespielt und ist mit einer minimalistischen Begleitgruppe auf Tournee gegangen. Die Grufti-Frau besitzt einen Mitschnitt vom Konzert im Quartier. Sie verspricht, HAP die Kassette zum Heinrichplatz zu schicken.

HAP glaubt zwar nicht daran – wie er später Didi erzählt – gibt ihr aber trotzdem in Frankfurt 2 DM für den Bus. Mein Instinkt sagt mir dagegen, dass sie ihr Versprechen wahr machen wird. Und vier Wochen später zeigt sich, dass ich mehr Menschenkenntnis besitze als der studierte Psychologe HAP.

In Freiburg ziehen die drei Resümee. Didi und Mike finden die Idee gut, Detta mit ins Projekt zu integrieren. Didi sieht eine Möglichkeit der Finanzierung beim *ZDF*, wo die Medienwerkstatt bei der Redaktion *Das kleine Fernsehspiel* Redakteure kennt, mit denen sie durch andere Projekte befreundet

---

des Diktators Somoza in Nicaragua stürzte und die Macht unter dem Namen Sandinistische Nationale Befreiungsfront (FSLN) übernahm.

sind. Er weiß, dass sie inhaltlich keine Zensur ausüben werden. Als Auflagen muss man lediglich den Zeitplan einhalten, die Finanzbuchführung konkret führen und dem Sender das Recht für mehrfache Ausstrahlungen erteilen. Voraussetzung dafür ist allerdings, ein konkretes dokumentarisches *Treatment* des Projektes, welches das dortige Redaktionskollektiv für finanzierungswürdig hält.

Ein Filmprofessor der HfbK in Hamburg, Gerd R., hat gleichzeitig Unterstützung bei der Filmrecherche zugesagt. Er verspricht ihnen auch, einen Raum einschließlich elektrischer Schreibmaschine für ein Wochenende – oder länger – zur Verfügung stellen, wo sie ungestört arbeiten könnten. Ich dürfte auch mit, wenn ich mich ruhig verhalte. Kein Problem. Didi soll einen Termin festmachen.

Als wir den Raum in Hamburg mit unseren Unterlagen betreten, entdeckt HAP an der Wand hinter dem Schreibtisch ein Poster mit einer Vergrößerung einer Artur-Postkarte. Auf dem Plakat sieht man einen (frechen) Arbeiterjungen aus den 50er Jahren. Daneben der Spruch: »Du fragst mich, was soll ich tun? Und ich sage dir: Lebe wild und gefaehrlich, Artur«.[77]

---

77 Ein Junge mit Pudelmütze steht vor einer grauen Häuserwand, die Hände lässig in den tiefen Hosentaschen. Er kneift die Augen zusammen und schaut den Betrachter missmutig und herausfordernd an. Ein Fünfjähriger vielleicht, aber anscheinend mit der Lebenserfahrung eines Fünfzigjährigen. Er ist schäbig gekleidet, ein typisches Proletarierkind, wie es bis weit in die fünfziger Jahre in Arbeitervierteln und Ruinengeländen mit gelegentlich laufender Nase ohne Taschentuch zuhause und unterwegs war. Immer auf der Suche nach Abenteuern. Das Foto hatte Werner Clemens-Walter im Fotofundus seines Vaters entdeckt und mit dem Zusatz »Du fragst mich, was soll ich tun? Und ich sage: Lebe wild und gefaehrlich, Artur.« versehen. Der Beginn einer beliebten Serie von Plakaten, Postkarten und Buttons. (vgl. Nachruf im *Tagesspiegel* vom 10.02.2019)

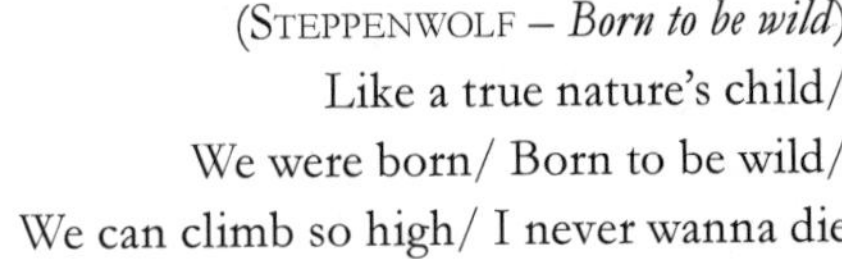

(Steppenwolf – *Born to be wild*)
Like a true nature's child/
We were born/ Born to be wild/
We can climb so high/ I never wanna die

HAP schlägt vor, den Spruch mit der Lebensweisheit als Filmtitel zu nehmen. Naja, irgendwie wohl ein bisschen zu lang für einen Filmtitel, denke ich. Didi stimmt mir zu. »Als Arbeitstitel könnten wir ja erstmal ›Projekt Artur‹ nehmen. Das kann ich so auch in den Förderungsantrag schreiben. Und wir wissen dann, wo's langgeht.«

Neben der Recherche am Schreibtisch oder in Filmarchiven verabreden sie, ausgewählte Zeitzeugen aufzusuchen und zu befragen. Erstmal ohne Kamera. Einer der ersten, den Didi und HAP mit mir zusammen in München besuchen, ist der erklärte Anarchist Rolf Pohle. In einer Dokumentation über die AStA-Vorsitzenden der 60er Jahre hatte Didi Infos über ihn gefunden.

Rolf studiert Jura, als er 1967 zum Vorsitzenden der AStA der Maximilians-Universität gewählt wird. Nach der Erschießung des Berliner Studenten Benno Ohnesorg 1967 und dem Attentat auf Rudi Dutschke 1968 ruft er zusammen mit dem AStA zu Protestdemonstrationen auf. Gleichzeitig arbeitet er in einer Rechtshilfe für verhaftete Student:innen mit und ist damit der Justiz ein Dorn im Auge. Nach mehreren – eingestellten – Ermittlungsverfahren wird er dann 1969 wegen angeblichen Barrikadenbaus bei der 68er Demo angeklagt und verurteilt. Mit diesem Urteil ist ihm der Weg in den öffentlichen Dienst verbaut. Er taucht unter und wird 1974 wegen angeblicher Unterstützung der RAF in einem dubiosen Prozess zu 6½ Jahren verurteilt. Als der Richter ihn zu seiner Person befragt, zieht er sich eine Plastiktüte über den Kopf, auf den er einen Songtext von Ton Steine Scherben geschrieben hat, und rezitiert den Text.

(Ton Steine Scherben – *Mein Name ist Mensch*)
Ich habe viele Väter, ich habe viele Mütter/
Und ich habe viele Schwestern und ich habe viele Brüder/
Meine Väter sind schwarz und meine Mütter sind gelb/
Meine Brüder sind rot und meine Schwestern sind hell/
Ich bin über zehntausend Jahre alt und mein Name ist Mensch

1975 wird Rolf durch die Lorenz-Entführung befreit, ein Jahr später aber in Griechenland festgenommen. In einem ersten Prozess lehnt ein Gericht in Athen eine Auslieferung ab. Nach Insistieren der BRD-Regierung (und der Zusicherung von Finanzhilfen) beschließt ein neu besetztes Gericht dann aber doch, ihn nach Deutschland abzuschieben.

Rolf gefällt mir. Er geht mit uns durch Schwabing spazieren und erzählt auf witzige Art und Weise von den Schwabinger Krawallen 1962. Vor mehr als 20 Jahren. Fünf junge Musiker spielten damals – zur Freude von vielen Passant:innen – auf der Straße russische Lieder, als die Polizei anrückte und die Gummiknüppel zückte. Die Musiker wurden festgenommen, die Straße freigeknüppelt.

Unkontrollierte Freude ist im Nachkriegsdeutschland unerwünscht. Empörung macht sich breit. Fünf Tage Krawall heizen die Stadt ein, bis die Kavallerie der Polizei und das Wetter die Rebellion beenden. Die Krawallbrüder zu der Zeit noch im weißen Hemd mit Krawatte, die Krawallschwestern im *Petticoat.* Nach Rolfs Interpretation macht sich an diesen Tagen die »jahrelange Unterdrückung der Jugendlichen durch unsere Naziväter, -lehrer, -polizisten und –politiker Luft. Ein Versuch der Befreiung vom deutschen Mief der Ordnung und Sauberkeit. Erster Aufstand gegen die Obrigkeit. Den verordneten blinden Gehorsam.«

Am Abend serviert Rolf Souvlaki-Spieße mit Tsatsiki. Ein Spieß ist für mich. Rolf legt mir die Stücke auf einen Extra-Teller. Auf Tsatsiki verzichte ich.

Die drei Männer sitzen danach noch lange zusammen. Trinken und reden ohne Pause. Bis zwei Uhr morgens. Bis Rolf um Ruhe bittet und den Fernseher einschaltet. Im *ZDF* wird das Konzert von PRINCE aus Anlass seines 26. Geburtstags übertragen. Rolf ist unverbesserlicher PRINCE-Fan. Und Griechenland-Freund. Trotz Auslieferung. Im kommenden Jahr will er wieder dahin zurück, sagt er.

Beim nächsten Termin in Freiburg ist Detta dann auch dabei. Und ein Maler aus Freiburg, Harald Herrmann. Didi hat ihn angesprochen. Er will vermeiden, im Film die typischen Fernsehbilder von Blutspuren auf dem Straßenpflaster zu verwenden. Stattdessen wollen sie versuchen, den Film inhaltlich in verschiedene chronologisch geordnete Kapitel zu unterteilen. Haralds– nicht ganz einfache – Aufgabe wird sein, den Inhalt der jeweiligen Zeitetappen in Form von Collagen als Einleitung bildlich darzustellen.

Im Verlauf der weiteren Diskussion stellen die 5 Männer fest, dass sie – **Männer** sind (!). Vom anderen Geschlecht haben bislang nur Siggi teilgenommen, die einige Protokolle abgetippt hat. Und ich als Zuhörerin und Chronistin. (Aber ich zähle ja nicht.) Die Männer finden es schwierig, als Männer Konzept, Ziele und Aktivitäten der Roten Zora darzustellen.

Schließlich handelt es sich hier um eine Guerillagruppe, die ausschließlich aus Frauen besteht. HAP will versuchen, in Berlin Frauen zu finden, die sich mit dem Thema auskennen und bereit wären, in dem Projekt mitzuarbeiten. Am Ende erklären sich zwei Frauen aus feministischen Zusammenhängen bereit, den Part zu übernehmen und ein Konzept Rote Zora für das Projekt auszuarbeiten. Auf den nächsten Sitzungen in Freiburg bin ich dann nicht mehr die einzige Vertreterin des weiblichen Geschlechts.

Dieser Zustand ist allerdings nicht von langer Dauer. Nach drei Monaten treffen Männer und Frauen in Freiburg wieder zusammen. Die Männer fragen, wie die Frauen ihren Part angehen wollen und wie viel Zeit vom Gesamtfilm sie dafür veranschlagen.

Ich war mit meinen Gedanken woanders und kann nicht mit Sicherheit sagen, wer von den Männern genau und wie gefragt hat. Schrecke aber auf, weil die Stimmen plötzlich laut und aggressiv werden.

Die Frauen finden die Frage unverschämt. Es gehe die *Projekt-Arthur*-Männer überhaupt nichts an, wie sie als Frauen ihren Teil gestalten wollen, verkünden sie lautstark und mit fester Überzeugung. Männer könnten grundsätzlich nicht darüber urteilen, was sie als Frauen für wichtig und richtig halten. Und noch viel weniger, wenn es sich um einen Beitrag handelt, den sie als Frauen über eine Gruppe von konsequenten Frauen erarbeiten. Entweder die Medienmänner akzeptieren ohne Nachfragen und Kritik ihren Beitrag so wie er ist, bzw. sein wird, oder sie verzichten auf die weitere Mitarbeit.

Sie verzichten.

Ich finde das schade. Und verstehe die Menschen – die Männer und Frauen und Frauen und Männer – wieder mal nicht. Warum ist es so schwierig zusammenzukommen? Hat es doch was zu tun mit dem berühmten »sich auseinandersetzen« müssen, das dann (zu) oft damit endet, dass die Diskussionsteilnehmer:innen sich nach der Auseinandersetzung tatsächlich auseinandersetzen und an verschiedenen Orten weitermachen? Die Deutschen sind so kompliziert wie ihre Sprache – oder umgekehrt. Jedenfalls werde ich wohl auf absehbare Zeit wieder einzige Vertreterin des weiblichen Geschlechts bei den Sitzungen zu *Projekt Arthur* sein. Vielleicht sollte ich mich auch rausziehen und mehr mit Konrad zusammensetzen.

Erstmal geht's aber wieder zurück nach Berlin. Didi und Mike wollen später nachkommen, wenn HAP und Detta mit Irene G. und Brigitte A. einen Termin zum Drehen des Interviews ausgemacht haben.

Brigitte und Irene

Zwei Wochen später wird gedreht. Ich darf dabei sein, muss aber ruhig sein und aufpassen, nicht mit ins Bild zu kommen. Brigitte A. und Irene G. gehören zum Gründungskern der RAF und waren im Juni 1970 an der Befreiung von Andreas Baader beteiligt. Irene hat ihre Jugend im Heim verbracht und sich über den Kontakt zu Ulrike Meinhof politisiert, die dort den Dokumentarfilm *Bambule* drehte. Klein und dünn wie sie ist, erinnert sie mich irgendwie an Yvonne. Bisschen punkig. Sympathisch. Beide Frauen sind beim Interview sehr konzentriert und ernst. Drücken sich überlegt und korrekt aus. Irene mit leichtem Berliner Akzent.

Brigitte, die mit ihrer dicken Brille extrem seriös wirkt, spricht über die Überlegungen und Diskussionen, die sie zur bewussten Gründung einer illegal operierenden Stadtguerillagruppe gebracht haben. Die Erfahrung, dass die Studentenbewegung mit ihren Methoden an ihre Grenzen gelangt war. Das Beispiel der Guerilla in anderen Ländern und Kontinenten.

Da beide bereits Ende 1970 verhaftet wurden, können sie wenig über die aktuellen Aktionen und Strategie der RAF berichten. Sie konzentrieren sich stattdessen im Interview auf ihre Erfahrungen im Knast. Vorher hatten sie sich zwar mit der Illegalität als wesentlichem Konzept für die Stadtguerilla auseinandergesetzt, nicht aber mit dem Knast. Das geben sie ehrlich zu.

Eindrucksvoll sprechen sie darüber, wie sie dann im Knast gelernt haben, sich zu wehren, um nicht zu zerbrechen an den Haftbedingungen der Isolation. Und wie wichtig für sie ihr Prozess 1973 war, bei dem sie das erste Mal wieder mit vielen alten Genoss:innen zusammenkommen konnten.

Das Gleiche gilt für den Stammheim-Prozess 1975.

Knofo

Fast das Gegenteil stellt Norbert Kröcher (Knofo) dar, gelernter Fernmeldemechaniker aus dem Umfeld der Berliner Haschrebellen, die sich im Januar 1972 zusammen mit anderen militanten Gruppen als Bewegung 2. Juni organisieren. Sie wollen ebenfalls bewaffnet kämpfen. Gegen den kapitalistischen Staat. Und hier, in der Metropole, »im Herzen der Bestie«, kämpfen, um die Befreiungsbewegungen in der 3. Welt zu unterstützen. Anders als die RAF wollen sie sich allerdings nicht freiwillig illegalisieren.

Das erste Interview wird in Knofos Wohnung gedreht. Mir gefällt die Einrichtung mit den alten Sperrmüllmöbeln.

Und die Dekoration mit Plakaten und schönen Fotos. Der plüschige Teppich, auf dem ich's mir bequem mache. Da ich wie Knofo auch nicht auf der Uni war, kann ich seine Sprache gut verstehen, z.B. wenn Herr K. über seinen Kiez spricht: »Wir haben uns eine Zeitlang wirklich wie Fische im Wasser bewegt. (...) Wir hätten bei wildfremden Leuten klingeln können, hätten sagen können, guten Tag, ich bin der und der vom 2. Juni und ich muss mir mal kurz die Füße vertreten, die Bullen sind gerade hinter mir her. Dann hätten die mich reingelassen und gesagt, okay, willste deinen Kaffee mit Milch oder mit Zucker?«

Oder Herr K. über die Illegalität: »Das ist völlig wahnsinnig, du kannst das schlecht beschreiben. Du kannst auf einmal nicht mehr die Leute treffen, mit denen du vorher jeden Tag zu tun hattest. Und was für mich das Schrecklichste zuerst war: ich musste mir meine Haare abschneiden. Ich bin fast irre geworden, ich hatte eine Matte bis zum Arsch. Und das war für mich so wie kastrieren. (...) Und ich musste mir eine Fensterglasbrille aufsetzen und so, und mit einem Micky-Maus-Pass als Westdeutscher rumlaufen. Und ick kann keen Wort Westdeutsch.«

Im Sommer gibt's dann noch ein zweites Interview mit Knofo im »Pinox«, der Kneipe von den Besetzer:innen aus der Oranienstraße 45. Ich bekomme einen Napf Wasser. Die Wohnung von Knofo hat mir aber besser gefallen.

Thorwald Proll

Ein paar Tage später fahren wir über die Interzonenstrecke wieder mal nach Hamburg. Didi hat sich mit dem Buchhändler Thorwald Proll, einem alten Freund von Andreas Baader und Gudrun Ensslin, in seinem Buchladen zum Interview verabredet. Thorwald, trägt eine ähnlich dicke Brille wie die RAF-Brigitte, wirkt dabei aber eher verschmitzt und witzig.

1968 hatte ihre Gruppe nachts in Frankfurt am Main zwei Kaufhäuser aus Protest gegen den Vietnamkrieg angezündet – inspiriert von einem Flugblatt[78] der Kommune 1 nach einer Brandkatastrophe in einem Brüsseler Kaufhaus. Die Öffentlichkeit des Prozesses haben die Angeklagten – Thorwald Proll, Horst Söhnlein, Gudrun Ensslin und Andreas Baader – im besten antiautoritären Still gemeinsam mit den Prozessbesucher:innen genossen. Als der Staatsanwalt 15 Jahre Haft fordert, lachen sie laut. Die drei Männer auf der Anklagebank zünden sich dicke Zigarren an. Das Foto ist als Symbol für die antiautoritäre Ablehnung der bürgerlichen Justiz zigmal vervielfältigt worden. Didi hat es kopiert und zu dem Interview mitgebracht. Ich weiß nicht, ob Gudrun Ensslin nicht geraucht hat, weil eine Frau normalerweise keine Zigarren raucht. Ist aber eigentlich Quatsch, da eine Frau normalerweise auch kein Kaufhaus anzündet. Wahrscheinlich ging es ihr einfach wie mir. Ich kann Zigarrengeruch auch nicht ab. Kommt in meiner Liste gleich nach Wildschweingestank.

Der Zigarrenraucher Andreas Baader sitzt wegen der Frankfurter Aktion in Haft, als er 1970 nach einem ausgeklügelten Plan mit Hilfe von Brigitte Asdonk, Irene Goergens, Ulrike Meinhof u. a. befreit wird. Um gemeinsam die Guerilla aufzubauen.

»Wenn es so eine große Bewegung ist, dann sind viele Sachen möglich«, erklärt Thorwald. »Vietnam, das war sowieso

78 »Unsere belgischen Freunde haben endlich den Dreh heraus, die Bevölkerung am lustigen Treiben in Vietnam wirklich zu beteiligen: Sie zünden ein Kaufhaus an, dreihundert saturierte Bürger beenden ihr aufregendes Leben, und Brüssel wird Hanoi. Keiner von uns braucht mehr Tränen über das arme vietnamesische Volk bei der Frühstückszeitung zu vergießen. Ab heute geht er in die Konfektionsabteilung von KaDeWe, Hertie, Woolworth, Bilka oder Neckermann und zündet sich diskret eine Zigarette in der Umkleidekabine an. (...) Burn, warehouse burn!«

der Hintergrund, vor dem alles ablief. Also das eine war eben die Kritische Universität, das war so ein Hintergrund. Dann der Vietnamkrieg, die Aggression der Amerikaner, Imperialismus, das war das andere. Dann der Meinungsterror, *Bildzeitung*, Anti-Springer-Kampagne. Das waren so bewegliche Hintergründe, die das alles produziert haben, unsere ganze Rebellion.«

Als Didi wissen will, wie sie die Kaufhausbrandstiftung vorbereitet haben, muss Thorwald passen.

»Das weiß ich nicht mehr. Das war so technisches Zeug, darüber hab ich mir nicht so viele Gedanken gemacht, auch nicht im Nachhinein. Dieses ganze Knowhow, was dann später so wichtig wird, das ist alles nicht der Punkt gewesen, damals. Du hättest genausogut einen großen Stein nehmen können und eine große Fassade einhauen können. Oder, was weiß ich, du hättest auch die Waren in einer Nacht an 5.000 Leute verteilen können, wie die SLA-Leute das später verlangt haben, in Kalifornien. Also ohne Blut alles, es war irgendwie kulturrevolutionär. Gegen Konsum. Gegen zu viel Zeugs. Gegen Müll. Gegen die Verwurstung.«

An dieser Stelle gucke ich HAP an, der mich sofort versteht. Nicht umsonst leben wir seit vielen Jahren zusammen. Wie ein altes Ehepaar – oder besser. Er geht mit mir raus auf die Straße und lässt Didi alleine weitermachen. Wir drehen eine Runde durch den Kiez, damit ich pinkeln kann. Und am Ende finden wir auch einen Metzger, der uns ein Paar Frankfurter Würstchen verkauft. Lecker. Schmecken mir einfach besser als Hamburger.

Asturien

Den Sommer hält HAP sich und uns frei. Wir wollen wieder mit Yvonne und Meike Urlaub machen. Und HAP will endlich sein Zeltdach ausprobieren. Silli schlägt vor, nach Asturien zu fahren. Sie hatte in London Fritz Teufel, ehemals Kommune 1, kennen gelernt, der dort in einer Vollkornbäckerei arbeitet und mit jungen Spanier:innen zusammen in einem besetzten Haus wohnt. Die spanische Gruppe mietet jeden Sommer in Asturien ein Haus auf dem Land und hat Silli eingeladen. HAP findet die Idee gut. Gleichzeitig kann er dann ausprobieren, ob sein Spanisch für die Verständigung ausreicht.

Im Tourismus-Genre wird Asturien »paraíso natural« genannt. Und es stimmt. Natur 100 Prozent. Meer und Berge. Alles dicht zusammen. Merkwürdig finde ich allerdings die Wälder, die nach den Hustenbonbons riechen, die HAP manchmal lutscht. Sillis spanische Freund:innen klären uns auf. Es handelt sich um Eukalyptusbäume, die aus Australien importiert wurden. Sie wachsen sehr schnell und versprechen schnellen Profit für die Holz- und Papierindustrie. Und eine fortschreitende Bodenerosion, weil sie dem Boden alle Nährstoffe entziehen und alle anderen Bäume und Pflanzen abtöten. Es lebe der zerstörerische Kapitalismus!

Der Aufenthalt in dem Häuschen auf dem Land ist sehr gemütlich und wohltuend. Yvonne und Meike sind begeistert über ihr Hochbett, das sie über eine an den VW-Bus geschraubte Leiter erreichen.Und spielen viel mit mir. Gutgelaunt rennen wir durch die Wälder und über die Felder. Hier riecht es nicht nach Wildschwein.

Auf dem Rückweg macht HAP einen Zwischenstopp in Donostia–San Sebastián. Ihn begeistern die vielen Wandmalereien mit politischem Inhalt überall im Baskenland. Und er will die »Gestoras pro amnistía« aufsuchen, eine Knastgruppe für die politischen baskischen Gefangenen. Sie haben ein Büro im Zentrum, am Gipuzkoa-Platz. HAP nimmt mich mit zu dem Büro, wo wir einen Ex–Gefangenen treffen, der

15 Jahre im Knast gesessen hat. Er erzählt, wie die Guardia Civil ihn nach seiner Verhaftung eine Woche lang gefoltert hat. HAP ist extrem betroffen, obwohl ich denke, dass er nicht alle Details versteht. Ich auch nicht. Allerdings ist mir schon lange klar, dass viele Vertreter:innen der Spezies Mensch Schweine sind. In Deutschland, Spanien, überall. Mit einem Kloß im Hals und Schwierigkeiten zu sprechen verabschiedet sich HAP. Wir müssen weiter. Erst Silli, Yvonne und Meike abholen, die in einem Café heiße Schokolade trinken. Und dann auf die Autobahn Richtung Frankfurt. Die Kinder abgeben und zurück nach Berlin.

Europa

Am Heinrichplatz stehen wieder Veränderungen ins Haus. Die zuletzt eingezogene Buchhändlerin Jutta ist schon wieder raus, und Peter will mit seiner Freundin zusammenziehen. Ehrlich gesagt, wusste ich gar nicht, dass er eine feste Freundin hat. Für ihn soll Martin, ein Freund von Tarek, bei uns einziehen.

Tarek spricht HAP außerdem auf ein Projekt von Michael K. an. Aus Protest gegen die Verurteilung der beiden *Radikal*-Herausgeber stellt die neue Partei Die Grünen Michael und Benny Härlin 1984 als Kandidaten auf ihre Liste für die Europawahlen. Gemeinsam mit fünf anderen Abgeordneten ziehen sie tatsächlich ins Europaparlament ein und bekommen automatisch strafrechtliche Immunität. Und die (unglaublichen) Privilegien und Vergünstigungen aller Europa-Abgeordneten. So steht jedem Abgeordneten z. B. das Geld für die Einrichtung eines Büros zur Verfügung. Michael mietet ein Büro in Berlin in der Ohlauer Straße. Die Reisekosten – *first class* - vom Büro nach Straßburg oder Brüssel werden natürlich auch ersetzt und dazu gibt's jede Menge Spesen. Ganz zu schweigen von dem Traumgehalt, das ihm jeden Monat auf sein Konto überwiesen wird. Der Freundeskreis um Michael – Tarek und andere Besetzer:innen aus der O45 – überlegt, die Privilegien und das Geld aus Europa sinnvoll anzuwenden. Zu diesem Zweck lädt die Gruppe HAP zu einer Reise nach Dänemark ein, um in Ruhe darüber und über die inhaltliche Linie der Gruppe zu beraten. Als gebürtige Dänin bin ich natürlich mit von der Partie. Und Gerd Albartus, den HAP gefragt hatte, ob er mitmachen wolle.

Ein Europaabgeordneter hat nicht nur Anspruch auf ein Büro sondern – standesgemäß – auch auf eine Sekretärin oder einen Sekretär. Gerd hat zu diesem Zeitpunkt kein festes Einkommen und kann das Geld gut gebrauchen. Er wird folglich Sekretär des Grünen-Abgeordneten Michael Klöckner. Die Gruppe einigt sich ferner auf mehrere kleinere Projekte, die sie mit einem Teil des Europa-Geldes unterstützen wollen.

Inhaltlich nehmen sie sich vor, Informationen zum Thema Repression und Knast in Europa zu sammeln und zu veröffentlichen. Michael soll darüberhinaus versuchen, seinen Status als EU-Abgeordneter auszunutzen, um politische Gefangene in verschiedenen Ländern zu besuchen. Gerd schlägt Bruno Breguet und Magdalena Kopp vor, die im Zusammenhang mit internationalistischen Aktivitäten des Venezolaners Ilich Ramírez Sánchez (Carlos) in Frankreich einsitzen. In den gleichen organisatorischen Kontext stellen die französischen Ankläger die in Rom verhaftete Christa Fröhlich. HAP schlägt Michael einen Besuch bei ihr vor, um zu erfahren, wie es ihr geht. Als er im Büro ein – schlechtes – Zeitungsfoto rumgehen lässt, bin ich erstmal baff. Wenn mich nicht alles täuscht, ist das doch Christel. Die sympathische Frau aus Hannover, die so angenehm gerochen hat, als sie HAP nach seiner Knastentlassung in unserer Fabriketage besucht hat.

Der Besuchsantrag unseres Europa-Abgeordneten bei ihr wird abgelehnt.

Einmal nimmt Michael HAP mit zu einer Sitzung nach Brüssel, um sich den Laden mal anzugucken. Da die beiden fliegen, kann ich nicht mit. Einzige Möglichkeit wäre eine geschlossene Transportkiste im Gepäckraum des Flugzeugs. Nein, danke.

Während HAPs Abwesenheit kümmert Silli sich um mich. Sie kocht für mich und geht mit mir spazieren. Einmal bis nach Schöneberg. Als wir zum Winterfeldtplatz kommen, stutze ich. Markt ist doch nur mittwochs und samstags. Und heute ist Donnerstag. Silli will nach rechts abbiegen. Ich habe eine Vorahnung und zerre an der Leine. »Los, komm, Sheila. Mach keinen Mist.«

Wie bitte, denke ich. Mist? Wer macht hier Mist? Mir ist klar, was Silli will. Rechts rum geht's zum Nollendorfplatz. Zum Treffpunkt der Junkies. Zum Drogenumschlagsplatz. Ich kann mich nicht durchsetzen. Silli trifft Babsi, die sie noch aus dem Frauenknast in der Lehrter Straße kennt. Beide gehen dann zu einem Typen, auf den sie vehement einreden. Silli hat meine Leine an einem Haken neben dem U-Bahn Eingang festgemacht, sodass ich nicht höre, worüber sie sprechen. Dann sehe ich, wie die beiden Frauen in eine öffentliche Toilette gehen. Als Silli nach einer Weile wieder rauskommt und mich losmacht, hat sie einen anderen Blick und ihre Stimme klingt irgendwie auch verändert. Zum Glück ist HAP nicht hier, denke ich. Dann fahren wir mit der U-Bahn nach Kreuzberg zurück.

Nach seiner Rückkehr erzählt HAP am Abend in der Küche von seinem Ausflug ins Europaparlament. Von der unglaublich luxuriösen Architektur. Den langen labyrinthartigen Gängen, auf denen livrierte Angestellte Wagen voll mit Akten hin und her transportieren. Dem fast leeren Plenarsaal, in dem alle Reden pausenlos von gut bezahlten Dolmetscher:innen in sämtliche europäische Sprachen übersetzt werden, ohne dass irgendjemand zuhört. Den Chauffeuren in ihren hochglänzenden Limousinen, die vor dem Eingang darauf warten, die Abgeordneten ins nächste Restaurant zu chauffieren. Und von der immer vollen Parlamentsbar, wo die Abgeordneten zu jeder Tageszeit ihren subventionierten Cognac oder Sekt schlürfen. »Mehr als die Hälfte ist drogenabhängig«, meint HAP. »Alles Alkoholiker, egal ob Männer oder Frauen.«

AIDS

Ein Thema, das in Europa seit zwei oder drei Jahren ganz oben auf der Tagesordnung steht, ist AIDS bzw. das HI-Virus. Zuerst bekannt geworden ist die Verbreitung des Virus in der Schwulenszene und dann vor allem unter den Junkies. Die Ursache ist klar. Die Infizierung erfolgt offensichtlich in erster Linie über den Austausch von Blut. Und, zumindest bei den weniger betuchten Junkies, ist die Benutzung einer Spritze von mehreren Personen an der Tagesordnung. HAP ereifert sich immer noch jedes Mal, wenn das Thema zur Sprache kommt. Wie denkt der Berliner Drogenbeauftragte heute wohl über sein Verbot, im Laden der Drogenberatung gebrauchte Spritzen einzusammeln und gegen saubere zu tauschen?

Ja, gute Frage. Mich würde aber noch viel mehr interessieren, was HAP genau in dem Moment denkt, als Silli ihm unter Tränen offenbart, dass sie HIV-positiv ist. Ergebnis einer Routineuntersuchung ihres Blutes. HAP wird jedenfalls zuerst einnmal total blass. Dann nimmt er Silli in den Arm. Redet beruhigend auf sie ein. Und versucht zu trösten. »HIV-positiv sein heißt doch noch lange nicht, dass du jetzt sterben wirst. Dein Immunsytem ist angegriffen, weshalb du möglichst gesund leben solltest. Ohne dir selber Stress zu machen. Medizin und Pharmaforschung stehen auf dem Gebiet ja auch noch ganz am Anfang. Mit der Zeit werden sie schon was dagegen finden. Sprich mal mit den Leuten von der AIDS-Beratung. Da sind ein paar ganz gute Leute dabei.«

Manchmal denke ich ja doch, dass HAPs Psychologiestudium nicht umsonst war, auch wenn er selbst das nicht so sieht. Jedenfalls beruhigt Silli sich allmählich, obwohl sie die nächsten Tage eher depressiv rumhängt. Nach ein paar Tagen fragt sie HAP, ob er weiß, wo Malle vom Kreuzberge Lederladen zu erreichen ist. Sie muss unbedingt mit ihm reden, da sie vor kurzem mit ihm geschlafen und ihn womöglich angesteckt hat. Puh. harter Tobak für HAP. Malle ist nicht in Berlin sondern zusammen mit seiner Tochter der »Specki«-Crew nach Nicaragua nachgereist. HAP findet aber einen Kanal, um ihm die Nachricht zukommen zu lassen. Besonders begeistert ist er dabei nicht.

Zum Glück gibt's bei *Arthur* genug Arbeit, um sich abzulenken und auf andere Ideen zu kommen. Dieses Mal bleiben wir drei Wochen in Freiburg. Konrad begrüßt mich freudig. Die Männer konkretisieren ihr Konzept auf Papier. Mit Hilfe des Freiburger Kabarettisten Matthias Deutschmann entwerfen sie kurze inhaltliche Texte für die verschiedenen Zeitepochen, die Harald mit seinen Collagen verbildlichen soll.

Karl-Heinz Roth

»Der Arzt und Historiker Karl-Heinz Roth ist 1968 SDS-Vorsitzender in Hamburg. Anfang der 70er Jahre Versuch revolutionärer Betriebsarbeit mit Emigrant:innen. 1976 wird er zusammen mit den polizeilich gesuchten Roland Otto und

Philip Werner Sauber in Köln von der Polizei gestellt. Philip Sauber wird durch mehrere Schüsse von Polizeikugeln in den Rücken getötet, Karl-Heinz Roth schwerverletzt in den Knast eingeliefert, wo er nur überlebt, weil er sich als Arzt selbst diagnostiziert und – so gut es geht – selbst behandelt.«

Mit diesen Worten und der Porträtzeichnung von Harald Herrmann wird Karl-Heinz alias Carlo – zum Zeitpunkt des Drehs einer der wichtigsten Analytiker der Neuen Linken – im Video vorgestellt.

Ähnlich wie ich hier im Buch macht Carlo im Video auch eine grundsätzliche Vorbemerkung. Er spricht über die deutsche Arbeiterklasse in der Nazizeit, wo die kommunistischen und sozialistischen Arbeiter:innen sich für das Verteilen von Flugblättern haben aufhängen lassen anstatt den bewaffneten Kampf vorzubereiten.

Mit Blick auf die 60er Jahre spricht er dann von dem »explosiven Gemisch«, das 66/67 entsteht, als Studenten wie er die militanten proletarischen und subproletarischen Jugendlichen als politische Partner:innen akzeptieren lernen. Und umgekehrt.

In diesem Zeitraum – »in der Quetsche zwischen verschärfter Repression und gleichzeitig Reformpolitik« – beginnen dann in großer Breite die Diskussionen über die »Bewaffnung der Sozialrevolte und anti-imperialistische Organisation in den Metropolen.« RAF und Bewegung 2. Juni beginnen ihren Kampf als Stadtguerilla. Carlo glaubt, »dass allein von der historischen Erfahrung her bewaffnete Gruppen im Kontext der Massenmilitanz notwendig sind. (…) Aber sie müssen sich als Moment begreifen. Sie müssen lernen als Moment zu agieren und gleichzeitig lernen, den Anspruch abzustreifen, die weitere Entwicklung zu beherrschen.«

Ich weiß nicht, ob ich alles verstehe, was Carlo in meiner Anwesenheit sagt. Sein Kopf ist ja ziemlich groß, und es ist schon beeindruckend, wie global und druckreif er denkt und spricht. Manchmal etwas anstrengend für meinen kleinen Kopf.

Als ich Miri mit Hund im Treppenhaus höre, stoße ich die Tür auf und geselle mich zu Konrad. Ich brauche eine Pause.

Bakker-Schuut

Schwierig zu verstehen sind für mich auch die Ausführungen des niederländischen Anwalts Pieter Bakker-Schuut, der den Stammheim-Prozess als internationaler Beobachter verfolgt hat. Mit seinem niederländischen Akzent spricht er über die Haftbedingungen der RAF-Gefangenen in Stammheim und ihrem angegriffenen Gesundheitszustand. Monatelang haben die Gefangenen und ihre Anwälte vergeblich versucht, von Ärzten ihres Vertrauens untersucht zu werden. Bis der Gerichtsvorsitzende schließlich forensische Gutachter bestellte, die über die Verhandlungsfähigkeit der Gefangenen urteilen sollten.

Bakker-Schuut sieht die zerstörerischen Haftbedingungen, die Maßnahmen gegen ihre Anwälte, die Hetze in den Medien als ausgeklügelte Bausteine der psychologischen Kriegsführung (»*counterinsurgency*«) gegen die Mitglieder der Stadtguerilla, die vernichtet werden sollen. Das ist nach seiner Interpretation genau die Situation, die das humanitäre Völkerrecht mit der Verabschiedung der Genfer Konvention über die Behandlung von Kriegsgefangenen vermeiden will. Zwar gibt es zwischen BRD und RAF keinen offen erklärten Krieg, nach den Ausführungen des niederländischen Anwalts[79] behandelt der westdeutsche Staat die Gefangenen

79 Pieter Bakker Schut: *Politische Verteidigung in Strafsachen: Eine Fallstudie des von 1972–1977 geführten Strafverfahrens gegen Andreas Baader, Gudrun*

der RAF aber mit Sonderbedingungen, die nahelegen, dass es sich nicht um normale Gefangene handelt sondern um Kriegsgegner:innen. Hier taucht dann die Forderung der Gefangenen nach Anwendung der Genfer Konvention auf.

Wie immer tippt Siggi die Protokolle der Gespräche.

Alle sind mit dem bisherigen Ergebnis sehr zufrieden. Es geht voran.

Nach dem Gespräch mit Bakker-Schuut, der außerdem von der Bedeutung der forensischen Gutachten für Stammheim spricht, schlägt HAP vor, direkten Kontakt zu Professor Wilfried Rasch aufzunehmen, der als Gutachter im Stammheim-Prozess die Isolationshaftbedingungen unter medizinischem Gesichtspunkt kritisiert und die Forderung nach Zusammenlegung in interaktionsfähige Gruppen von mindestens 15 Personen aufgestellt hatte.

Prof. Dr. Wilfried Rasch

HAP macht mit der Uni-Sekretärin einen Termin aus und besucht dann mit mir Professor Rasch in seinem Forensischen Institut an der FU. HAP erklärt dem Professor das Projekt und warum sie gerne ein Interview mit ihm zum Thema Haftbedingungen der RAF-Gefangenen aufnehmen würden. Rasch ist einverstanden. Mit Blick auf seinen Terminkalender meint er allerdings, dass wir das »rasch« machen müssten. (Er hat einen ähnlichen Humor wie HAP.) Danach stünden

Ensslin, Ulrike Meinhof, Holger Meins und Jan Carl Raspe. Seine Dissertation mit diesem Titel ist 1986 im Neuen Malik Verlag in Kiel erschienen.

mehrere Auslandsreisen auf seinem Programm. Er stellt drei Termine zur Auswahl.

Gesagt, getan.

HAP ruft Didi an und erklärt ihm die Situation. Eine Woche später trifft das Kamerateam (Didi & Mike) am Heinrichplatz ein, und gemeinsam gehen sie noch mal die Fragen durch, die HAP Professor Rasch stellen will. HAP hat die Idee, das Interview im berühmten Märkischen Viertel aufzunehmen. »Wohn-haft« als Hintergrund. Rasch gefällt die Idee und willigt ein. Wir holen ihn in der FU ab.

HAP und der Professor – beide übrigens in Lederjacken, wenn auch unterschiedlichen Stils – setzen sich auf eine Betontreppe. Im Hintergrund die traurigen Fassaden der Häuserburgen. Ich lege mich neben HAP auf die gleiche Stufe. Didi scheucht mich aber weg. Ich darf nicht mit aufs Bild.

Rasch macht zuerst klar, dass er anfangs eigentlich kein großes Interesse hatte, im Stammheim-Prozess als Gutachter über die Verhandlungsfähigkeit der Gefangenen mitzuwirken. Aus Erfahrungen in anderen Prozessen mit sozialen Gefangenen war ihm aber bewusst, wie die Haftbedingungen die Gesundheit von Gefangenen beeinflussen. Und die Haftbedingungen der in Stammheim Angeklagten waren schon sehr speziell. »Ich hatte damals das Empfinden, als wenn man die Leute so unter einen Glassturz gebracht hätte. Oder, ich möchte das noch mal anders ausdrücken, man könnte sagen, als hätte jemand den Auftrag gegeben, man solle darauf achten, dass es nicht zieht. Der dichtet jetzt da ab und da ab, bis die Leute, die da jetzt drin sind, erstickt sind. So etwa war der Mechanismus, dass man immer wieder überlegte, wo könnte ein Loch sein, wo könnte etwas passieren. Und irgendwann war man sich dieses Problems dann auch bewusst geworden. Wobei ich sagen muss, dass von Seiten der Häftlinge selbst dieses Bewusstsein von vornherein unterstellt wurde. Sie wissen, dass man diesen Begriff der Isolationsfolter seinerzeit benutzt hat und gesagt hat, also das gerade wollen die. Und man war auf Seiten der vier Leute durchaus aufgeschlossen und wir haben uns sehr gut und sehr lange unterhalten. Und wiederholt zusammengesessen. (...) Die Gefangenen waren in einem wechselnden Umfang körperlich und psychisch reduziert, hatten Konzentrationsstörung, Sprachstörung, und teilweise, es bestand, jedenfalls aus meiner Sicht, und ich wurde dann auch von anderen Kollegen darin bestärkt, nur beschränkte Verhandlungsfähigkeit. Nur einige Stunden am Tag.«

Rasch berichtet weiter, dass den Justizbehörden klar war, dass diese Gesundheitsschäden durch die lange Isolation entstanden waren. Um dem entgegenzuwirken, entwickelt er drei mögliche Haftmodelle für die Gefangenen. Die RAF-Gefangenen favorisieren Modell 3: Zusammenlegung von politischen Gefangenen in interaktionsfähige Gruppen von 15–20 Gefangenen.

Rasch selbst sieht dieses Modell zunächst als praktikabelste Lösung an. Später rückt er allerdings von dieser Idee wieder ab.

»Und zwar habe ich später dann vertreten, dass man zur Integration kommen sollte. Wobei für mich aber entscheidend war die Erfahrung, die man jetzt mit diesem Hochsicherheitstrakt gemacht hatte. Dass man dort nämlich nicht eigentlich interaktionsfähige Gruppen gemacht hatte, sondern Kleingruppen, die man so in neurotischer Verclinchung beließ, bis die Leute weichgekocht waren, wie der Fachausdruck hieß.«

Ich weiß nicht, ob HAP sich »weichgekocht« fühlt. Die »neurotische Verclinchung« hat er nach seinen Berichten in Celle aber zur Genüge am eigenen Körper – und Geist – kennengelernt.

Didi und Mike packen ihr Material in den VW-Bus. Zuerst fahren wir Professor Rasch zur Uni in Dahlem und dann zurück nach Kreuzberg zum Videokollektiv »autofocus« in der O45, wo wir uns die Aufnahmen auf einem Monitor angucken. Einmal bin ich kurz im Bild, was Didi ziemlich ärgert. Ich hätte ihm damit spätere Schnittmöglichkeiten versaut, meint er mit bitterer Miene zu den anderen. Versteh ich nicht. Aber ich bin halt auch keine Filmemacherin.

Im Prinzip fehlen jetzt nur noch die Interviews zum Thema RZ und Ausführungen zur Frauenguerilla Rote Zora. Außerdem wollen sie mit Knofo noch einen Zusatzdreh im KuKuCk zum Thema Haftbedingungen machen. Harald hat die Collagen zu den verschiedenen Zeitepochen fertig und macht sich jetzt daran, anhand der Videoaufnahmen Porträts von den Interviewpartner:innen anzufertigen. HAP darf die Musik aussuchen.

Beim Thema Vietnam hat er keine Zweifel. Die Nationalhymne der USA. Anklagend verzerrt interpretiert von Jimi Hendrix. Seine Gitarre, die wie Maschinengewehrfeuer klingt. Vermischt mit dem bedrohlichen Lärm von Bombenflugzeugen. Da braucht man keinen Text. HAPs Argumente überzeugen die anderen.

(Jimi Hendrix – *Star Spangled Banner*)
Gitarrensolo

Enno

Obwohl wir zwischenzeitlich Gerd ein paar Mal im Büro von Michael Klöckner treffen, bleibt dieser bei seiner Weigerung, bei *Projekt Arthur* mitzumachen. »Enno kann sich sowieso viel besser ausdrücken als ich«, versucht er sich rauszureden. »Und sicher kann er auch was Kluges zur Roten Zora sagen.«

Am Ende dieses Gesprächs explodiert HAP. Er beschimpft seinen Freund in einer Vehemenz, wie ich sie bis dahin nie erlebt hatte. Der eigentliche Grund ist allerdings weniger seine Weigerung, im *Projekt Arthur* mitzuarbeiten, als vielmehr eine Nachricht, die Gerd kurz vor seiner Weiterfahrt nach Ostberlin beiläufig ausspricht.

Uwe K., der RZler mit dem gestreiften Opa-Bademantel, ist gestorben, nachdem sich sein Zustand in den letzten Monaten rapide verschlechtert hatte. HAP ist stinksauer auf seinen Freund. Beschimpft ihn als unsensiblen Egoisten, den nur sein eigener Bauch interessiert. HAP hätte Uwe liebend gerne noch mal gesehen. Zu Lebzeiten. Das hätte Gerd eigentlich wissen müssen.

Gerd entschuldigt sich. Wahrscheinlich hat er zu viel um die Ohren, meint er selbstkritisch. Die Szene in Düsseldorf und die Geheimdienstwarnungen. Die Reisen nach Ostberlin zu seinen internationalistischen Genoss:innen um Carlos. Eine frisch entflammte Liebe in Paris.

Traurig fährt HAP mit mir ein paar Tage später nach Bochum zum städtischen Friedhof. Das Grab ist frisch und noch voll von Blumen und Kränzen, die allerdings schon ein bisschen verdorrt sind. Danach drehen wir noch eine nostalgische Runde im Bulli über das riesig angewachsene Unigelände. Sogar ich kann mit meinem Geruchs- und Orientierungssinn nichts wiedererkennen. Sieht eher wie eine Fabrik aus. Lernfabrik.

Zum ersten Dreh mit RZ-Enno über die Entstehungsgeschichte der Revolutionären Zellen und die Abspaltung der Roten Zora fahren wir dann weiter nach Hamburg.

Enno und Gerd passen irgendwie gut zusammen, denke ich. Erstmal schon von ihrem Äußeren, und dann aber auch von der Art, wie sie reden. Beide auffallend freundlich, wenn auch ein bisschen intellektuell. Vielleicht merkt man Enno stärker an, dass er diplomierter Soziologe ist. Er drückt sich besonnen und überlegt aus, als er von der Gründung der RZ berichtet.

»72 war die erste Verhaftungswelle im Grunde gelaufen, d. h. es saß eine ganze Reihe von Leuten aus der RAF im Knast. Es waren einige vom Blues eingefahren. Trotzdem konnte man nicht sagen, dass das Konzept gescheitert war. Politisch war es überhaupt noch nicht ausgemacht, ob das Konzept nun gescheitert ist oder nicht. Es war klar, dass das historische Verdienst, das die RAF hatte, das war, die Frage des Internationalismus auf die Tagesordnung zu setzen. Dass man sich auf die entstehenden Freiheitsbewegungen der 3. Welt bezieht, auf die Offensive sozusagen gegen den Imperialismus.«

Andererseits kritisiert er, dass die RAF sich zunehmend von der sozialen Realität hier im Land isoliert hat und sich auf einen überholten Leninismus bezieht.

»Die Revolutionären Zellen wollen sich dagegen sowohl auf die internationalen Befreiungsbewegungen beziehen als auch auf die sozialen Bewegungen im Land. Im Gegensatz zur RAF wollen sie nicht freiwillig auf die Legalität verzichten, um den Kontakt zu der linksradikalen Szene nicht zu verlieren.«

Ich kann das mit meinen eigenen Erfahrungen im Märkischen Viertel und der Berliner Obdachlosensiedlung bestätigen, dass sie das wirklich gemacht haben.

»Das Ziel des Konzepts der RZ war auch in der Tat im Unterschied zu der RAF, dass es darum ging, dass man nachmachbare Aktionen machen kann, die vermassbar sind, dass es sozusagen aufgenommen wird. Dass das, was die RZ, also die Guerilla als klandestine Gruppe vorstellt, dass das im Grunde etwas ist, was jeder machen kann. Deswegen gab es im ursprünglichen Konzept die Aufforderung: schafft 2, 3, viele Revolutionäre Zellen. Dass man kein Patent jetzt auf den bewaffneten Kampf hat und praktisch so eine Hierarchie von Aktionsform schafft, wo man selbst sozusagen die Spitze der Interventionsmethode darstellt.«

Für Enno ist es kein Problem, dass einige Frauen sich eigenständig gemacht und die Rote Zora als reine Frauenguerilla gegründet haben. Er sieht diese Entwicklung als Widerspiegelung der Diskussionsprozesse innerhalb der Linken, wo sich ebenfalls Frauen aus gemischten Zusammenhängen rausziehen und zu feministischen Frauengruppen zusammenschließen. Außerdem passt es zum ursprünglichen Konzept, das eine zentralistische Struktur ablehnt und auf die Gründung von autonomen Gruppen setzt.

Zurück in Berlin hört HAP von dem Gerücht, dass die RZ die Videobänder vernichten würden, falls es zur Fertigstellung des Films und öffentlichen Aufführungen kommen sollte.

Für mich klingt das total verrückt und durchgeknallt. Waren das nicht die Nazis, die im Dritten Reich die Bücher verbrannt haben, die ihnen nicht gefielen? HAP denkt wohl ähnlich und nimmt die Drohung nicht besonders ernst. Will aber bei Gelegenheit mit Gerd darüber sprechen. Zu Hause spricht er mit Tarek über das Thema, der auch von dem Gerücht gehört hat, aber nicht weiß, woher es kommt. Er beruhigt HAP und meint, dass er sich darum kümmern und das Problem lösen würde.

Irgendwie hat Tarek scheinbar immer eine Lösung für alles.[80] Die Lösung für seine Unzufriedenheit bei *Gegensatz*

80 Im Mai 1999 wird Tarek Mousli verhaftet, nachdem die Polizei in seinem Keller Sprengstoff entdeckt hat, der den Revolutionären Zellen

lautet Wechsel der Arbeitsstelle. Er macht sich selbständig und eröffnet ein eigenes Satzbüro.

Das Problem von HAP und den Freiburgern heißt Zeit. Aus den vielen Stunden Interviews muss das Wichtigste ausgesucht und zusammengeschnitten werden. Unser jetziger Freiburg-Trip soll deshalb mehrere Wochen dauern. Ich freu mich schon auf die Spaziergänge mit Miri und Konrad durch den Schwarzwald. Raus aus den Berliner Mauern.

Die Männer verbringen viele Stunden im Studio vor dem Monitor. Scheinen trotzdem ganz zufrieden. Die Arbeit kommt voran. Mit Enno wollen sie in Hamburg noch etwas nachdrehen. Er soll ein paar Worte zur aktuellen Kampagne der RZ gegen die repressive Flüchtlingspolitik sagen. Und mit Knofo in Berlin noch einen Teil zum Thema Haftbedingungen. In Sachen technische Logistik profitiert die Gruppe in Berlin von »autofocus«, die ihre Medienwerkstatt in einer Remise der besetzten Oranienstraße 45 eingerichtet haben. In Hamburg von Gerd Roscher und seiner Filmhochschule.

Am Ende dauert unser Aufenthalt in Freiburg länger als ursprünglich gedacht. Dafür ist der Rohschnitt des Films weitgehend umrissen. Spätestens im Herbst wollen sie ihn allen Beteiligten vorführen, um Kritik und Anregungen für die endgültige Fertigstellung zu bekommen. Und natürlich die grundsätzliche Einverständniserklärung aller Interviewpartner:innen.

---

zugeschrieben wird. Mousli macht bei der Bundesanwaltschaft umfassende Aussagen über andere vermeintliche RZ-Mitglieder und erklärt sich bereit, in einem zukünftigen Prozess gegen sie als Kronzeuge auszusagen. Als Belohnung bekommt er eine Bewährungsstrafe, ein monatliches Gehalt von rund 2.000 DM sowie eine neue Identität.

Überraschung

Als wir nach fünf Wochen am Heinrichplatz ankommen, ist Silli nicht zu Hause. Sie hat auch kein Essen für mich zubereitet, obwohl HAP uns telefonisch angekündigt hat. Er läuft schnell um die Ecke zu Metzger Florian und kauft ein paar Fleischreste, die er mir mit Reis zubereitet. Dann spricht er ein bisschen mit Tarek, der alleine in der Küche sitzt. HAP ist müde vom Fahren und will gerade ins Bett gehen, als unten im Hof die Haustür aufgeschlossen wird. Silli kommt die Treppe hoch. Ich laufe ihr entgegen. Aber – oh je! Den Blick kenne ich. Die verengten Pupillen. Die belegte Stimme wie neulich am Nollendorfplatz. HAP ist ebenfalls entsetzt. »Wo kommst du denn jetzt her?«, fragt er, um irgendwas zu sagen. »Von einer Freundin«, lautet die pampige Antwort. »Aber das geht dich überhaupt nichts an. Außerdem bin ich jetzt mit Martin zusammen, falls du das auch wissen willst.« Sie zündet sich die ausgegangene Zigarette an und geht weiter, direkt in Martins Zimmer. Ungläubig guckt HAP erst mich und dann Tarek an. »Was ist hier los?«, fragt er mit gebrochener Stimme. Tarek zuckt mit den Schultern.

»Was weiß ich. Ich denke, dass Silli schon länger wieder drauf ist. Und das mit Martin, was soll man da sagen? Sind ja erwachsene Personen.«

HAP ist fassungslos und versteht die Welt nicht mehr.

Ich frage mich, was für ein Stoff Heroin ist. Was hat diese Substanz, dass Silli sie einem Leben mit HAP und mir vorzieht? Oder will sie nur eine Trennung provozieren, damit HAP sich keine Sorgen mehr um seine HIV-positive Freundin macht?

Völlig zerstört wankt HAP nach oben in unser Mansardenzimmer. Das Bett ist mit dem seidenen Bettbezug von Silli bezogen. Bewegungslos starrt HAP das Bett an und die frischen Brandlöcher, die offensichtlich von einer – oder mehreren – brennenden Zigarette(n) stammen. »Zum Glück ist das Haus nicht abgebrannt«, denke ich.

HAPs Entschluss ist klar. Am nächsten Morgen ruft er Michael Klöckner an. Fragt, ob er mit mir ein paar Tage, evtl. Wochen, im Büro pennen könnte. Kein Problem. Das Büro wird eh kaum benutzt. HAP packt ein paar Kartons und seinen Koffer in den Bus und wir fahren zur Ohlauer Straße, wo er in einem Café erstmal frühstückt. Dann die Sachen hochschleppen und noch einen Kaffee aus der Europa-Kaffeemaschine.

Drei Tage später geht's wieder nach Hamburg zum letzten Dreh mit Enno.

(Element of Crime – *Mach das Licht aus*)
Deine Stimme hört jetzt keiner mehr/
Und du lachst an Stellen, wo du's nicht verstehst/
Mach das Licht aus, wenn du gehst

Zum Glück gibt es für HAP die Ablenkung und Auslastung durch *Arthur*. Ein paar Tage nach Hamburg geht's weiter nach Freiburg. HAP und die anderen arbeiten fieberhaft an der Zusammenstellung des Rohschnitts. Manchmal zehn Stunden am Tag – und in der Nacht. Es sieht fast so aus, als wollte HAP nicht nur Silli vergessen, sondern mich gleich mit. Tagsüber geht Miri mit Konrad und mir spazieren. Und oft liege ich einfach mit Konrad vor dem Laden. Anders als Ari ist Konrad ein ruhiger Zeitgenosse. Ich genieße das gemütliche und ruhige Zusammensein.

»Fertig.« Erschöpft teilt Didi am Ende das erlösende Resultat mit. Mike führt den provisorischen dreistündigen Zusammenschnitt vor. Alle sind zufrieden. HAP holt den im Intershop gekauften Rotkäppchensekt aus dem Kühlschrank. Und Didi köpft eine Flasche Riesling-Sekt aus dem Breisgau.

Ich bekomme frisches Wasser in meinen Napf.

Jetzt geht's daran, Termine mit den Akteur:innen zu machen, um deren Kritiken zu hören. Und ihr generelles Einverständnis einholen. Die erste Sichtung des Rohschnitts findet mit Knofo in Berlin statt. Kein Problem. Knofo ist einverstanden. Am nächsten Tag sind die Frauen der RAF dran. Sie formulieren nach dem Sehen einzelne Kritikpunkte, die sie in der Endversion gerne berücksichtigt haben möchten. Grundsätzlich lehnen sie die filmische Umsetzung aber nicht ab. Brigitte A. ist sich allerdings etwas unsicher. Sie möchte den Rohschnitt noch einmal mit Vertrauenspersonen aus ihrem engeren Umfeld ansehen, ehe sie ihr endgültiges Ja- oder Nein-Wort gibt. Die Filmemacher sind nicht besonders begeistert darüber, willigen aber ein. Der neue Sichtungstermin wird für das kommende Wochenende festgelegt. Ich gehe mit, obwohl ich den Rohschnitt schon auswendig kenne.

Das Jüngste Gericht

Brigitte und Irene erscheinen in Begleitung von einem guten Dutzend Männer und Frauen aus dem anti-imperialistischen Umfeld der RAF. Und einem grimmig dreinblickenden Hund.

Zum Glück schläft der Hund bei der Filmvorführung ein. Seine anti-imperialistischen Begleiter:innen sehen sich den Film dagegen sehr konzentriert und ruhig bis zum Ende an. Bis das Licht angeht. Brigitte räuspert sich und eröffnet die Debatte. Zuerst geht's um Allgemeines. Wo stehen die Filmemacher politisch? Es sind ausschließlich Männer, die an dem Film gearbeitet haben. Als Männer können und dürfen sie aber nichts über den Kampf von Frauen sagen. Und ein weiteres grundsätzliches Problem: Sie hatten kein Mandat für den Film. Den Film müsste die Guerilla selbst machen. Sie interviewen nur Personen, die nicht mehr im bewaffneten Kampf aktiv sind. Der Film ist folglich ein Aussteigerfilm.

Ich sehe, wie Didi innerlich kocht und was dagegen sagen will. HAP hält ihn aber zurück und meint, dass sie erstmal alle Kritikpunkte sammeln sollten. Er erklärt sich bereit, die Punkte zu protokollieren.

.

Ein wahrer Wolkenbruch prasselt auf die vier nieder. Nach der globalen Kritik die Details.

Nr.1: Thorwald redet viel zu schwammig. Er ist überflüssig. Die Prozesserklärung der Kaufhausbrandstifter:innen ist viel präziser.

Nr.2: Knofo muss raus. Er bekommt viel zu viel Raum. Ein Macho, der bekifft in seinem Sessel sitzt. Untragbar nach den beeindruckenden Ausführungen von Brigitte und Irene. Er ist nicht repräsentativ für den 2. Juni.

Nr.3: Rasch ist ein bürgerlicher Wissenschaftler und steht auf der anderen Seite der Barrikade. Deshalb ist es unmöglich, sich mit ihm auf die gleiche (Treppen-)Stufe zu setzen und ihn unwidersprochen von einer »neurotischen Verclinchung« der RAF-Gefangenen reden zu lassen.

Nr.4: Enno hat keine Ahnung vom Konzept der Roten Zora. Der von ihm verwendete Begriff feministisch denunziert den bewaffneten Kampf der Frauen-Guerillagruppe.

Nr.5: Bei Karl-Heinz Roth halten die anti-imperialistischen Filmkritiker:innen erstaunlicherweise mit der Kritik zurück. Sie wenden sich dagegen an die Filmemacher und wollen wissen, ob sie Carlos Meinung teilen, wenn er sagt, dass die Guerilla sich als Moment begreifen und als Moment innerhalb einer breiten Massenbasis agieren muss. »Heißt das im umgekehrten Fall, dass die Guerilla zu verschwinden hat, wenn die Massenbasis verloren geht?«

Es hagelt danach noch jede Menge kleinerer Kritikpunkte.

Am Ende ringt Didi sich zu der entscheidenden Frage durch, die er direkt an Brigitte und Irene richtet. Geben sie ihr Einverständnis für die Fertigstellung des Videos – unter Einbeziehung einzelner Kritikpunkte?

Brigitte braucht Bedenkzeit. Ein anderer Ex-Gefangener, Ali J., ist dabei anzureisen. Sie will sich den Film nochmal alleine mit ihm und Irene angucken. Und danach entscheiden.

Didi überlässt ihr die VHS-Kassette. Ungern.

Zwei Tage später die erwartete Antwort.

Arthur ist tot.

(Taste – *Same Old Story*)
Same old story/Am I really down? /
Same old story/ The earth goes round?

Erneuter Tiefschlag für HAP

Was soll ich tun? Wie kann ich ihn aufmuntern, damit er nicht völlig vor die Hunde – ich meine k.o. geht? Immerhin geht er mit mir durch die Hasenheide. Ich springe um ihn herum, aber er läuft wie ein Zombie neben mir her. Und wahrscheinlich auch neben sich selbst.

Die vier sind sich einig, dass der Film ohne Beteiligung der RAF keinen Sinn macht. Aber zwei Jahre Arbeit einfach so in den Sand setzen? Didi hat am Ende eine Idee. Er schlägt vor, den Film zeitlich auf die Anfänge bis zur Gründung der ersten bewaffneten Gruppen – RAF und Bewegung 2.Juni – zu begrenzen. Dazu will er noch ein Interview mit dem linken Liedermacher WALTER MOSSMANN über die Kontinuität der Nazis an der Hochschule machen. Die anderen sagen nicht viel dazu. »Die RZ hat doch eigentlich das attraktivste und erfolgversprechendste Konzept«, gibt HAP zu bedenken. »Die ganzen Interviews mit Enno waren dann für die Katz? Das soll jetzt alles unter den Tisch fallen?«

»Ja, und dann die wirklich beeindruckenden Ausführungen von Brigitte und Irene über die Anfänge der Guerilla und die Haftbedingungen. Vor allem Irene mit ihrer Zeit im Erziehungsheim, wo sie Kontakt und Vertrauen zu der Journalistin Ulrike Meinhof gefunden hat. Echt ein schwerer Verlust«, wirft Detta ein. »Aber was soll's?«

Es sieht so aus, als ob die vier sich bei der Diskussion mit den Antiimps verausgabt haben. Sie haben keine Lust mehr. Didi soll einfach machen, was er für richtig hält.

PART VI

Baskenland

Ungewollt hat HAP jetzt mehr Zeit für seinen Spanischkurs bei »Babylonia«. Er beschließt außerdem, sich in München beim Goethe-Institut für einen Fortbildungskurs zum Deutschunterrichten anzumelden. Ich bin mir nicht sicher, ob es sich dabei um Beschäftigungstherapie oder den Aufbau einer neuen Zukunftsperspektive handelt. In der »Knastgruppe Babylonia« lanciert sein Spanischlehrer José die Idee einer Exkursion ins Baskenland. José hat Kontakte, die für Unterkunft sorgen und ein politisches Austauschprogramm organisieren wollen.

Als sie darüber reden, dass sie Infos über den aktuellen Widerstand in Berlin und der BRD zusammenstellen wollen, sehe ich, wie HAP langsam auftaut und sich wieder stärker einbringt. Plan ist, erstmal eine kleine Broschüre auf Deutsch zu erstellen, die José dann mit seinem Fortgeschrittenenkurs übersetzen will. HAP erklärt sich bereit, bei »autofocus« nach aktuellem Material aus der Bewegung zu suchen und das dann zu einem Video mit spanischen Untertiteln zusammenzuschneiden. Marika vom »autofocus«-Kollektiv will ihm dabei helfen und ihm auch das Untertitelungsprogramm erklären. Schon wieder Video, denke ich. Wenn das man nur nicht wieder schiefgeht.

Vier Wochen vor Abreise hat er das Video fertig und führt es der Gruppe vor. Um das Ganze ein bisschen aufzulockern, ist am Ende noch ein bisschen Szene-Musik angehängt. Als letztes eine phantastische Performance der EINSTÜRZENDEN NEUBAUTEN. *»Sehnsucht«*, aufgenommen in einem klaustrophobisch engen Keller. »Halt«, meldet sich da eine Stimme aus der Knastgruppe. Olga, mit bürgerlichem Namen eigentlich Ruth B. und ehemalige Mitbewohnerin von Silli im besetzten Haus Adalbertstraße 6, erhebt vehement Einspruch.

»Die Neubauten dealen mit Drogen und der Sänger Blixa Bargeld ist doch total auf Koks. Das muss raus aus dem Video. Da lege ich mein Veto ein.«

Ich glaub, ich hör nicht richtig. Schon wieder? Erschrocken blicke ich zu HAP hinüber. Als er gerade seine Stimme gegen Olga erheben will, schaltet sich José als Vermittler ein. Und tatsächlich, HAP geht auf Josés Vorschlag ein und verspricht, den *song* rauszunehmen. Hätte ich nicht gedacht. Und auch nicht gemacht. Aber José hat Recht. Für die Basken und Baskinnen ist das wirklich nicht wichtig, ob die NEUBAUTEN dabei sind oder nicht.

Anfang Januar geht's los. HAP mietet einen Ford Transit, damit wir die 2.000 km bis Donostia–San Sebastián mit einigermaßen Garantie schaffen. Als Fahrtziel gibt er Frankreich an. Baskenland – und Spanien generell – sind für Autovermietungen no-go-area.

Als wir mit etwas Verspätung am vereinbarten Ort – einem Anwaltsbüro im Stadtteil Egia – ankommen, gesteht uns Josés Kontakt, die Deutschlehrerin Helga R., dass sie nur für vier Personen Unterkunft gefunden hat. »No hay problema«, bietet sich Fernando an, ein junger Anwalt, der zu so später Stunde noch in der Kanzlei arbeitet. Er nimmt HAP, mich und noch drei andere aus der Babylonia-Gruppe mit zu sich nach Hause. Ganz in der Nähe von dem idyllischen Kontxa-Strand. Am nächsten Morgen tobe ich mit HAP durch den Sand. Bei Sonnenschein und milden Temperaturen. Zum Mittagessen sind wir mit Fernando im »Herria«, einer Kneipe der linken Unabhängigkeitsbewegung, in der Altstadt verabredet. Fernando empfiehlt *txipirones en su tinta,* kleine Tintenfische in pechschwarzer Tintensoße. HAP ist der einzige von Babylonia, der Fernandos Empfehlung folgt – und offensichtlich genießt. Ich bekomme einen dicken *txuleta*[81]-Knochen. Super, die Leute von Herria.

81 Eine Art T-Bone-Rindersteak.

Am Nachmittag sind wir dann dran. Der Saal in der ehemaligen Bibliothek ist gut gefüllt. José leitet die Versammlung ein und stellt unsere Gruppe vor. Dann zeigt HAP seinen Video-Zusammenschnitt. Die Anwesenden sind sehr interessiert und diskutieren am Ende noch eine ganze Weile über die Bewegung in der BRD. Für die nächsten Tage hat José einen Besuchsplan aufgestellt. HAP schreibt sich – und mich – für das Freie Radio *Txantxangorri* (Rotkehlchen) ein, für die Knastgruppe »Gestoras pro Amnistia«, das Treffen mit Sabino Ormazabal, der uns über die Ökologie- und Anti-AKW-Bewegung informiert, den Besuch beim linken baskischen Bürgermeister von Hernani, und den Ausflug nach Lasarte, wo ein gerade entlassener ETA-Gefangener mit Pauken und Trompeten, bzw. *txistu* und *tamboril* von einer riesigen Menschenmenge freudig empfangen wird. Schon anders als bei uns, denke ich und erinnere mich an HAPs Entlassung in Celle.

(KORTATU – *Sarri, Sarri*)
Ez dakit zer pasatzen den azken aldi hontan/
Jendea hasi dela dantzatzen sarritan
Zerbait ikustekoa du bi falta direlakoz/
Rekuento generalean

(Keine Ahnung, was in letzter Zeit hier los ist/
Dass die Leute oft anfangen zu tanzen
Hat wahrscheinlich damit zu tun/
Dass beim Knastappell zwei Gefangene fehlten)

Fernando hat zu Hause eine große Plattensammlung, die HAP gefällt. FRANK ZAPPA, VAN MORRISON, BOB DYLAN und etliches auf Baskisch. Als er die Platte von KORTATU auflegt, erklärt er den Hintergrund von *Sarri, Sarri.* Sarri steht für den beliebten Schriftsteller und ETA-Gefangenen Joseba Sarrionandia. Nach einem Konzert des Liedermachers IMANOL im Knast von Martutene wurden Sarri und sein Mitgefangener Iñaki Pikabea, versteckt in zwei großen Lautsprecherboxen, in die Freiheit transportiert.

Zurück in Berlin beschließen die Ausflügler:innen, ihre Erfahrungen im Baskenland auf einer Veranstaltung in der Neuköllner Szenekneipe »Syndikat« zu verbreiten. HAP und seine Knastgruppenfreundin Kera sitzen mit ihren Aufzeichnungen am Tisch vor dem großen Wandbild, das Menne, ein regelmäßiger Besucher des »Syndikats« mit viel Geduld an die Wand des Versammlungsraums gemalt hat. Das Plattencover von SCHROEDER'S ROADSHOW – *Anarchy in Germoney.* Drei Comic-Freaks, die eine Hochhausstadt à la Märkisches Viertel in die Luft sprengen. Ich liege vor dem Tisch. Alle Stühle im Raum sind besetzt. An beiden Seiten und im Hintergrund Stehgäste.

Alle sind sehr gespannt und lauschen aufmerksam den Ausführungen von HAP und Kera. Bis auf ein Pärchen, das in der letzten Reihe steht. Sie sprechen miteinander und manchmal lachen sie sogar. HAP lässt sich aber nicht aus dem Konzept bringen. Erzählt euphorisch vom öffentlichen Empfang des Gefangenen, von den Massen, die zu *Sarri, Sarri*, dem *song* über die gelungene Flucht aus dem Knast, tanzen, von der Gruppe »Gestoras pro Amnistia«, der Anti-AKW-Bewegung, *Nuklearrik? Ez eskerrik asko* (Atomkraft? Nein, danke), den Freien Radios, linken Bürgermeistern etc. …

»Babylonia« und das »Syndikat« sind rundum zufrieden. Helmut, einer der Gründer vom »Syndikat«, der ersten alternativen Kneipe in Neukölln[82] , hat sogar ein paar Flaschen *Patxaran* (Likör aus Schlehen und Anis) aus dem Baskenland importiert. HAPs Augen glänzen, als Helmut ihm sein neues Lieblingsgetränk aus dem Baskenland kredenzt.

Für mich ist klar: HAP ist verliebt. Ins Baskenland. Es wundert mich deshalb nicht, dass er gleich wieder an die nächste Reise ins Baskenland denkt. Ostern jährt sich der 50. Jahrestag der Bombardierung von Gernika und anderen Städten durch die deutsche Legion Condor[83]. Laut Fernando werden die Überlebenden und Nachkommen aus Gernika eine Woche lang ein großes Fest feiern. Mit viel Musik.

---

82 Der linken Kiezkneipe »Syndikat« wird im Sommer 2018 nach 33 Jahren unerwartet der Mietvertrag nicht verlängert. Zum Jahresende 2018 verweigert das Kneipenkollektiv die Schlüsselübergabe an den Eigentümer – eine Holding der britischen Milliardärsfamilie Pears. Deren Unternehmen Pears Global Real Estate gehören mindestens 3.000 Wohnungen in Berlin. Der Immobilienhai verklagt daraufhin das Kneipenkollektiv – und gewinnt den Prozess. Ein Gerichtsvollzieher räumt dann am 7. August 2020 mit einem riesigen Polizeiaufgebot von mehr als 700 Polizisten die Kneipe. Drei Jahre später stehen die Räume der Spekulantenfirma weiter leer.

83 Trotz des in den Versailler Verträgen nach dem Ersten Weltkrieg festgelegten Verbots zum Aufbau von Luftstreitkräften, gab Hitler 1935 den Befehl, heimlich eine Luftwaffe aufzubauen. 1936 wurde die neue Luftwaffe in Spanien zur Unterstützung des Militärputsches von Franco eingesetzt. Deutsche Flugzeuge transportierten 13.500 Soldaten und Kriegsmaterial von Afrika zum Einsatz auf die Iberische Halbinsel. Ein Jahr später, am 26. April 1937, machte die in Wunstorf stationierte Legion Condor nach einem Bombenangriff gegen die Zivilbevölkerung die Stadt Gernika dem Erdboden gleich. Picasso hat das Ergebnis in seinem Gemälde Guernica verewigt. Danach wurden weitere Städte in Bizkaia von den Deutschen bombardiert, um den Feldzug von Franco zu unterstützen.

HAP will wieder mit Yvonne und Meike reisen, die in der Zeit Osterferien haben. Dieses Mal ohne Silli. Ich freu mich jetzt schon. Vorher muss HAP allerdings noch nach München zu seinem Deutschlehrerkurs am Goethe-Institut. Herr Goethe erlaubt keine Hündinnen-Begleitung. Für die Zeit werde ich deshalb bei Kalle und Ari im Nachbarhaus von »Babylonia« einquartiert. Kein Problem.

Gleich bei seiner Rückkehr telefoniert HAP mit Yvonne und ihrer Großmutter, die verspricht, mit Meikes Mutter zu reden. Alle sind einverstanden. Einmal volltanken und schon geht's los. Zuerst nach Frankfurt. Yvonne fragt mit keinem Wort nach Silli. Psychologisch gesehen wahrscheinlich nicht die beste Lösung für ihre Probleme, denke ich, die Begleiterin des diplomierten Psychologen HAP. Gleichzeitig ist Yvonne aber total froh, dass sie wieder mit mir zusammen sein kann. (Ich auch.) Und wahrscheinlich auch mit HAP. Mit Meike sowieso.

Nach Frankfurt geht's weiter via Paris Richtung Donostia (San Sebastian). Wir fahren die meiste Zeit Autobahn, wo es weniger Kurven gibt. Yvonne verträgt die Fahrt besser als letztes Jahr. In Donostia machen wir Zwischenstopp bei Fernando. Er hat Tintenfisch *(txipirones)* in Tintensoße gekocht. Yvonne und Meike wollen nicht probieren. Sie bekommen Reis mit Spiegelei.

Fernando erklärt HAP den Weg nach Gernika und will selbst in zwei Tagen nachkommen.

Kurz vor dem zweisprachigen Ortsschild Guernica / Gernika sehe ich ein Haus in Ruinen und überlege, ob es wohl ein Überbleibsel der deutschen Bombardierung ist. Im Zentrum weist uns ein Ordner auf einem provisorischen Parkplatz ein. Wir haben Glück. Der Platz ist auf einer Wiese gleich hinter der großen Musikbühne. Ganz in der Nähe der berühmten baskischen Eiche[84]. HAP dreht eine Runde mit uns durch das Städtchen. Die Straßen sind voll von Leuten jeden Alters. Alle sind in Feststimmung. Trinken. Essen kleine Häppchen, die hier *pintxos* heißen. Und tanzen, sobald irgendwo Musik ertönt.

Bereits einen Tag später gesellt sich Fernando zu uns. Er kennt hier viele Leute. Stolz stellt er uns vor. HAP ist das ein bisschen peinlich. Als Deutscher fühlt er sich nicht hundertprozentig wohl. Als wir die Leute aus der Videowerkstatt von Herri Batasuna[85] treffen, die wir schon von unserem Januarbesuch her kennen, bekennt HAP, dass er eigentlich dachte, dass sie unserem Bus mit deutschem Kennzeichen die Reifen durchstechen würden. Was er verstehen könnte.

Fernando und die Batasuna-Leute beruhigen ihn. Genau das Gegenteil ist der Fall. Alle im Baskenland freuen sich, wenn Deutsche zu Besuch kommen und das baskische Volk kennen lernen wollen.

Das bestätigt auch Christa, die wir bei einem Konzert auf dem Konzertplatz, gleich unterhalb der Eiche, treffen. Christa hat früher in der Drogenberatung Tiergarten gearbeitet. Nach der Kündigung ist sie erstmal nach Nicaragua geflogen, wo sie bei der Solidaritätsarbeit viele Bask:innen kennen gelernt hat. Während der Gernika-Woche wohnt sie in dem Dorf Elorrio

84 Die Eiche von Gernika symbolisiert für die Bask:innen Freiheit und Unabhängigkeit. Im Mittelalter tagte hier der Ältestenrat, eine Art Vorläufer des Parlaments. Die Fürsten und königlichen Herrscher, die in verschiedenen Epochen das Baskenland erobert hatten, legten unter der Eiche einen Eid ab, Freiheit und Unabhängigkeit des baskischen Volkes zu achten.

85 Linksnationalistische Unabhängigkeitspartei mit sozialistischer Ideologie, die 2003 in Spanien nach dem eigens dafür geschaffenen Parteiengesetz verboten wurde. Laut Oberstem Gerichtshof standen sie ideologisch der ETA nahe.

bei einem Freund, den sie aus Nicaragua kennt. Internationale Solidarität. Zusammen mit Christa gehen wir zu einem Auftritt von BERTSOLARIS. Zwei Personen stehen allein auf einer Bühne mit einem Mikrofon vor mehreren hundert Zuschauer:innen und improvisieren auf Baskisch abwechselnd eine Art Sprechgesang. Gefällt mir irgendwie, obwohl ich natürlich kein Wort verstehe – genausowenig wie HAP und Christa. Die anderen Zuhörer:innen sind alle begeistert dabei, applaudieren und lachen manchmal. Den Refrain singen alle mit.

Weniger begeistert bin ich von der Lautstärke bei den abendlichen Konzerten auf der Hauptbühne. Ich gehe mit Yvonne und Meike zurück zum Bus. HAP und Fernando genießen unterdessen die Punk-Konzerte von KORTATU, TIJUANA IN BLUE, DELIRIUM TREMENS, ZARAMA, LA POLLA RECORDS, CICATRIZ und anderen.

Am nächsten Tag treffen wir Rolf B. aus Freiburg, ein Freund von Didi und Mike, den wir öfters in der Medienwerkstatt getroffen haben. Er ist mit seinem Sohn unterwegs und lädt Yvonne, Meike und mich zu einem Ausflug zum Strand von Laga ein. Super. Wir toben durch den Sand. Da das Wasser noch kalt ist, geht niemand rein und ich muss keine Angst haben. Spätabends kommen wir müde nach Gernika zurück.

Zwei Tage später steht die Rückfahrt an. Wir fahren zuerst nach Elorrio, wo wir auf dem Kirchplatz Christa einsammeln – und die Kirche im Dorf lassen. Christa fährt von Frankfurt aus mit dem Zug weiter. HAP und ich bleiben noch einen Tag länger in Frankfurt, um uns in Ruhe von Yvonne und Meike – und Marianne – zu verabschieden.

Hinterhaus 5. Stock

Zurück in Berlin beginnt HAP in »Babylonia« seine Karriere als Deutschlehrer. Helmut D. vom alteingesessenen Kollektiv führt ihn ein. Zuerst hospitiert HAP bei ihm, während ich bei den Schüler:innen unter dem Tisch liege. Die ersten Unterrichtseinheiten bereiten beide gemeinsam vor.

Helmut erzählt, dass er demnächst mit seinen Freund:innen der Gruppe wildcat in eine WG ziehen will. Seine Ein-Zimmer-Wohnung in der Yorckstraße wird dann frei. HAP könnte sie mieten. Die Wohnung ist im 5. Stock Hinterhaus und hat ein Hochbett wie in der Fabriketage in der Schinkestraße.

HAP mietet und wir steigen die vielen Treppen hoch.

Einmal bleibt Kera, die Frau von der Baskenlandveranstaltung im »Syndikat«, nach einem späten Abendessen über Nacht. Ich höre aber nicht viel Bewegung vom Hochbett. HAP will erst noch einen neuen HIV-Test machen.

Da Kera auch aus Essen kommt, bei den Songtagen aber noch zu jung war, schenkt er ihr das Programmheft, das er sonst wie ein Kleinod hütet. Wundert mich eigentlich. HAP hat immer betont, wie wichtig dieses politische Musikfestival für ihn war. Und dieses Souvenir. Für Kera ist das Programmheft wahrscheinlich nicht besonders wichtig. Und HAP selbst vielleicht auch nicht. Das ist jedenfalls mein subjektives Gefühl. Irgendwie riecht es für mich nicht nach einer Beziehung mit Zukunft.

Als nächster Besuch kündigt sich Fernando aus Donostia an. Wir freuen uns und besuchen mit ihm die Ausstellung *Mythos Berlin* aus Anlass des 750. Jahrestages von Berlin, der mit viel Pomp, Geld und Gloria begangen wird. Zur Einweihung der Ausstellung organisieren die Politiker:innen ein kaltes Buffet am Anhalter Bahnhof. Da die Sponti-Szene Wind davon bekommt, bleiben sie aber nicht unter sich wie ursprünglich geplant. Das Buffet wird schnell von vielen Händen und Mündern geleert, und dem Kultursenator schwappt bei seiner Flucht ein bisschen Bier in den Kragen seines Popelinemantels. HAP und Fernando geben mir auch ein paar Häppchen, die sie stibitzt haben. Schmecken aber nicht besonders. Zu viel Mayonnaise.

Nach der Buffet-Feier steht erneut Umzug an. Dieses Mal aber ohne Treppensteigen. Thomas F., unser Nachbar in der Yorckstraße, geht für drei Jahre mit dem Deutschen Entwicklungsdienst nach Brasilien. Da seine Wohnung größer ist als die von Helmut und zudem eine Dusche hat, ziehen wir quer über den Flur in die Wohnung. Hinterhaus, 5. Stock links.

Unser erster Besuch in der neuen Wohnung kommt aus Freiburg. Didi mit dem fertiggestellten *Projekt Arthur* (Restprodukt) unterm Arm. Ohne RAF-Interviews und ohne RZ-Enno. Im Abspann zu der Musik von TASTE (*Same Old Story*) die Anmerkungen zum Scheitern des ursprünglichen Konzepts.

Wir müssen am nächsten Morgen zu »Babylonia«, wo HAP Kloputzdienst hat. (Im Kollektiv machen alle alles.) Er erklärt Didi kurz die Funktionsweise des Heißwasserboilers in der Küche und der provisorischen Dusche, die im Flur aufgestellt ist. Das Duschwasser wird über einen Schlauch ins Toilettenbecken abgepumpt. Der Schlauch geht durch die Wand und ist unter der Klobrille in die Toilette eingehängt.

Als wir zurückkommen, ist Didi schon weg. Kaum sind wir in der Wohnung, klingelt es an der Tür. Jörn, der junge Soziologiestudent aus der Wohnung unter uns, steht vor der Tür. Er will, dass HAP in seine Wohnung kommt. Da ich neugierig bin, gehe ich mit. In der Wohnung im 4. Stock tropft es durch die Decke. Ungefähr an der Stelle zwischen unserer Dusche und

Toilette. HAP verspricht, die Hausratversicherung von Thomas anzurufen, um den Schaden zu beheben. Zurück in unserer Wohnung macht er sich an die Untersuchung der Ursache.

Elementar, mein lieber Watson. Didi hat den Schlauch unter der Klobrille ausgehängt, als er darauf sitzen und in Ruhe sein »Geschäft« verrichten wollte. Und beim Duschen danach nicht wieder eingehängt.

Didi hat einen eineiigen Zwillingsbruder, Pepe. Beide wohnen seit mehreren Jahren in der WG Konradstraße in Freiburg, beide sind Mitglieder des Medienkollektivs. Allerdings haben sie nie einen Film zusammen gemacht und ihr persönliches Verhältnis ist oft so angespannt, dass sie monatelang nicht miteinander reden. Kurioserweise haben sie unabgesprochen aber oft die gleichen Ideen oder treten die gleichen Reisen an.

Didis Leben als Erstgeborener war nach eigenen Angaben immer schwerer als das seines Zwillingsbruders, der ihm ansonsten gleicht wie ein Ei dem anderen. HAP, als ältestes Kind von drei Geschwistern, kann das verstehen. Der oder die Älteste muss erst den Weg bahnen und entsprechend viele Schläge einstecken, damit die Nachfolgenden es leichter haben. Ich hab damit keine Probleme, da ich gleich nach der Geburt zu HAP gekommen bin.

Ein paar Monate nach Didis Besuch bei uns hat Pepe ebenfalls einen Termin in Berlin. Er fragt, ob er bei uns übernachten kann. Kein Problem. HAP hat zwar in Freiburg die meiste Zeit mit Didi zu tun gehabt. Beide Zwillingsbrüder sind ihm aber im Grunde sympathisch. Mir selbst gefällt in Freiburg am besten Konrad und dann Pepes Freundin Miri, die oft mit uns spazieren geht.

Vor dem Schlafengehen erklärt HAP Pepe noch schnell die Funktionsweise von Küche und Dusche. Wir frühstücken nicht zusammen, da wir einen Termin bei »autofocus« haben. Als wir zurückkommen, kommt uns Jörn auf der Treppe entgegen. Es tropft wieder mal durch seine frischgestrichene Decke. Der Zwillingsbruder hat für seine Notdurft-Sitzung ebenfalls den Dusch-Schlauch aus- und später dann nicht wieder eingehängt. Wie Didi fühlt er sich nicht wohl auf einer Klobrille, unter der ein Schlauch unten durchführt.

HAP ist verzweifelt. Entgegen aller seiner Überzeugung hat die Genetik gesiegt. Mit seiner Zwillingserfahrung müsste er der Tendenz in der US-Psychologie Recht geben, die aktuell der Genetik wieder größere Bedeutung bei der menschlichen Entwicklung beimisst.

Milchreis

Aber eigentlich ist HAP ja jetzt Deutschlehrer bei »Babylonia«. Am ersten Montag im September beginnt er den neuen A2-Kurs. Anfänger:innen mit Vorkenntnissen. »Das ist Sheila«, stellt er mich vor. »Sheila ist 18 Jahre alt und kommt aus Dänemark.« Und weiter: »Ich heiße HAP und komme aus Essen. Ich bin 38 Jahre alt und wohne in Schöneberg.« Reihum stellen sich dann alle vor. John aus London, Marianna aus Griechenland, Yussuf aus Istanbul, Fatima aus Portugal, Liz aus Thailand, und schließlich: »Ich bin Patri. Ich habe 34 Jahre und komme aus Baskenland. Aber bin ich in Belgien geboren.« Wie bitte? Ich spitze die Ohren. HAP auch. »Wo hast du im Baskenland gewohnt?« fragt er nach. Wahrscheinlich zur genaueren Niveau-Einstufung. »In Elorrio. Die ist ein klein Dorf in Bizkaia.«

Elorrio? Es klingelt in meinen Ohren. In Elorrio haben wir doch letztes Jahr die blonde Christa am Kirchplatz aufgelesen und nach Frankfurt gefahren.

Schnell stellt sich heraus, dass Patri ein gutes Grundniveau besitzt und sehr lernfähig ist. Ich habe das Gefühl, dass sie sich schnell zu HAPs Lieblingsschülerin entwickeln wird. In der zweiten Woche gehen wir mit ihr am Mittwoch nach dem Unterricht in die alternative Kiezkneipe »Kuckucksei«. HAP will mehr über Elorrio und das Baskenland erfahren. Authentisch. Aus Patris Mund.

Nach und nach, Mittwoch für Mittwoch erfahren wir mehr von ihrer Familiengeschichte. Der Vater, der im spanischen Bürgerkrieg als Kind mit dem Überseedampfer »La Habana« zusammen mit 4.000 anderen Kindern aus republikanischen Familien erst nach Southampton und dann nach Belgien evakuiert wurde. Der sozialistische Großvater, der gegen den putschenden General Franco kämpfte, nach der Niederlage der Republik zum Tode verurteilt, todkrank dann aber begnadigt wurde. Patri selbst, die in einer multinationalen Firma gearbeitet hat und nach ihrer Kündigung mit der Abfindung ein Jahr lang durch Peru gereist ist.

HAP erzählt, dass er vorher als Drogenberater gearbeitet hat. Offensichtlich gibt es da aber Sprachprobleme. Patri fragt ihn nämlich, zu welcher Droge er ihr denn raten würde.

Ich rieche, dass hier etwas mehr in der Luft liegt als Deutschunterricht oder Information über das Leben im Baskenland. Plötzlich bleibt die Musterschülerin allerdings dem Unterricht fern. Ihre Wohnung, bzw. die ihres Freundes, ist in der Wrangelstraße, gleich um die Ecke von »Babylonia«. Aber wir treffen sie nie. Es ist wie verhext.

HAP schickt auf offiziellem Babylonia-Briefpapier (mit Stempel) eine Nachricht an ihre Adresse. Demnach vermisst das ganze Babylonia-Kollektiv die begabte Schülerin aus dem Baskenland. Keine Antwort.

Aber dann. Drei Wochen später klingelt das Telefon in der Yorckstraße. Drei Uhr morgens. HAP hebt schlaftrunken ab. Irgendjemand ist am anderen Ende. Sagt aber kein Wort. Ich ahne was. HAP auch. »Bist du's, Patri?«, fragt er. Glucksendes Lachen. Wahrscheinlich ist sie betrunken, denke ich. Kann nur hoffen, dass HAP sich nicht wieder eine drogenabhängige Freundin angelacht hat.

Zwei Tage später ist sie tatsächlich wieder im Unterricht. Nüchtern und ganz Ohr.

Und gleich einen Tag später sehe ich sie in der Wrangelstraße auf dem gegenüberliegenden Bürgersteig. Aber was ist mit HAP? Er reagiert nicht und geht einfach weiter. Patri ist genauso verdutzt wie ich und guckt entgeistert zu uns rüber. Als ich laut belle, bleibt HAP stehen und dreht sich um. Klar, eigentlich müsste er immer eine Brille tragen, nicht nur beim Autofahren. Seine Gläser sind nicht so dick wie die von Brigitte oder Thorwald. Aber die Knastmauern haben auch bei ihm Spuren hinterlassen.

Ähnlich wie sein kurzsichtiges Idol BOB DYLAN setzt er normalerweise aus Eitelkeit keine Brille auf. Und läuft Gefahr, dass seine Lieblingsschülerin ihm davonläuft.

Wenn er mich nicht hätte!

Für eine Woche später ist ein Konzert der baskischen Rockgruppe HERTZAINAK im »Ex« angekündigt. HAP begleitet die Musiker zu ihrem Schlafquartier in der WG von Ute B. Dann lädt er sie zu einer kleinen Stadtrundfahrt im VW-Bus ein. Stolz schiebt er eine Kassette in den Kassettenrecorder des Autoradios, die Christa aus Elorrio mitgebracht hat. Es gibt darauf neben Stücken von HERTZAINAK einiges von LA POLLA RECORDS, TIJUANA IN BLUE, RIP und ZARAMA.

Gari, der Sänger der Gruppe, setzt sich auf den Beifahrersitz, den ich für ihn freimachen muss. Schon beim ersten Stück von ZARAMA fängt er an zu lästern. »*Qué música de mierda! Y qué sonido más malo!*«[86] Die anderen Musiker, die mit mir hinten sitzen, sind aber in Ordnung. HAP zeigt ihnen die Mauer in der Schlesischen Straße und fährt dann zu »Babylonia«, wo sie eine Flasche Eierlikör leeren, die HAP nach dem Rezept von seiner

86 »Was für eine Scheißmusik! Und was für ein mieser Sound!«

Schwiegermutter selbst angesetzt hat. Danach ist Gari etwas besser gelaunt und fragt, wo man in Berlin Heroin kaufen kann. HAP lügt und sagt, dass er keine Ahnung habe. Ich bin etwas verdutzt, bleibe aber ganz ruhig und versuche, mir nichts anmerken zu lassen.

Das Konzert ist gut besucht. Unter den Gästen auch Kera und andere aus der Babylonia-Gruppe. Aber HAP hat nur Augen – heute mit Brille – für seine Schülerin aus dem Baskenland. Nach der letzten Zugabe von HERTZAINAK verabreden sie sich mit den Musikern im »Malheur«, einer Eckkneipe in der Gneisenaustraße. Hansi arbeitet da seit der Rückkehr aus Nicaragua als Wirt. Er begrüßt uns freudig und stellt mir einen Napf Wasser hin. Für HAP und Patri zwei Pils. Allerdings sind die beiden mit sich selbst beschäftigt und hören auch nicht auf zu küssen, als Gari, Josu und die anderen aus der baskischen Crew die Kneipe betreten.

(Hertzainak – Aitormena)
Denborak aurrera etengabian/
ta orain ezin eutsi izan giñana/
rutinaren morroiak bihurtu gara/
laztana lehen baino/ lehen aska gaitzetan.

Geständnis
Die Zeit läuft unaufhaltsam weiter/
Und jetzt können wir nicht mehr sein, was wir mal waren.
In Sklaven der Routine haben wir uns verwandelt/
Lass uns die Fesseln abwerfen, Liebes/
so schnell wie möglich

Es ist geschafft. HAP lädt seine Lieblingsschülerin für Samstag zum Essen in die Yorckstraße ein.

Liebe geht durch den Magen. Das weiß HAP so gut wie ich. Er kocht einen Topf Milchreis, sein Leibgericht. Dazu gibt's einen frischen Macedonia-Obstsalat. Sein Lieblingsessen für seine Lieblingsschülerin.

Bei mir hätte er damit keinen Erfolg. Aber Menschen haben schließlich anderen Geschmack als Hunde und Hündinnen. Patri bleibt das ganze Wochenende und gesteht HAP, dass sie bei der Baskenland-Veranstaltung im »Syndikat« in der letzten Reihe gestanden und mit einem Freund Kommentare ausgetauscht hatte. (Nach einem Plenum in »Babylonia« höre ich später, wie sie mit Ana Rossetti über die Milchreis-Einladung spricht. »Wenn ich nicht frisch verliebt gewesen wäre, hätte ich ihm da sofort den Laufpass gegeben«, beschwert sie sich im Nachhinein.)

Mit dem Milchreis, der im Baskenland, bitteschön, nur als Dessert gegessen wird, gewinnt das Baskische immer mehr Gewicht in unserem Leben. Zuerst auf dem Straßenfest am Chamissoplatz. Patri und HAP bauen mit anderen Mitgliedern und Schüler:innen von »Babylonia« einen Stand mit Informationen zu den baskischen Gefangenen auf. Und verkaufen Rotwein aus Navarra und T-Shirts der »Gestoras pro Amnistia«. Der Erlös geht ins Baskenland zu den Gefangenen.

Das Gleiche dann bei der Feier zum zehnjährigen Jahrestag der Medienwerkstatt Freiburg, wo ich endlich Konrad wieder treffe. Der Renner bei der Party ist die *tortilla de patatas*, die Patri mit HAPs Unterstützung (Kartoffelschälen) zubereitet. Insgesamt 21 mal.

IWF – Mördertreff

Im September sehen wir beim Spaziergang zum Mariannenplatz drei Typen mit Rucksack und Schlafsack, die vor dem Bethanien auf dem Rasen sitzen und sich auf Baskisch unterhalten. Patri spricht sie an. Die drei Musketiere heißen Javi, Iñigo und Detritus, und kommen aus dem besetzten Haus Zapatari in Donostia. Sie sind hierher getrampt, um an den Aktionen gegen das für Ende September in Berlin angesetzte Treffen von Weltbank und IWF teilzunehmen. Das internationale Informationsnetz der Autonomen funktioniert. Da die drei keinen Schlafplatz haben, bringen wir sie zum besetzten Haus in der Adalbertraße, wo unser Freund Ralf ihr Quartiermeister wird.

Seit 1986 treffen sich Leute aus verschiedenen autonomen und alternativen Zusammenhängen in Berlin und Westdeutschland und diskutieren, was sie gegen diese Tagung der Herren (und Damen) der Welt unternehmen können. Nach vielen hitzigen Diskussionen einigen sie sich am Ende auf die Organisierung eines internationalen Gegenkongresses, dem Lelio-Basso-Tribunal[87] über die zerstörerischen Machenschaften von Weltbank und IWF, eine Großdemo und dezentrale Aktionen rund um die Uhr. Federführend dabei das Büro für ungewöhnliche

87 Basierend auf den Erfahrungen der »Russell-Tribunale« über Vietnam (1966–67) und die Diktaturen in Lateinamerika (1973–1976) gründete der italienische Jurist und Politiker Lelio Basso 1976 mithilfe von internationalen Expert:innen das Basso-Tribunal als Institution zur permanenten Anhörung von ungesühnten Menschenrechtsverletzungen. In unbestimmten Zeitabständen tritt das Tribunal an verschiedenen Orten zusammen, um über verschiedene Verletzungen der Grundrechte der Bevölkerung zu urteilen.

Maßnahmen, das seinen Sitz im Kerngehäuse hat und das Motto für die Aktionstage stiftet: »Wut, Witz und Widerstand«.

In der *Tagesschau* sehen wir, dass die Banker:innen bei ihrer Ankunft am Flughafen Tegel würdig von einer Gruppe gutgekleideter Personen mit umgehängten Colliers aus Dollarscheinen begrüßt werden. Weniger freundlich dagegen die grün gekleidete Polizei, die sie aus der Flugzeughalle herauszuprügeln versucht.

Ständig begegnen wir die nächsten Tage diesen Grünen, die rein gar nichts mit der Ökologiebewegung zu tun haben. Über 2.000 dieser Grünen sind eigens aus anderen Bundesländern wie Nordrhein Westfalen oder Bayern angereist, um ihren Berliner Brüdern und Schwestern im Kampf gegen die »Schein-Heiligen« zur Seite zu stehen. »Bullenhauptstadt Europas Berlin E88« steht auf einem Transparent, das prompt beschlagnahmt wird. Die »Schein-Heiligen« bewegen sich mit aufgeklebten Geldscheinen kreuz und quer durch die Berliner Innenstadt. Zu Fuß, auf Fahrrädern oder im Taxi-Korso. Provozieren ein Verkehrschaos. Wir laufen ein Stück neben Holger Klotzbach, der mit seinen Kollegen der linken Kabarettgruppe »Die drei Tornados« Spenden sammelt für die armen Banker. Dann treffen wir Marika und Ludger von »autofocus«. Sie wollen so viel wie möglich von den Aktionen filmen und später zu einer Dokumentation zusammenschneiden. Am Abend begleiten wir sie zum – polizeilich verbotenen – »Trommeln-in-der-Nacht« am Breitscheidplatz und ziehen weiter zu den Edelrestaurants und –hotels, um die dort speisenden Banker:innen und IWF-Manager:innen zu begrüßen. Mir wird der Lärm im Prinzip zu viel, aber HAP hat offensichtlich seinen Spaß dabei. Auch beim nächtlichen »Gute-Nacht-Singen« vor den Hotels. Ich passe also weiter auf ihn auf und bleibe an seiner Seite, obwohl er selbst nicht mitsingt. Es wundert mich eigentlich, dass er als leidenschaftlicher Musikfan nie singt. Und kein Instrument spielt. Nur einmal habe ich gehört, wie er Gudrun *Love*

Minus Zero von BOB DYLAN vorgesungen hat. Hatte er extra auswendig gelernt. Und trotzdem keine Lorbeeren gewonnen. Vielleicht ist er seitdem traumatisiert.

Mein Trauma hat eher mit den Bullen zu tun, seit ich erlebt habe, wie einer von ihnen HAP mit dem Knüppel so einen über den Kopf zog, dass er sofort auf den Boden zusammensackte. Eigentlich bin ich von daher froh, dass wir nicht zu der großen Demo am Sonntag vor der Tagung gehen. 80.000 folgen dem Aufruf von mehr als 150 Organisationen, die zur Solidarität mit der so genannten 3.Welt mobilisieren und eine »sofortige Schuldenstreichung« fordern. Die Polizei läuft teilweise Spalier, greift aber kaum ein.

Anders bei der internationalistischen Abschlussdemo der anti-imperialistischen und autonomen Gruppen mit rund 7.000 Teilnehmer:innen, bei der wir schließlich mitlaufen. »Ketten bilden!« heißt die Parole. Ich laufe nebenher und zittere vor Angst. Ständig prügeln die Bullen provokativ in die Ketten, um sie zu durchbrechen und den Leuten ihre Palästinensertücher und andere angebliche Vermummungen vom Kopf zu reißen.

Über die Kradmelder kommt die Warnung, dass an der »Urania« ein Kessel vorbereitet ist. Die Demo löst sich deshalb kurz vorher auf, und wir kommen heil zur Yorckstraße zurück.

Unter dem Titel *Im Herbst der Bestie* veröffentlicht »autofocus« später einen umfassenden Zusammenschnitt der verschiedenen Aktivitäten gegen die Tagung als VHS-Kassette. HAP übersetzt mit seiner Klasse bei »Babylonia« den Text und untertitelt gemeinsam mit Patri das Video auf Spanisch. Lourdes und Dicky, die bei HAP in »Babylonia« Deutsch lernen, sprechen die spanischen Texte ein. Ich höre zu, kommt mir aber alles Spanisch vor.[88]

---

88 Bei youtube kann man die spanische Version des Dokumentarfilms angucken: Documental En el otoño de la bestia, en español. (1989) Die deutsche Version ist über die Videowerkstatt autofocus zu bezie-

HAP hat einen Plan, denke ich. Er schlägt vor, dass Patri bei »Babylonia« Spanischunterricht anbietet. Er selbst wäre dann als Schüler dabei, Achim aus dem benachbarten besetzten Haus am Heinrichplatz, Julia von den Ambulanten Diensten im Mehringhof und eine Schülerin, der die von Flora und José angebotenen Unterrichtszeiten nicht passen. Ideale Gruppenstruktur. Patri will eigentlich nicht, weil sie nicht in Konkurrenz treten will zu den anderen Spanischlehrer:innen. Und sowieso weiß sie nicht, wie lange sie noch in Berlin bleiben will. Sowas Ähnliches hab ich schon gerochen. Und HAP befürchtet wohl genau das Gleiche. Er will sie einbinden ins Kollektiv. Und hat am Ende Erfolg. »Babylonia« hat eine neue Spanischlehrerin. Und ein neues Kollektivmitglied. Und HAP? Mal sehen.

Patri mietet in Neukölln eine Ein-Zimmer-Wohnung in der Nähe vom Flughafen Tempelhof. Die meiste Zeit ist sie aber bei uns in der Yorckstraße. Hier fertigen HAP und Patri auch das Plakat für die nächste Veranstaltung von »Babylonia« in Zusammenarbeit mit dem Buchladen »Schwarze Risse« an. Christian Geissler[89] liest aus seinem neuen Roman *Kamalatta,* der im Klappentext als »sperriger, hochpoetischer, provokanter, üppig erzählter, konsequenter und sicherlich isoliert in der literarischen landschaft stehender zeitroman« vorgestellt wird.

Geissler hat mehrere Jahre lang verschiedene Gefangene aus der RAF besucht. In Celle Karl-Heinz Dellwo. HAP

---

hen (www.videowerkstatt.de).

89 Kritischer linker Journalist, Schriftsteller und Dokumentarfilmer, der mit zahlreichen literarischen Preisen ausgezeichnet wurde. Ab 1973 engagierte er sich im Hamburger »Komitee gegen Folter an politischen Gefangenen in der BRD«. Er besuchte mehrere Gefangene der RAF im Gefängnis.

berichtet Patri, wie die drei Gefangenen anfangs die beeindruckenden Briefe an Karl-Heinz gemeinsam gelesen haben. Den erschütternden Bericht Geisslers über seinen Besuch im KZ Bergen-Belsen (nach dem Besuch im Hochsicherheitstrakt), die neidvollen Betrachtungen über die Bewegung der selbstbewussten Schwarzen in Brixton, seine Selbstzweifel über das richtige politische Tun, die »Klage gegen den Stein.« Und wie HAP einige Antwortbriefe seines Mitgefangenen geradezu peinlich waren. Vor allem, wenn Karl-Heinz Geisslers journalistische und schriftstellerische Arbeit kritisierte. Laut Dellwo würde Geissler an seiner Arbeit beim *NDR* und seinem bürgerlichen Dasein festhalten, weil er im Grunde nicht »wirklich« kämpfen wolle.

Da die Räume in »Babylonia« nicht groß genug sind, verlegen die Babylonias die Lesung ins türkische Kommunikationszentrum »halkevi«. Geissler liest vor allem Ausschnitte über Knast, konkret auch über Celle.

»rocker (der Sohn) lief mit durch die gitter und gitter still, an der hand vom alten geht alles geht alles, barockfassade und auge gesummt, gitter und käfig und käfig, dann gartenanlage, dann käfig, dann steinerner hof, dann käfig, dann in dem käfig der käfig, der trakt. ihre sicherheit gegen menschen.«

Patri meint danach, dass sie bei der Lesung zum ersten Mal die deutsche Sprache schön gefunden hat. HAP findet die Beschreibung auch eindrucksvoller und angemessener als die von seiner Mutter, die bei ihrem Besuch in Celle vor zehn Jahren so beeindruckt war von den »schönen Blumen« am Eingang.

Radikal-Tisch

Nach unserem Auszug vom Heinrichplatz hab ich oft im Europa-Büro von Michael Klöckner unter dem Tisch gelegen. Mal um Siesta zu machen und manchmal nur um zuzuhören, was

HAP, Gerd, Michael und die anderen diskutieren. Der Tisch hat nichts Spezielles und ist nicht besonders groß. Vielleicht einen Meter breit und zwei Meter lang. Jetzt höre ich, wie Ralf B. aus der Adalbertstraße 6 HAP von dem mehr als doppelt so großen Tisch der *Radikal*-Redaktion vorschwärmt, der in einer ansonsten leeren Fabriketage in der Eisenbahnstraße steht. Im zweiten Stock Hinterhaus. Ab sofort zu vermieten. Mit der ganzen Etage.

HAP ist begeistert. Ich auch. Keine fünf Treppen mehr steigen.

Ralf spricht mit der Griechin Marianna, die provisorisch mit in der Adalbertstraße wohnt. HAP mit Patri und seinem Schüler Dicky, dem Kunststudenten aus Pamplona. Zusammen wohnen. International.

Gemeinsam mit den fünf Interessent:innen gucke ich mir die Etage an. Im Gegensatz zu den fünfen sagt mir die Etage nicht viel. Okay, sie ist groß. Rund 200 qm. Aber außer dem Tisch und einem alten Ölofen gibt's nichts als Betonfußboden. Ich kann nur hoffen, dass sie als erste Investition einen Teppich anschaffen.

Ralf unterschreibt als selbständiger Fotograf den Gewerbe-Mietvertrag. Dann geht's an die Ausbaupläne. Die Raumaufteilung geht problemlos über die Bühne. Patri und HAP wollen sich im hinteren Teil zwei Räume ausbauen, Ralf den zentralen Raum in der Nähe der Tür, Dicky bekommt genügend Quadratmeter für ein Malereiatelier, über das er eine Struktur für ein Hochbett und Ruhebereich bauen will, und Marianna geht auf die andere Seite ganz nach hinten.

An Material wird in den nächsten Wochen vor allem Holz und Glas verbaut. Und Schalbretter, die HAP und Patri mit dem VW-Bus an verschiedenen Baustellen einsammeln. Hier sind meine Dienste wieder gefragt, wenn ich aufpassen soll, dass uns niemand in die Quere kommt. Manchmal bekomme ich als Belohnung einen Fleischknochen extra. Ein besonderer Clou sind die großen aussortierten Scheiben einer Sparkassenfiliale, die in Friedenau auf der Straße stehen. Ralf und HAP wollen mit den Glasscheiben das Bad von der Küche abtrennen. Für Intimität in der Badewanne sorgen Jalousien, die auf Wunsch runtergelassen werden können. Ich sag mal nix dazu, weil mir ein Bad in der Badewanne weder mit noch ohne Jalousien gefällt. Über dem Bad wird auf einer Holzstruktur ein Matratzenlager für Besucher:innen aufgebaut, an denen es in nächster Zukunft nicht mangeln soll. Alles in allem ziehen sich die intensiven Arbeiten über mehrere Wochen hin. Am Ende finden Ralf und HAP nach einer Messe am Funkturm sogar einen riesigen Fußbodenteppich für den großen Küchenbereich. Ich bin zufrieden.

Herri Batasuna

Neben den intensiven Ausbauarbeiten geht der Alltag weiter. Ich begleite HAP und Patri tagsüber zu »Babylonia«. Deutsch- und Spanischunterricht. Putz- und Telefondienst. Plenum. An einem Freitag spitze ich bei einem Plenum die Ohren. José sagt etwas von Baskenland. Leider steht dieses Mal aber keine neue Reise zu Fernando ins Baskenland an. Vielmehr wollen zwei Abgeordnete von Herri Batasuna nach Berlin kommen und eine Veranstaltung zum Baskenland machen. Es handelt sich um den Rechtsanwalt Txema Montero und die Schriftstellerin und Ex-Gefangene Eva Forest.[90] Beide sind bei den letzten Wahlen zum spanischen Parlament in Madrid für Herri Batasuna gewählt worden. Helmut D. und

90 Das bekannteste Buch von Eva Forest, *Operación Ogro* über das ETA-Attentat auf den designierten Nachfolger Francos, Carrero Blanco, ist auf Deutsch unter dem Titel *Operation Menschenfresser* im Karin Kramer Verlag erschienen.

HAP wollen beim »Ex-Spectrum« vorsprechen, um die Veranstaltung im Mehringhof zu organisieren.

Als HAP mit Patri und mir am Abend der Veranstaltung zum Mehringhof fährt, erzählt Patri, dass Txema Montero sie vor vielen Jahren mal im Knast im Baskenland als Anwalt besucht hat, als sie eine Woche lang verhaftet war. »Super«, meint HAP. »Dann kannst du ihn ja direkt ansprechen und zu uns nach Hause einladen.« Will Patri aber nicht. Sie mag es nicht, mit Leuten zu sprechen, die berühmt oder bekannt sind. »Und sowieso wird er mich nach so vielen Jahren ja wohl kaum wiedererkennen.«

Irgendwie verstehe ich sie nicht. Ab wann ist denn jemand berühmt? Und wieso verändert sich dann die Beziehung? Oder die Person? Für mich ist und bleibt HAP immer HAP. Selbst wenn er einmal der berühmteste Deutschlehrer werden sollte.

Als wir im »Ex« die Stuhlreihen für die Zuhörer:innen aufbauen, erscheinen Txema und Eva in der Kneipe. Sie bestellen am Tresen einen Kaffee und ein Bier. Plötzlich erblickt der »berühmte« Txema Montero Patri und geht sofort auf sie zu. »*Tu eres Patricia Alonso Basterretxea*«, sagt er. »*Qué sorpresa*!« (Was für eine Überraschung!)

»Super Personen- und Namensgedächtnis«, muss Patri anerkennend zugeben.

Helmut übersetzt auf der Veranstaltung die Beiträge der beiden simultan auf Deutsch und die Diskussionsbeiträge aus dem Publikum auf Spanisch. Im Mittelpunkt der Veranstaltung und der anschließenden Diskussion steht der Bombenanschlag, den ETA 1987 auf das Einkaufszentrum Hipercor in Barcelona verübte. Blutige Bilanz: 21 Tote. Eva Forest und Txema Montero sind Mitglieder der baskischen Partei Herri Batasuna, die von den spanischen Medien gern als »legaler

Arm der ETA« angeprangert wird. Beide verurteilen den Anschlag ohne Wenn und Aber als terroristische Aktion, die sie für den baskischen Befreiungskampf ablehnen. Daran ändert nach ihrer Ansicht auch die Tatsache nichts, dass die Attentäter dreimal telefonisch bei der Guardia Civil und dem Zentrum vor der Explosion gewarnt und eine sofortige Räumung verlangt haben. »Eine revolutionäre Aktion darf nie die normale Zivilbevölkerung zum Ziel haben und den Ablauf nicht vom Eingreifen oder Nicht-Eingreifen der staatlichen Organe abhängig machen«, erklärt Eva Forest. Und Txema Montero geht noch einen Schritt weiter und kritisiert generell den Einsatz von Autobomben, bei dem man unschuldige Opfer nie ausschließen kann.

Die beiden haben danach einen schweren Stand, den Kampf für die Unabhängigkeit des Baskenlandes zu verteidigen, den ein großer Teil des Publikums als »nationalistisch« ablehnt.

Ich denke mir, dass sie vielleicht mal ins Baskenland reisen und mit den Gefangenen, ihren Angehörigen und Freund:innen reden sollten. Und etwas über die Geschichte und Kultur des Baskenlandes lesen. Den deutschen Bauchnabel in Ruhe lassen. Nicht jeder nationalistische Befreiungskampf ist automatisch gleichzusetzen mit dem deutschen Nationalsozialismus.

Eva Forest lebt in Hondarribia zusammen mit dem bekannten Dramaturgen Alfonso Sastre[91], der in der Theaterszene

91 Spanischer Schriftsteller und Theaterdramaturg. Einfluss auf seine zahlreichen sozialkritischen Werke finden sich im Marxismus sowie bei Brecht und Jean-Paul Sartre. Das Franco-Regime zensierte und verbot zahlreiche seiner Werke. 1974 wurde er zusammen mit Eva Forest verhaftet und der Kollaboration mit ETA bezichtigt. Als seine Theaterstücke nach dem Tod von Franco und der so genannten »demokratischen Tansition« in Madrid weiter boykottiert wurden, zog

von Madrid allerdings boykottiert wird. Eva möchte ihm ein Paar Birkenstock-Sandalen mitbringen und fragt HAP, ob er sie am nächsten Tag beim Einkauf begleiten kann. HAP, der außer bei Demos immer nur dänische Holzschuhe trägt, hat keine Ahnung von Birkenstock, sagt aber zu. Wir treffen Eva am Hermannplatz und gehen dann in Ruhe zu Leiser und Stiller in der Karl-Marx-Straße. Sie wundert sich über den Straßennamen. (Ich wundere mich über die Namen der Schuhgeschäfte.) Wäre in Spanien oder im Baskenland undenkbar, meint sie. Dafür gibt es dort auch nach Francos Tod immer noch jede Menge Straßen, die seinen Namen tragen, oder die von seinen Putsch-Generälen.

Bei Stiller findet sie dann Sandalen von Birkenstock, die ihr gefallen. Schuhgröße 45. Sie kauft gleich zwei Paar. Alfonso wird sich freuen.

Txema Montero bleibt noch ein paar Tage länger in Berlin. Er möchte gerne nach Ostberlin und dort Leute kennen lernen. HAP organisiert deshalb einen Besuch bei Andreas L. in Pankow, der bei einem staatlichen Theaterverlag der DDR arbeitet und mit der Lehrerin Kathrin verheiratet ist. Gemeinsam haben sie eine Tochter. Kathrin außerdem noch zwei ältere Töchter aus zwei vorhergehenden Ehen. Alle fünf leben zusammen in einer großen Altbauwohnung, die mich total an unsere erste Wohnung in Berlin (West) erinnert. Treppenhaus, Hinterhof, Wohnungsschnitt – alles wie identisch. Txema unterhält sich angeregt in einem Sprachenwirrwarr aus Spanisch, Englisch und Französisch. Ich denke, dass er vor allem von Kathrin begeistert ist.

Ist auch wirklich ’ne Nette. Und sehr hübsch.

---

das Ehepaar in das baskische Hondarribia (spanisch: Fuenterrabia), wo beide die linke Unabhängigkeitsbewegung unterstützten.

Kurdistan

Ralf hat mehr Kontakte zur arabischen Welt. Zusammen mit Freundin Mariette und seinem Kölner Freund Ron lernt er in Syrien Arabisch. Und mit Ron, der auch eine Zeitlang bei uns in der Fabriketage wohnt, danach auch Kurdisch. Beide kooperieren in Kurdistan vor Ort mit einer internationalen Hilfsorganisation.

Ralf macht Fotos von seinen Aufenthalten, die er uns manchmal als Diashows vorführt.

Oft lädt er dazu auch Kurd:innen ein. Und macht kurdische Häppchen zum Essen. Manchmal ähneln die Häppchen denen, die Marianna zubereitet, wenn sie Gäste einlädt. Die *Yaprox* z. B. sehen genauso aus wie die mit Hackfleisch gefüllten Weinblätter von Marianna. Zu ihrem 21. Geburtstag bereitet sie eine unglaubliche Menge davon zu. Und noch mehr *Spanakopitas,* mit Spinat gefüllte Blätterteigtaschen. Die ganze Badewanne ist voll von Spinatblättern zum Waschen – ohne Jalousie.

Als geborene Fleischfresserin sagen mir Spinat und Weinblätter nicht viel. Ich bevorzuge Hackfleisch pur oder das gegrillte Fleisch, das es auch oft bei kurdischem Besuch gibt. Schwierig ist für mich bei diesen Besuchen, den Konversationen zu folgen, die in den verschiedensten Sprachen durch die Küche schwirren. Baskisch, Spanisch, Arabisch, Griechisch, Dänisch, Französisch, Kurdisch (Mariannas Freund Ahmet dazu noch mit einem speziellen kurdischen Dialekt) und Kölsch. Um die Aufrichtigkeit und die wahren Absichten unserer Besucher:innen einzuschätzen, muss ich von meinem Geruchssinn Gebrauch machen, der allerdings durch die vielen Würzgerüche in der Küche manchmal gestört ist. Trotzdem riecht mir unser kurdischer Gast Yalal Talabani[92] aus dem Irak irgendwie unangenehm, was ich aber nicht mit Worten belegen kann. Ralf hatte bewusst ihn zu uns eingeladen und nicht den kurdischen Führer Barzani, Talabanis Widersacher im kurdischen Befreiungskampf. Laut Ralf hätte Barzani ihn in Kurdistan am liebsten umgebracht. Warum, sagt er nicht. Danach kommt noch Besuch aus Südafrika. Eine ganze Familie mit Kindern und einem Elefanten als Kuscheltier. Zufällig kommt Gudrun am gleichen Tag vorbei[93] – sie wohnt jetzt ganz in der Nähe, auch in der Eisenbahnstraße – und will mit mir spazieren gehen. Als sie den Elefanten sieht, versucht sie, ihn den Kindern abspenstig zu machen. Sie steht auf Elefanten. Ist mir echt ein bisschen peinlich. HAP auch. Mit Ausnahme von Gudrun freut er sich ansonsten aber über die vielen Besuche. Einmal gesteht er Patri, dass er sich insgeheim vorstellt, wie die Ohren der Geheimdienstler:innen heiß laufen, die den Auftrag haben, das Telefon in der Fabriketage abzuhören und die Aufzeichnungen schriftlich festzuhalten.

Urlaub in der DDR

Im Sommer '89 kommt unser nächster baskischer Besuch. Pablo, seit Jahrzehnten bester Freund von Patri. Wir wollen mit ihm eine Woche lang Urlaub in der DDR machen. Zuerst

---

92 Der Vorsitzende der Patriotischen Partei Kurdistans, Yalal Talabani, wird 2003 nach der Invasion des Irak und der Hinrichtung von Saddam Hussein von den USA in den transitorischen Übergangsrat gesetzt. 2005 wird er vom irakischen Parlament zum ersten nicht-arabischen Staatspräsidenten gewählt.

93 Gudrun Stürmer ist nach Ablauf ihrer viereinhalbjährigen Strafe aus der Haft entlassen worden. Danach war sie einige Jahre unauffindbar verschwunden, bis sie Ende der 80er Jahre wieder auftauchte und nach dem Mauerfall in einem Kulturprojekt in Ostberlin mitarbeitete.

brauchen wir ein Visum für Ostberlin – die Hauptstadt der DDR. Dann besuchen wir Kathrin und Andreas in Pankow. Andreas stellt uns eine Reiseroute mit Zwischenstationen bei Freunden von ihm zusammen. Und begleitet uns zum nächsten Polizeirevier der Volkspolizei, wo wir, d.h. HAP, Patri und Pablo, verschiedene Formulare für die Reise ausfüllen und unterschreiben müssen. Bei mir reicht die Vorlage des Impfpasses. Mit den abgestempelten Formularen ausgestattet machen wir uns im VW-Bus auf den Weg nach Ludwigslust. Wir besuchen Werner, einen Freund von Andreas. Werner wohnt mit Frau und Kind in einem Bauernhaus, wo er eine Keramikwerkstatt hat. Seine Frau ist Psychologin. Zum Eigenbedarf bauen sie etwas Obst und Gemüse an. So können sie die zeitweiligen Versorgungsengpässe ausgleichen.

Im nahegelegenen Konsum kaufen Werner und HAP Fleisch für mich und den Grill. Und Getränke. Die leeren Flaschen geben sie vorher im Konsum ab. Die Milchflaschen werden in der Molkerei gespült und neu gefüllt. Das Gleiche mit den Bierflaschen in der Brauerei. Brauseflaschen, Weinflaschen. Alle gehen den gleichen Weg. Alle haben überall das gleiche sozialistische Design.

Als wir am nächsten Tag mit dem Bulli eine Exkursion zum Schloss machen wollen, schmort das Zündschloss (das vom VW) beim Starten durch. Was tun? Werner ist mit den Händen sehr geschickt und schließt den Bus mit einem Überbrückungskabel kurz. Anschließend fährt er mit uns zu einer IFA-Werkstatt für Lkws. Dort arbeitet ein Nachbar, zu dem er gute Beziehungen hat. Manchmal tauschen sie frisches Gemüse gegen Ersatzteile. Wir lassen den Bulli bei ihm in der Lkw-Werkstatt.

Als wir ihn zwei Tage später abholen, ist das Problem gelöst. Der Mechaniker hat einen monströsen Kippschalter eingebaut, mit dem man den Motor jetzt problemlos starten kann. HAP holt Geld aus seinem Portemonnaie und fragt, was die Reparatur kostet. Werners Nachbar wird sauer.

»Denkst du etwa, ich gehöre zu denen, die auf Westmark scharf sind?« HAP entschuldigt sich und meint, dass er auch in Ostmark bezahlen könne. Was den Nachbarn noch mehr auf die Palme bringt.

»Ich hab die Arbeit gemacht, weil wir in Ost und West zusammenhalten müssen. Schließlich sind wir alle Deutsche. Brüder und Schwestern. Du hättest bestimmt das Gleiche getan, wenn ich bei euch in einer vergleichbaren Notlage gewesen wäre.«

HAP ja, denke ich. Aber die anderen Brüder und Schwestern?

Als HAP dann noch zu bedenken gibt, dass es den Betrieb aber doch Arbeitszeit und Material gekostet hätte, platzt dem Nachbarn der Kragen. »Jetzt hör aber endlich auf. Das hier ist ein volkseigener Betrieb, und wer ist das Volk, wenn nicht wir?« Etwas verwirrt fährt HAP mit mir zum Hof zurück, wo Werner in der Zwischenzeit den Grill im Garten angeschmissen hat. Nach dem Festessen entsorgt Werner die Holzkohle zusammen mit dem Restmüll der letzten Woche in einem kleinen Feuerchen in einer Ecke des Gartens. »Das ist der Vorteil, wenn man keine Plaste-Verpackungen hat«, merkt er an. Als Deutschlehrer HAP nachfragt, warum er Plaste statt Plastik sagt, erklärt er ihm, dass in der DDR Plastik eine Bildhauer-Skulptur meint. Plaste oder Elaste sind dagegen Kunststoffe. 40 Jahre Trennung zwischen der sozialistischen DDR und der kapitalistischen BRD haben ihre Spuren in der deutschen Sprache hinterlassen.[94]

94 Nach Meinung der Linguist:innen hat sich die Sprache in Ost und West 25 Jahre nach Mauerfall fast vollständig angeglichen. 14 ehemals ostdeutsche Vokabeln haben Einzug in die gesamtdeutsche Sprache gehalten. Auf der anderen Seite mussten die Ostdeutschen rund 3.000 Wörter neu erlernen.

Bevor wir am nächsten Tag in Richtung Ostsee weiterfahren, müssen wir uns in Ludwigslust noch zusammen mit Werner bei der Volkspolizei melden. An der Ostsee wollen wir auf einen Campingplatz. Kein Problem. Wir sollen bei der Rezeption einfach die Papiere vorzeigen, die der Polizist des Volkes HAP in die Hand drückt.

Auf dem Campingplatz hat HAP das Problem, dass die Rezeption nicht besetzt ist. Er fragt einen vorbeilaufenden Camper. »Sucht euch einfach einen Platz«, meint er. »An der Rezeption ist normalerweise sowieso niemand.«

Ich weiß nicht warum. Aber HAP ist hier in der DDR immer hyperlegal. Unterwegs hab ich auch schon gemerkt, dass er alle Geschwindigkeitsbegrenzungen hundert Prozent einhält. Hat er Angst, erwischt zu werden und Strafe zahlen zu müssen? Und glaubt er der Propaganda, dass die DDR totalüberwacht ist?

Da HAP sich nicht entscheiden kann, handelt Pablo und baut sein Zelt schon mal auf. HAP fährt den Bus nach langer Wartezeit dann auch auf einen ebenen Platz, von wo aus wir das Meer sehen können. Allerdings ist das Wetter schlecht, sodass wir alle im Bulli zu Abend essen. Es gibt Bratwurst. Für mich auch.

Als es am nächsten Tag wieder regnet, beschließen die Campingfreund:innen, weiter zu fahren. HAP will in der Rezeption bezahlen. Aber wieder niemand da. Pablo drängelt. »*Venga, vámonos!*«

Sie packen langsam ein und fahren dann los. An HAPs Gesicht sehe ich, dass ihm nicht ganz wohl ist bei dieser Aktion. Aber niemand hält uns auf. Niemand kümmert sich um uns. Wir besuchen danach noch einen anderen Freund von Andreas, der uns in seinem kleinen Haus auf einer LPG[95] phan-

95 Ähnlich wie bei den Kolchosen in der Sowjetunion beginnt die DDR in den 50er Jahren mit der Kollektivierung der Landwirtschaft. Klei-

tastisch bewirtet. Ich bekomme eine große Portion Rippchen. Pablo und Patri sind begeistert über den luxuriös gedeckten Frühstückstisch inklusive Auflagen für die speziellen Buttermesser. Es gibt Eier, Schinken und selbstgemachte Marmelade.

Problemlos und mit gutem Geschmack im Mund kommen wir am nächsten Tag zum Grenzübergang Moritzplatz und zurück nach Kreuzberg (Westberlin).

Pablo bleibt noch ein paar Tage in der Fabriketage und fliegt dann zurück nach Bilbao.

Mauerfall

Den Herbst über arbeiten HAP und Patri bei »autofocus« an der Übersetzung und Untertitelung eines kleinen Videos über die Gefangenen aus Elorrio, das Pablo aus dem Baskenland mitgebracht hat. Am 9. November machen sie relativ früh Schluss. Sie trinken noch ein Bier im Pinox und bestellen mir eine Schüssel Wasser. Dann gehen wir zusammen nach Hause, um Abendbrot zu essen. Von unseren Mitbewohner:innen ist nur Dicky da, der in seinem Atelier ein Bild mit blauer Farbe übermalt, das er vor 6 Monaten auf rotem Untergrund begonnen hat. Patri und HAP gehen früh ins Bett. Ins gleiche, denke ich. Ein bisschen neidisch. Ich lege mich in der Küche auf den Teppich und schlafe ein.

Am nächsten Morgen werde ich vom Radio wach und von HAPs hektischen Schritten. Er läuft zu Patri und weckt sie mit aufgeregter Stimme. »Hör dir das an. Du wirst es nicht

---

ne Flächen werden zusammengelegt, damit sie maschinell besser bearbeitet werden können. Die landwirtschaftliche Produktion steigt und wird in die staatliche Planwirtschaft einbezogen. 1960 existieren knapp 20.000 LPGs und 700 Staatsgüter.

glauben. Die Grenze ist auf.« Mit diesen Worten läuft er zurück zu unserem alten Röhrenradio, das Ralf dekorativ wirksam in der Küche aufgestellt hat. Auf den kleinen Tisch neben der Weihwasserflasche aus Lourdes und dem lebensgroßen Hotelpagen aus Pappe, der Werbung macht für »Echt Kölnisch Wasser 4711«. Nach ein paar Minuten erscheint Patri in der Küche. »Was ist denn los?«, fragt sie etwas verschlafen. HAP fasst zusammen, was er im Radio gehört hat.

Nach den andauernden Demonstrationen für Reisefreiheit unter der Parole »Wir sind das Volk«, den Botschaftsbesetzungen und Ausreisen über Ungarn sieht sich die DDR-Regierung zum Handeln gezwungen. Im Zentralkomitee der SED kommt es zu personellen Umbesetzungen. Der neue Sekretär für Informationswesen, Günter Schabowski, verkündet am Abend des 9. November auf einer Pressekonferenz ein neues Reisegesetz, wonach die Bürger:innen der DDR auch ohne spezielle Voraussetzungen Reisen ins westliche Ausland beantragen könnten. Der italienische Journalist Riccardo Ehrman und andere fragen nach. »Ab wann tritt das in Kraft?« Schabowski blättert in seinen Unterlagen und stottert herum. »Das tritt nach meiner Kenntnis, ähh … ist das sofort, unverzüglich.« Ehrman hat genug gehört. Er rennt raus und schickt ein Telex an seine Agentur: »Die Mauer ist weg.« Als er danach mit seinem Chefredakteur telefoniert, erklärt der ihn für verrückt. Auch die anderen Presseagenturen und Nachrichtensender zögern zuerst mit der Veröffentlichung. Als die Nachricht aber schließlich über das *ZDF* ausgestrahlt wird, kommt es am Ostberliner Grenzübergang Bornholmer Straße zu einem Massenansturm. Die nicht-informierten Grenzsoldaten der NVA halten die Personen fast zwei Stunden lang mit Müh und Not zurück, bis ein Offizier das Signal zum Nachgeben und Öffnen des Schlagbaums gibt. Die Massen stürmen in den Westen.

HAP und Patri wollen am nächsten Tag in den Osten. Ich auch. Will sehen, was los ist. Wir gehen zuerst zur

Oberbaumbrücke. Alles ruhig und unverändert. Dann durch die Köpenicker zum Mariannenplatz und weiter zur Oranienstraße. Hier sehen – hören und riechen – wir die ersten Trabbis. Vor dem »Pinox« erzählen uns Hans und Karola aus der O45, dass die Kneipe gestern Abend voll von Leuten aus Ostberlin war. Freibier zur Feier des Tages. Schnell gehen wir weiter zum Grenzübergang Moritzplatz. HAP strahlt. »Ich fass es nicht. Das kann einfach nicht wahr sein!«

Vom Osten her wälzt sich eine Lawine von Trabbis, Schwalbe-Motorrädern, Fahrrädern und Fußgänger:innen Richtung Oranienstraße. Sektkorken knallen. Wildfremde Leute liegen sich in den Armen. Gutgekleidete Westfrauen verteilen Coca-Cola, Bonbons und Schokolade für die Ostkinder. Axel Springer begrüßt die Ostler:innen mit einem Grußwort in einem Extrablatt der *Bild*-Zeitung. Schwarz-rot-golden eingerahmt.

Die einzige Person, die nicht vor Freude taumelt, ist Patri. Mit leicht angesauerter Miene betrachtet sie die Szenerie. Ich denke erst, dass sie wahrscheinlich nicht gut und genug geschlafen hat. Aber dann höre ich, wie sie mit HAP streitet. Die Gefühlsduselei von ihm und seinen Landsleuten gehe ihr gegen den Strich. Ob er die widerwärtige Überheblichkeit der Westler:innen wirklich nicht sehe. Schokolade und Coca-Cola für den armen Osten. Und *Bild*-Zeitung.

Jetzt wird HAP auch sauer. Sie verhielte sich emotional wie ein Stein. Beim Thema *Bild*-Zeitung und Coca-Cola gibt er ihr allerdings Recht.

Wir gehen zurück zum »Pinox« und hören, dass die Regierungsparteien von Westdeutschland und Westberlin eine Kundgebung vor dem Rathaus Schöneberg planen, um den Sieg des Kapitalismus groß zu feiern. Bundeskanzler Kohl und Außenminister Genscher sind dabei. SPD-Chef Willy

Brandt, Westberlins Bürgermeister Momper, der Präsident des Abgeordnetenhauses Berlin, Wohlrabe, und andere.

Schnell verbreitet sich die Parole, sie nicht allein zu lassen. Am frühen Abend ziehen wir spontan *en masse* zum Rathausplatz. Die Politiker stehen auf dem Balkon. Wohlrabe gibt mit krächzender Stimme den Ton an. Die anderen Politiker stimmen ein und grölen siegestrunken die westdeutsche Nationalhymne. Spontan ertönt ein ohrenbetäubendes Pfeifkonzert. Da ich nicht pfeifen kann, belle ich mit. So laut ich kann. Niemand will ein neues Großdeutschland unter kapitalistischer Führung. Das denken zumindest die pfeifenden Gegendemonstrant:innen. Von dem Politiker-Gekrächze versteht man so gut wie nichts. Weder von Melodie noch vom Text. Ein paar Tage später legt die *taz* ihrer Zeitungsausgabe eine auf Plastikfolie gepresste Aufnahme dieses denkwürdigen Konzerts bei, die HAP manchmal in der Fabriketage auflegt.

Für den nächsten Tag – ein Samstag – wird ein neuer Massenansturm aus dem Osten erwartet. Die Regierung West lädt alle Ost-Besucher:innen zum Konsumrausch ein und verkündet, dass sie mit Ostmark bezahlen könnten. Später würde alles im eins-zu-eins-Kurs umgetauscht. Die Regierung Ost macht gute Miene zum bösen Spiel und verkündet, dass sie an diesem Wochenende mehr Grenzübergänge öffnen werden.

HAP, Patri und ich versuchen es dieses Mal an der Oberbaumbrücke. Auf dem Weg dahin entdecken wir entlang der Schlesischen und Falckensteinstraße ungewohntes geschäftiges Treiben. Ambulante Händler:innen, jung und alt, deutsch und türkisch, haben über Nacht Verkaufstische aufgebaut. Sie bieten den Brüdern und Schwestern aus dem Osten Bananen und Orangen an, die »drüben« Mangelware sind. Eine Mark das Stück. Egal ob Ost oder West. Mir wären Würstchen ja lieber. Aber zu dem Preis? Der absolute Wucher. Unglaublich. Eine schnelle Mark machen mit den lieben Brüdern und

Schwestern. Patri hatte gestern am Moritzplatz doch Recht mit ihren steinernen Emotionen.

(Gropiuslerchen – *Berlin, Berlin*)
Berlin, Berlin/ Dein Herz kennt keine Mauern
Berlin, Berlin/ Du bist einfach du
Berlin, Berlin/ Es gibt nichts zu bedauern

Hunderttausende überschwemmen an diesem Wochenende die Konsumtempel in Westberlin, Einkaufszentren, Supermärkte, Sexshops, Kneipen und Schnellimbisse. Verstopfen U-Bahn und Straßen.

Erste Unmutsbekundungen der Westberliner Brüder und Schwestern werden laut.

In der Fabriketage bekommen wir Besuch aus dem Baskenland. Agus Sarrionandia, Cousin des berühmten Joseba »Sarri Sarri«, arbeitet bei *Radio Euskadi.* Er soll eine Reportage über den Mauerfall machen. Patri begleitet ihn als Übersetzerin. Ich gehe mit, damit die beiden sich nicht verlaufen. Wir besichtigen mit Agus die Mauer am Mariannenplatz. Auf der unbewachten Seite zum Westen hin ist sie durchgehend mit bunten Wandbildern und Parolen bemalt. Wir sehen, wie einige Männer sich mit Hammer und Meißel an ihr zu schaffen machen. Sie meißeln Stücke aus ihr heraus. Kleinere und größere. Mit Vorliebe buntbemalte, die sie manchmal mit Farbspray auffrischen. Anschließend bieten sie die Steine den Berlin-Tourist:innen zum Kauf an. Für gute D-Mark.

Das klack-klack der so genannten »Mauerspechte« macht mich nervös. Ich belle die Männer an. Aber Patri meint, ich soll ruhig sein. Ist doch ein historischer Moment. Agus nimmt Interviews auf Tonband auf. Statt Bellen hat er dann das ewige klack-klack als Hintergrundgeräusch dabei. Wenn er das schöner findet – sein Problem. Ich kann nur hoffen, dass ich nicht verrückt werde. Das Hämmern geht nämlich Tag und Nacht weiter. Einige der Hammeridiot:innen sind mit Spitzhacken bewaffnet. Und verdienen richtig viel Geld mit den Tourist:innen.

Vergeblich hoffen wir in der Zwischenzeit auf einen Besuch von Andreas und Kathrin aus Pankow. Ihnen ist der ganze Mauer- und Konsumtrubel zuwider. Sie verzichten auch auf das »Begrüßungsgeld« von 100 DM, das alle Personen aus der DDR bei den Westberliner Banken abholen können.

Politisch stehen die beiden der Vereinigten Linken und dem Neuen Forum nahe. Als Opposition wollen sie den maroden DDR-Überwachungsstaat abschaffen. Ohne ihn gegen das kapitalistische BRD-System einzutauschen. Sie suchen nach einem dritten Weg.

Spätestens bei den Wahlen im März 1990 erweist sich das als naive Illusion, wie HAP zugeben muss. Der dicke Krächzkanzler Helmut Kohl stellt der DDR eine Währungsunion und schnelle Wiedervereinigung in Aussicht. »Wir sind ein Volk!« skandieren seine Anhänger:innen. Und gewinnen die Wahl mit überwältigender Mehrheit.

Zu Ostern bekommen wir wieder Besuch von Fernando aus Donostia. Die Mauer ist inzwischen an vielen Stellen offen. An der Mühlenstraße im Osten der Stadt bemalen internationale Künstler:innen die bis vor kurzem unberührbare Trennmauer. »East Side Gallery«. Neue Tourismusattraktion. Auch auf der Rückseite des jetzt unbewachten Grenzwalls, im so genannten Todesstreifen, prangen Parolen. HAP will ein Foto von Fernando machen. Ich stelle mich neben ihn. Hinter uns, auf der Mauer (ostdeutsch: antifaschistischer Schutzwall), die Geschichte der Auflösung der DDR in Kurzform. Drastisch. Traurig. Klar.

»Wir sind das Volk. Wir sind ein Volk. Wir sind ein dummes Volk«.

Als Ergänzung darunter die Signierung des Künstlers: »Ich bin Volker«.

Komparativ, denke ich sofort. Hab als sprachbegabte Hündin des (westdeutschen) Deutschlehrers unter dem Tisch von »Babylonia« immer gut aufgepasst.

»Hundesohn«, höre ich ein paar Wochen später als Fluch aus Ralfs Mund. Ich werfe ihm einen strafenden Blick zu. Aber natürlich meint er nicht mich sondern den neuen Hausbesitzer, der kurz vor Mauerfall unser Haus gekauft hat. In einem Brief schlägt er einen Termin vor, um mit ihm einen neuen Mietvertrag abzuschließen. Mit 100 Prozent Mietsteigerung.

Ich begleite HAP und Ralf bei ihrem Termin. Sie wollen wissen, was los ist und wieso. Ob er etwa eine umfassende Renovierung durchführen wolle, fragt Ralf. »Die Situation heute ist einfach eine andere als beim Abschluss des Mietvertrages mit dem Vorbesitzer«, verkündet der neue Besitzer mit der Arroganz eines typischen Immobilienhais. »Früher lag die Eisenbahnstraße am Stadtrand. Heute wohnen Sie mitten im Zentrum.«

Wir verlieren den Prozess. Und die Fabriketage.

HAP und Patri ziehen mit mir in eine Zweizimmerwohnung im Hinterhof eines ehemals besetzten Hauses in der Wrangelstraße. Zum 41. Geburtstag schenkt Patri HAP einen CD-Player und eine CD von Red Hot Chili Peppers. Und zerstört damit seine Festlaune. HAP ist stinksauer. Nie im Leben wäre er auf diese neue Technologie umgestiegen, die er als billigen Konsumtrick des Kapitalismus abtut. Die beiden streiten, bis Ralf zum Kaffee vorbeikommt und Käsekuchen von Thoben mitbringt. Für mich bringt er nichts mit. Ich weiß, ich habe nicht Geburtstag. Trotzdem bin ich enttäuscht und bekomme schlechte Laune. Scheint ansteckend zu sein. Patri geht grummelnd ins Bett, als Ralf weg ist. Ich bleibe bei HAP, der demonstrativ die BOB-DYLAN-LP *Bringing it all Back Home* aus dem Regal nimmt. Auf dem Cover sieht man BOB DYLAN in einer kitschig dekorierten Wohnung vor einem Kamin auf einem Sofa sitzen. Eine kleine Katze im Arm, die er zärtlich krault. Im Hintergrund eine junge Schickimicki-Frau mit rotem Hosenanzug und Zigarette. *Subterranean Homesick Blues* erklingt vom Platenteller. Ich muss dabei an Gerd aus Düsseldorf denken, den wir ewig lange nicht mehr gesehen haben.

Stasi

Mehr als schlechte Laune treibt Anfang 1990 eine Menge wütender Ostberliner:innen zur Stasi-Zentrale in der Normannenstraße. Das Gerücht geht um, dass die Stasi dabei ist, ihre Akten im Reißwolf zu vernichten. Andreas berichtet uns später bei einem Besuch in Pankow davon und zeigt uns das Mobilisierungsflugblatt, verfasst vom Neuen Forum.

Die wütende Menge stürmt das Eingangstor. Scheiben splittern. Die Zentrale wird besetzt. Ein Teil der Akten wird in Ostberlin »gerettet«. (Und gelangt später in die Hände und Archive vom westdeutschen Verfassungsschutz.) HAP zeigt sich skeptisch über diese »Rettung«, als wir Andreas besuchen. »Gesamtdeutsche Überwachung«, meint er.

Und er hat Recht. Ein paar Wochen später liest er einen Artikel aus der Zeitung vor. Danach sei es dem Bundeskriminalamt aufgrund von Hinweisen in Stasi-Akten gelungen, mehrere in Westdeutschland gesuchte »Terroristen« in Ostdeutschland zu verhaften. Als er die Namen vorliest, macht es bei einem »kling« in meinem Kopf. Inge Viett? Genau. Die mehrfache Ausbrecherin vom 2. Juni, die wir nach ihrem Abseilen aus dem Knast Lehrter Straße zusammen mit zwei anderen Frauen im alten Käfer zu einer klandestinen Wohnung gefahren und später in Salzburg wiedergetroffen hatten. Wenn man dem Artikel glauben kann, hatten die jetzt Verhafteten dem bewaffneten Kampf den Rücken gekehrt und Zuflucht in der »so genannten DDR« gefunden. Das Asyl hatte Inge Viett[96] über ihre guten Stasi-Kontakte organisiert.

Da es trotz des öffentlichen Drucks keine radikale Veränderung in der Normannenstraße gibt, wird das Gebäude im September ein zweites Mal besetzt. Dieses Mal fahren HAP und Patri auch »rüber« und nehmen mich mit.

Vor dem Gebäude ist eine Bühne mit Lautsprechern aufgebaut, wo verschiedene Gruppen aus der DDR ein kleines Freiluftkonzert geben. Als die Gruppe Silly ihren Auftritt beendet hat, guckt mich Tamara Danz, die attraktive Sängerin, mit glänzenden Augen und traurig durchdringendem Blick an. Sie kommt von der Bühne direkt auf mich zu und krault mir den Kopf. Tamara riecht angenehm und sieht ein bisschen wild und gleichzeitig sensibel aus. HAP guckt verle-

96 1992 wird Inge Viett zu 13 Jahren Haft verurteilt. Bereits 5 Jahre später wird sie aufgrund ihrer guten Zusammenarbeit mit dem Bundeskriminalamt vorzeitig entlassen. Während der Haft macht sie umfangreiche Aussagen zu ihren Stasi-Kontakten sowie den ehemaligen Mitkämpfer:innen aus RAF und Bewegung 2.Juni – u.a. auch zu Heinz, Gudrun und HAP. Außerdem nutzt sie die Haft, um ihre Autobiografie: *Nie war ich furchtloser* zu schreiben. Volker Schlöndorff dreht im Jahr 2000 auf der Grundlage der Autobiografie seinen preisgekrönten Film *Die Stille nach dem Schuss*. Inge Viett verweigert in diesem Fall aber ihre Mitarbeit und verklagt die Drehbuchautoren auf Plagiat.

gen zu uns rüber. Ich denke, er ist neidisch. Oder eifersüchtig. (Den Unterschied zwischen beiden negativen Eigenschaften habe ich nie richtig verstanden.)

Danach spielen Keimzeit ihren *Hit* über die Ratten. Heimspiel. Alle kennen den Text und singen laut mit.

(Keimzeit – *Ratten*)
So eine lausige Ratte wie du/
Ist mir noch niemals über den Weg gelaufen
Und gerade du bietest mir ein Glas Sekt an/
Da geh ich doch lieber Wasser saufen

Ich stimme dem Sänger Norbert Leisegang zu. HAP dagegen trinkt ab und an eigentlich gerne mal ein Glas Rotkäppchensekt, den er im Intershop kauft, bzw. gekauft hat, wenn wir über die Interzonenstrecke gefahren sind. Jetzt ist die deutsch-deutsche Grenze offen. HAP muss nicht mehr sein »Ohr frei machen« und den Grenzposten sein Profil zeigen. Und auch nicht auf die Frage antworten, ob er »Waffen, Explosivstoffe oder Funkgeräte« mitführt. Mir fällt auf, dass wir dieses Jahr ausgiebigen Gebrauch von der neuen Reisefreiheit machen.

Polittreffen in der Ex-DDR

Ein paar Wochen vor der Stasi-Besetzung fahren wir für acht Tage nach Blankensee. »Babylonia« organisiert gemeinsam mit Leuten aus der DDR ein internationales Treffen im Jugendzentrum »Werner Lamberg«, das früher zur Ausbildung von Stasi-Mitarbeiter:innen benutzt wurde. Eingeladen sind linke Gruppen aus Großbritannien, Italien, Frankreich, Baskenland-Süd (auf der spanischen Seite) und Baskenland-Nord (französische Seite). Den Ausländer:innen soll die Möglichkeit geboten werden, aus erster Hand DDR-Kultur und -Widerstand kennenzulernen. Gemeinsam wollen sie sich über verschiedene wichtige Themen für den Widerstand auseinanderzusetzen.

Ich bin die einzige Hündin. Eigentlich aber ganz zufrieden. Die Frauen aus der Küche adoptieren mich und geben mir gut zu essen. Meistens bin ich im Park oder vor der Küche, weil mich die langwierigen und teilweise abstrakten Diskussionen mit den sich endlos hinziehenden Übersetzungen bald langweiligen. Außerdem kommt das Thema Hündinnen / Hunde sowieso nicht vor.

Vor allem die Italiener und Italienerinnen kritisieren von Anfang an die Organisation und Themenvorschläge für das Treffen.

Frauen, Patriarchat, Rassismus, Antifa, Gewerkschaften, revolutionäre Organisationsformen, Stasi, DDR- Opposition und Ökologie sind die zentralen Themen.

Bei der Diskussion über Frauen und Feminismus höre ich anfangs noch zu. Die westeuropäischen Teilnehmer:innen sind durchweg der Meinung, dass die Frauen aus der DDR noch viele Jahre Frauenkampf und –bewusstsein nachholen müssen. In der DDR war die Kinderbetreuung fast zu 100 Prozent von staatlicher Seite aus – kostenlos – gewährleistet. 91 % der Frauen waren vorher erwerbstätig, d. h. ökonomisch unabhängig vom Mann. Entsprechend hoch der Anteil der Scheidungsquote bei Frauen in der DDR. Nach dem Ende der DDR und dem Zusammenbruch ihrer Wirtschaft sind sie jetzt aber die ersten, die entlassen werden.

Sicher werden sie sich zu wehren wissen, denke ich als autonome Hündin. Das hoffe ich zumindest.

Am letzten Tag höre ich nochmal ein bisschen beim Thema Neonazis und Antifaschismus zu. Die alte Führungscrew der DDR bestand aus alten Antifaschisten, die aktiv gegen den Hitler-Faschismus gekämpft hatten. Diese Führung erklärte den Faschismus kurzerhand als inexistent in der DDR. Faschismus ist nach ihrer Definition »die offen terroristische Diktatur des Monopolkapitals«, das im realen Sozialismus nicht existiert. Im Schulunterricht wurde dann obligatorisch lang und breit in langweiligen Unterrichtstunden über Struktur und Rolle der Monopole wie Deutsche Bank oder IG Farben im faschistischen Nazi-Deutschland doziert. Die Rolle und Beteiligung des Großteils der Bevölkerung kam dabei nicht vor. Es gab eine faschistische Regierung und den antifaschistischen Kampf der Kommunisten dagegen. Das berichten die jungen Antifa-Leute aus der DDR den aufmerksam zuhörenden ausländischen Teilnehmer:innen. Es ist dann nur konsequent, wenn die Organe der DDR die in den 80er Jahren erstmals auftauchenden Zwischenfälle mit Neonazis totschweigen oder als westgelenkt einstufen. »Konsequent idiotisch«, denke ich.

Eigentlich bin ich trotz der Verwöhnung durch die Küchenfrauen ganz froh, dass das Treffen dem Ende entgegen geht. HAP übernimmt die Aufgabe, die Diskussionsprotokolle abzutippen und zusammen mit den Diskussionspapieren und einem ansprechenden Layout zu einer Broschüre zusammenzustellen. Die Italiener:innen wollen 1991 ein Folgetreffen in Padua organisieren.[97] Ich freu mich auf Kreuzberg.

97 Hat nie stattgefunden.

Ludwigslust (revisited)

Am 3. Oktober 1990 wird die DDR offiziell – mit dem Segen der Alliierten – in die BRD eingegliedert. HAP will wissen, wie es unserem Ostfreund Werner in Ludwigslust dabei geht. Ludwigslust ist jetzt zwar nicht mehr DDR, liegt aber weiter in Ostdeutschland. Der Anfahrtsweg von Berlin aus ist neu. HAP lenkt den VW-Bus am 10. Oktober via Prenzlauer Berg Richtung Pankow, wo wir uns auf die Autobahn Richtung Hamburg einfädeln.

Als wir am späten Nachmittag ankommen, ist Werner allein im Haus. Schlechtgelaunt.

Christiane, seine Frau, will sich trennen. Ist vor allem in der DDR ja nicht gerade selten, denke ich, weil ich bei dem Treffen in Blankensee gut aufgepasst habe. Bis mir einfällt, dass sie jetzt ja in der BRD leben. Wie wir. Kapitalismus pur.

Werner flucht auf die Idiotie der DDR-Bevölkerung. Im März hatten sie mit überwältigender Mehrheit die von Westkanzler Kohl unterstützte Allianz für Deutschland gewählt. Ihr Wahlslogan: »Nie wieder Sozialismus!« Damit haben sie selbst den Weg freigemacht für das kapitalistische Großdeutschland. Das von Werner unterstützte Bündnis 90, die eigentlichen Drahtzieher für den Fall des Politbüros der SED, kam auf knappe 2,9 %.

Unser Freund aus Ludwigslust führt die Trennungsabsichten von Christiane auf sein Engagement beim Bündnis zurück. Kommt mir allerdings ein bisschen spanisch vor. Wie auch seine Schilderung, dass die ersten Auswirkungen des CDU-Wahlsiegs im kompletten Leerräumen der Supermärkte und Läden bestanden. Von einem Tag auf den andern verschwanden sämtliche DDR-Produkte aus den Ladenregalen. Bis hin zum DDR-Besen oder der typischen Klobürste. Nach und nach wurden die Regale dann aufgefüllt mit Nestlé-Milch in der Plastikflasche statt LPG-Milch in der ausgespülten Glasflasche. Warsteiner Pils in der schlanken Flasche mit dem königlichen Kronen-Design statt Wernesgrüner in der Bierflasche von immer. Marlboro statt Karo-Zigaretten. Gurken von Hengstenberg statt vom VEB Spreewaldkonserve Goißen.

Werner zeigt uns die Ansammlung von Abfall auf seinem Hof. Wahre Berge von Müll, in denen er zu ersticken droht. Vor allem die ganzen Plaste-Verpackungen machen ihm zu schaffen. Und die Flaschen und Gläser, die der Supermarkt nicht mehr zurücknimmt. Jede Biersorte hat jetzt ihr eigenes Design. Schicke Auswahl. Die Augen trinken mit. Beim Abendspaziergang zeigt er uns auf dem Karl-Marx-Platz die neuen Iglu-Container zum Recyceln von Glas. Drei verschiedene. Für Braunglas, Grünglas, Weißglas. Bei der Stadt arbeiten jetzt Umwelt-Expert:innen aus Westdeutschland in der Funktion als Umweltberater:innen. Sie entwerfen Hochglanzbroschüren und bieten Schulungskurse an, um der ehemaligen DDR-Bevölkerung richtiges Recyceln beizubringen.

Werner hat gut gelernt und zerschmettert die Gläser und Flaschen im jeweiligen Container. Ich erschrecke mich. Über den Krach und die Absurditäten, die Werner und alle Ex-DDRler:innen nach der kapitalistischen Übernahme ihres Landes über sich ergehen lassen (müssen).

Gerd Albartus ist tot

»Er wurde bereits im Dezember 1987 erschossen, nachdem er von einer Gruppierung, die sich dem palästinensischen Widerstand zurechnet und für die er gearbeitet hat, vor ein Tribunal gestellt und zum Tode verurteilt worden war. Wir haben die Nachricht erst etliche Zeit später bekommen. Bis dahin waren wir davon ausgegangen, dass Gerd von einer Reise zu der Gruppe nicht zurückgekehrt war, weil er von den Hausdurchsuchungen, Fahndungen und Verhaftungen im Dezember 1987 wusste und befürchtete, bei einer Einreise in die BRD ebenfalls festgenommen zu werden.«

HAP ist geschockt, als er diese Nachricht in der Zeitschrift der RZ *Revolutionärer Zorn,* Ausgabe 1991, liest. Wie HAP kann – oder will – ich es nicht glauben. Tot. Erschossen. Schon vor 4 Jahren. Von der internationalistischen Gruppe um den Berufsrevolutionär »Carlos«. Von den eigenen Genossen.

Ich erinnere mich an seine Arbeit im »Sound«. Das mulmige Gefühl beim Anruf des Geheimdienstagenten in seiner Düsseldorfer Wohnung. An sein freundliches Lachen. Den Kontakt, den er uns zu Uwe aus Bochum vermittelt hat, um die gefälschten BVG-Karten im Märkischen Viertel zu verteilen und die Lebensmittelgutscheine in den Siedlungen der Obdachlosen. Den Spaziergang, den er mit uns zuletzt in Berlin gemacht hat, um für die Carlos-Gruppe – seine Mörder – prophylaktisch ein Bürogebäude auszuchecken, das irgendwelchen Ölmillionären aus Saudi-Arabien gehörte. Die Treffen in Michaels Europa-Büro in der Ohlauer Straße. Die Exkursion nach Dänemark.

Der Schock sitzt tief bei HAP. Sicher erinnert er sich an die gleichen Situationen. Die gemeinsamen Diskussionen über die Notwendigkeit einer weltweiten Revolution. Für den Aufbau einer gerechteren und menschlicheren Welt. Er ist doppelt traurig, weil die letzten Begegnungen mit Gerd negativ überschattet waren. Einmal wegen seiner Weigerung, bei *Artur* mitzuarbeiten und dann ihr Streit nach dem Tod von Uwe in Bochum. Obwohl Gerd sich entschuldigt hat.

Mit der Veröffentlichung der Nachricht über den »Brudermord« beginnt der Auflösungsprozess der Revolutionären Zellen. Als erstes die RZ Rhein-Ruhr.

Patri und die Kinder aus ihrem Kinderladen »kakahuetes« (Erdnüsse) helfen uns, auf andere – positivere – Gedanken zu kommen. HAP nutzt den Fall der Mauer und holt ab und an Patri und die Kinder zu einer Exkursion mit dem VW-Bus ab. Ich darf auch mit. Wir fahren dann zum Treptower Park oder zum Spreeufer, wo wir Picknick machen. Die Kinder sind begeistert und toben mit mir wie wild über die Wiesen. Ehrlich gesagt fühle ich mich aber inzwischen ein bisschen zu alt dafür. Ich habe nicht mehr so viel Energie und Ausdauer wie früher.

Im Sommer wollen wir wieder ins Baskenland fahren. Ohne Kinder.

Ausgerechnet jetzt gibt der Motor seinen Geist auf. Kolbenfresser. Zylinder 3 arbeitet nicht mehr. HAP will den Motor wechseln. Für 300 DM kauft er einen alten, der in Zehlendorf in einem Garten abgestellt ist. Ich kann es nicht glauben. Der Motor ist teilweise mit Moos bedeckt. Damit will er mit Patri und mir ins Baskenland fahren? Irgendwie fühle ich mich in meinem Alter nicht mehr für solche Abenteuer vorbereitet. Aber HAP scheint es ernst zu meinen. Gewappnet mit dem Schrauberhandbuch für Bullis, dem fahrbaren Wagenheber, zwei Unterstellböcken und Werkzeugkoffer tuckern wir zur Köpenicker Straße, wo HAP den Bus aufbockt. Dann schraubt er zusammen mit Patri die verschiedenen Elektro- und Benzinanschlüsse ab. Zuletzt lösen sie die vier langen Halteschrauben, lassen den Motor vorsichtig mit dem Wagenheber ab und rangieren ihn mit dem Wagenheber unter der Stoßstange hindurch auf die Straße. Ich bewundere ihr Vertrauen in das Buch und ihre Ausdauer. Als der Motor auf der Straße liegt, trinken sie mit ölverschmierten Händen ein Bier. Ich bin neugierig und lecke HAP die Hand, als er mir ein bisschen Wasser in meinen Napf kippt. Pfui Deibel! Schmeckt absolut eklig.

Nach einer kurzen Pause rangieren sie den »neuen« Motor unter den Bus und bauen ihn ein. Nach intensivem Qualmen und einigem Stottern springt er tatsächlich an. Für mich wie ein Wunder. Dem ich aber nicht so richtig traue.
Danach muss der Bulli erst noch zum TÜV. Neuer Schreck. HAP bekommt keine Plakette. Mangel 1: der von der IFA-Werkstatt in Ludwigslust eingebaute LKW-Schalter. Mangel 2 (unlösbar): ein Rostloch im vorderen Achskörper. Schweißen am Achskörper verboten. Was tun?

Zufällig treffen wir bei einem Spaziergang durch Kreuzberg Hansi, der wie immer guter Dinge ist. Er will sich mal bei seinen Kontakten umhören, die er zur Berliner Unterwelt hat. Und tatsächlich. Für 60 DM verspricht sein Kontakt einen neuen Stempel im Kfz-Schein. Und eine neue TÜV-Plakette auf dem Nummernschild. Dafür ist allerdings unsere Mithilfe gefragt. Wir sollen irgendwo ein paar Nummernschilder mit gültiger Plakette abschrauben und ihm via Hansi überbringen. Die Experten wollen dann ein gutes Exemplar nach einer speziellen Methode ablösen und auf unser Kennzeichen übertragen.

Ich muss bei der Aktion natürlich wieder mit und Wache halten. Gefällt mir überhaupt nicht. Klar kann ich bellen, wenn Gefahr im Anzug ist. Aber vielleicht habe ich ein Trauma. Jedenfalls kommen mir bei solchen Aktionen immer die Bilder aus dem Tegeler Forst hoch. Ich habe Angst um HAP. Mein Herz pocht laut und schnell. Ich will nicht, dass er wieder im Knast landet. Mein altes Herz hält diese Anspannung nicht auf ewig aus. Und die langen Fahrten ins bewegte Baskenland auch nicht.

Ich bin deshalb heilfroh, dass Gudrun mich zu einem Spaziergang abholt und HAP anbietet, mir für die Zeit der Baskenlandfahrt Asyl zu gewähren. Zur Unterstreichung ihres guten Willens hat sie wieder leckere Leberwurstbrote mitgebracht. Vielleicht bin ich ein bisschen korrupt, aber ich zeige mein Einverständnis. HAP willigt ein, als er sieht, dass ich zufrieden mit Gudrun mitgehe.

Allerdings weiß er nicht, dass ich mit Gudrun und ihren Stofftieren im gleichen Bett schlafe. Und dass ich das Gleiche esse wie sie. Würde ihm nicht gefallen. Aber ich kann mich jedenfalls erstmal gut ausruhen und entspannen.

Als Patri und HAP mit dem Zug aus dem Baskenland zurückkommen, erkenne ich, wie klug meine Entscheidung war, bei Gudrun zu bleiben. HAP organisiert zu Hause ein Abendessen mit Rioja Rotwein und *Patxaran*, zu dem er Axel, Hansi und Ralf einlädt. Auf dem Plattenteller Musik aus dem Baskenland.

(La Polla Records – *No somos nada*)
Somos los nietos de los obreros/
que nunca pudisteis matar/Somos los nietos de los/
que perdieron la Guerra Civil/
No somos nada!

Wir sind die Enkel der Arbeiter/
die ihr nicht umbringen konntet
Wir sind die Enkel von denen/
die den Bürgerkrieg verloren
Wir sind nichts!

Patri und HAP erzählen, was passiert ist.

Kurz vor Bordeaux ist der Bulli mit Motorschaden endgültig liegen geblieben. Von einem nahegelegenen Restaurant aus hat Patri Pablo angerufen, der sie mit dem Auto eines Freundes abgeholt hat. Den VW-Bus haben sie stehen lassen und dem Restaurantbesitzer für 100 Francs – ca. 30 DM – verkauft. Er wollte ihn für seine Kinder in den Garten stellen – hat er gesagt.

In Donostia machen sie trotz Bullitod wieder Quartier bei Fernando.

Als sie am nächsten Vormittag bei strahlendem Sonnenschein auf die Straße gehen, geraten sie in eine Drogenrazzia der Policia Nacional. Ein bewaffneter Polizist mit Hasskappe befiehlt ihnen weiterzugehen. »*Circulen*!«. HAP versteht die Situation und die Aufforderung nicht so richtig. Er beginnt zu lachen. Patri will ihn am Arm wegziehen, als der Polizist sich ihm zuwendet und auf Spanisch erklärt, dass er festgenommen ist. Dann geht er zurück zu seinen Kollegen von der Razzia. Für HAP hört sich das alles spanisch an, aber er will jetzt doch lieber weitergehen. Im gleichen Moment kommt der Festnehmer mit einem Kollegen auf ihn zugeschossen. Die spanischen Nationalpolizisten stoßen ihn und Patri in einen bereitstehenden Patrouillenwagen, wo beide mit Handschellen gefesselt werden. Mit Blaulicht geht's im Affenzahn zum Hauptquartier.

In Berliner Verhältnissen sozialisiert will HAP zunächst seinen Ausweis nicht zeigen und jede Aussage verweigern. Patri wird von zwei uniformierten Frauen abgeführt, obwohl – oder weil? – sie ihren Ausweis vorzeigt. »Wir sind hier nicht in Berlin«, kann sie HAP noch zuraunen. Zu spät.

Zwei Bullen schnappen sich HAP und zerren ihn die Treppe runter. Immer tiefer, vier oder fünf Stockwerke unter der Erde. Immer dunkler und feuchter. Einer schließt unten eine Zelle auf und prügelt HAP hinein. Es stinkt nach Nässe, kaltem Blut, Erbrochenem. An der Wand eingeritzte Totenköpfe. Und Buchstaben. E und T und A. Die Bullen befehlen ihm, sich nackt auszuziehen. Als HAP sich weigert, hagelt es wieder Schläge mit dem Gummiknüppel. Kniebeugen soll er machen. Er weigert sich. Erneute Schläge auf den nackten Rücken und die Beine. HAP schimpft und flucht laut auf Deutsch. Am Ende lassen sie von ihm ab und schließen die Gittertür. Als sie weder zum Abendbrot noch zum Frühstück in der Wohnung erscheinen, riecht Fernando Lunte und macht sich an die Suche. Als Anwalt kriegt er schnell raus, wo sie sich befinden und beginnt zu telefonieren.

Kurz danach werden HAP und Patri aus ihren jeweiligen Zellen nach oben gebracht und einem Kommissar vorgeführt, der den guten Bullen spielt. Er entschuldigt sich für das Benehmen seiner Kollegen. Sie würden unter dem »Baskenlandsyndrom« leiden und dann manchmal etwas überreagieren.

Fernando rät zu Hause von einer Beschwerde oder Anzeige ab. In diesem Land würde die Justiz immer auf Seiten der Polizei stehen. »Wo nicht?«, frage ich mich.

Ein paar Tage später leihen sie sich Fernandos Auto aus und fahren nach Bizkaia. Sie fahren spät los. Als es bereits stockdunkel ist, geraten sie auf einer einsamen Landstraße erneut in eine Kontrolle. Diesmal von der paramilitärischen Guardia Civil, die sie mit gezückten Maschinenpistolen stoppt und zum Aussteigen zwingt. Hände hoch und die Arme hinter dem Nacken verschränken. HAP gesteht, dass ihm bei dieser Kontrolle nicht im geringsten zum Lachen zumute war. Im Baskenland ist nach seinen Worten allgemein bekannt, dass die Guardia Civil in solchen Situationen schon des Öfteren jemanden problemlos erschossen hat. Genauso wie sie nach Verhaftungen etliche Bask:innen in ihren Kommissariaten durch Folter umgebracht haben. Putativnotwehr oder Suizid lautet dann in der Regel die von der Justiz bestätigte Diagnose.

Aber nicht alles war Stress und Polizeikontrolle. Beide haben das Bummeln durch die Altstadt in Donostia genossen, die Kneipenbesuche mit *pintxos* und Wein aus *La Rioja*, den Strand und die Berge. Die Freitagsdemo für die Gefangenen.

In Durango besuchen sie Patris Schwester in ihrer WG und gehen zusammen zu einem *open-air*-Konzert von HERTZAINAK und SU TA GAR. Zuerst spielt HERTZAINAK. In der Umbaupause gesellen sich Gari, Kike und Josu zu HAP und Patri und frischen Erinnerungen an Berlin auf. Als dann die ersten Gitarrenriffs von SU TA GAR ertönen, kann Patri sich einen Kommentar über HERTZAINAK nicht verkneifen. Sie wären »abgewrackt« und mit ihrer Musik am Ende, meint sie zu Gari[98]. SU TA GAR oben auf der Bühne, das wäre die Zukunft.

HAP war das ein bisschen peinlich, sagt er. Auch wenn er ihr bei dem musikalischen Urteil im Grunde zustimmt.

(SU TA GAR – *Haika mutil*)
Haika mutil/ jeiki hadi/ argia den mira hadi./
Bai, nausia/ argia da/ gure oilarra kanpoan da.

Los Junge/ steh auf/ schau, ob schon Tag ist/
Ja, Meister/ es ist hell/ unser Hahn ist draußen.

98 Das endgültig letzte Abschiedskonzert gibt HERTZAINAK – vor 15.000 Personen – am 6.1.2023 in Vitoria.

Mercedes

Ich bin froh, dass die beiden gesund und gutgelaunt wieder zurück sind. Jetzt gibt's endlich wieder richtiges Essen. Reis mit Fleisch, Leber, Pansen. Und ab und an mal einen saftigen Knochen. Jeden Tag Leberwurstbrot war mir echt zu viel. Und für eine Hündin in meinem Alter sicher nicht das Beste. Ein bisschen deprimiert bin ich allerdings, dass wir jetzt keinen Bus mehr haben.

Als Fernando uns mit seiner Freundin Blanki besuchen kommt, holt HAP sie mit dem BVG-Bus am Flughafen Tegel ab. Die touristischen Exkursionen mit unserem Besuch machen wir zu Fuß oder mit der S-Bahn. Drei Tage vor ihrem Rückflug begleite ich HAP mit der S-Bahn nach Spandau. In der Zeitung hat er eine Anzeige gesehen, die ihm und Patri gefallen hat. Der Inserent bietet seinen Campingbus, Mercedes, Modell 207 D, zum Verkauf an. Ich erfahre dabei, dass die beiden mit Hilfe des organisatorischen Händchens von Patri über die Jahre die Summe dafür, 15.000 DM, zusammengespart haben. Der Bus hat einen Gasherd, Spüle mit Wasserhahn, Kühlschrank und eine Heizung. Luxus total.

Der Verkäufer erklärt uns den Bus und zeigt uns die Ecke auf dem Sofa, wo »der Platz für den Mann« ist. Ich springe aufs Sofa und probiere den Platz aus. Stimmt, sehr bequem und wie für mich gemacht. Deshalb verstehe ich nicht, warum HAP mich wieder runterscheucht.

Stolz wie Oskar fährt HAP nach der Geldübergabe mit mir im Bus zurück nach Kreuzberg. Patri ist mit dem Kauf auch zufrieden. »Wie alle echten Emigrantinnen kann ich dann mit dem Mercedes ins Baskenland zurückkehren«, meint sie. Als Fernando dann nochmal betont, dass sie ohne Probleme erstmal bei ihm wohnen könnten, wird mir schlagartig klar, dass sie wirklich auswandern wollen. Will ich das auch?

Als Zeitpunkt peilen sie Ende ’92 an. Ich habe also noch etwas Zeit für meine Entscheidung.

Die Jungfernfahrt macht der Bus – wahrscheinlich mir zuliebe – nach Dänemark. Ein bisschen sauer bin ich aber doch, weil ich nie auf dem Sofa liegen darf, das sich mit einigen untergelegten Brettern in ein Bett verwandeln lässt. Ich liege nachts auf dem Beifahrersitz. Tagsüber manchmal auch. Auf dem »Platz für den Mann« wechseln HAP und Patri sich ab, wenn sie bei dem häufig schlechten Wetter im Bus bleiben und lesen.

HAP hat in einem Reiseführer gelesen, dass es an der Nordseeküste eine schöne Insel gibt. Rømø, die man über eine lange Deichstraße erreichen kann. Die Insel hat idyllische kleine Dörfer, Dünen und einen breiten Sandstrand, der offiziell für den Autoverkehr freigegeben ist. Der Boden besteht aus festgefahrenem Sand. Übernachten im Auto ist allerdings verboten.

»Wofür haben wir einen Campingbus?« meint HAP zu Patri, die Bedenken hat, und fährt den Bus bei einsetzender Dämmerung vom Wasser weg in Richtung Dünen. Nach dem Abendbrot legt HAP die Bretter auf und macht das Bett. Draußen stürmt und regnet es, dass man keinen Hund vor die Tür jagen mag. Hündinnen auch nicht. Zum Glück. »Hundewetter« nennen die Deutschen das. (In England sind auch Katzen dabei. »*It's raining cats and dogs.*«)

Am frühen Morgen verpürt Patri Druck auf der Blase. Sie steht auf und öffnet die Schiebetür. Ich will mit raus, stoppe aber, weil ich einen lauten Schrei höre. »Das Wasser!«, brüllt Patri so laut sie kann. »Wir stehen mitten im Wasser!« HAP springt auf und zieht sich blitzschnell an. Den Diesel muss man erst vorglühen, ehe man den Motor starten kann. Der Anlasser funktioniert. Ich sehe, wie er nervös den zweiten Gang einlegt und langsam anfährt. Versucht es zumindest. Aber die Hinterräder drehen im Gemisch von Wasser und Sand durch. Patri versucht zu schieben, während HAP einen zweiten Versuch startet. Sinnlos. Ich bleibe auf dem Beifahrersitz und sehe mit Panik, wie das Meereswasser uns umzingelt. HAP nimmt die Bretter vom Bett und legt sie vor die Hinterräder. Ohne Erfolg. Die Räder graben sich jedes Mal nur noch tiefer in den Boden ein.

Ein paar mit Gummistiefeln gewappnete Spaziergänger:innen kommen vorbei und helfen schieben. Der Bus bewegt sich nicht. Die Dän:innen versuchen zu beruhigen. Das Wasser würde nicht weiter steigen. Mich beruhigt ihre Aussage nicht. Ich sehe überall nur Wasser. Dazu das »Hundewetter« mit peitschenden Regenfällen. HAP stoppt einen dänischen Bauern, der mit seinem 4x4 Toyota in der Nähe vorbeifährt, und bittet ihn um Hilfe. »Hat keinen Zweck«, grummelt der. »Immer das Gleiche mit euch Touristen. Das Wasser steigt noch eine halbe Stunde lang und geht dann mit der Ebbe langsam zurück. So lange müsst ihr warten.« Patri hält die Spannung nicht aus. Sie sieht die ganzen Ersparnisse der letzten Jahre im Meerwasser schwimmen. Der *købmand* (Kaufmann) an der Zufahrtsstraße hat inzwischen geöffnet und ruft bei *Falck*, der dänischen Feuerwehr, an. Sie versprechen zu kommen. So bald wie möglich.

Panisch harre ich auf dem Beifahrersitz aus. Während Patri und HAP eine Stunde lang verzweifelt zwischen Bus und Straße hin und her laufen. Bis endlich ein roter Unimog der Feuerwehr erscheint und den Bus und mich ohne Probleme mit einer Seilwinde auf trockenen Untergrund zieht. Erleichtert fahren wir auf einen asphaltierten Parkplatz. HAP und Patri ziehen sich trockene Kleidung an. Fürs Frühstück kauft Patri *rundstykker* (Brötchen) und ich bekomme zwei rote *pølser* als Entschädigung. Ein bisschen wenig, finde ich.

Immerhin schimpfen sie aber nicht, als ich mich bei der Rückfahrt auf den »Platz für den Mann« lege.

Hoyerswerda

In Berlin läuft uns Aitzol aus Durango über den Weg, als HAP mit mir durch den Görlitzer Park läuft. Aitzol hat im Sommer bei »Babylonia« einen Intensivkurs Deutsch gemacht und wohnt jetzt in einem besetzten Haus in Strausberg. Immer noch etwas aufgeregt erzählt er uns, wie er vor zwei Tagen am S-Bahnhof Strausberg von einer Gruppe Neonazis umzingelt und hin und her geschubst wurde. Aufgrund seines Aussehens – kleine, kräftige Statur, schwarze Haare, dunkle Augen – hielten sie ihn für einen Türken. In seinem Deutsch, Niveau A1, versuchte er sich rauszureden. »Nix türkisch. Ich Spanien. Franco. Gut Mann.« Er hat Blut und Wasser geschwitzt, sagt er. Und ist vor Scham fast im Erdboden versunken. Ausgerechnet er, der überzeugte Baske, rettet sich mit Franco. Aber was konnte er sonst machen? Überlebenstrieb. »Heil Franco«, brüllten die Nazis unisono und klopften Aitzol aufmunternd auf die Schulter.

In der S-Bahn, vor allem in den Ostbezirken, häufen sich in dieser Zeit die rassistischen Angriffe auf Ausländer:innen und Nicht-Weiße, hören wir in »Babylonia« bei einem Treffen von verschiedenen Antifa-Gruppen. Ich würde bei so einem Angriff sofort zubeißen, denke ich. HAP hat auch einen Aufkleber »Ich greife ein« auf seiner Jacke. Mit mir an seiner Seite würde er sich das wahrscheinlich auch wirklich trauen, obwohl ich ihn bis jetzt nie in einer Schlägerei erlebt habe. Wir fahren aber auch nicht so oft S-Bahn. Und nach Kreuzberg trauen sich die Nazis und Skinheads nicht.

Auf einem Plenum, Mitte September im »Babylonia«, berichtet Kollektivmitglied Kai von rassistischen Angriffen auf ein Wohnheim von mosambikanischen Vertragsarbeitern in Hoyerswerde (Sachsen). Mehrere Tage lang greifen Skinheads und

Anwohner:innen das Heim sowie eine Unterkunft von Asylsuchenden in der gleichen Stadt mit Steinen und Molotow-Cocktails an. Die Mosambikaner wehren sich auf der Straße. Polizei greift ein. Ohne viel Erfolg. Und ohne großen Enthusiasmus. Die Partei Bündnis 90/Grüne sowie verschiedene Antifa-Gruppen rufen in Berlin zur Verstärkung auf und organisieren von Westberlin aus einen Autokonvoi. Als wir ankommen, ist es relativ ruhig in der kleinen Stadt. Die Angriffe gehen die nächsten Tage aber mit aller Heftigkeit weiter. Etwas ungläubig liest HAP zwei Tage später, dass der sächsische Landrat beschlossen hat, alle Ausländer:innen aus der Stadt zu entfernen. Ganz im Gegensatz zu der Parole »Ausländer rein – Rheinländer raus«, die groß an einer Giebelwand in der Oranienstraße prangt.

Als Reisebusse die Ausländer:innen in der Nacht aus Hoyerswerda abtransportieren, werden diese auch mit Steinen beworfen. Andere beklatschen den Transport. Und die Nazis feiern am nächsten Tag Hoyerswerda als »erste ausländerfreie Stadt Deutschlands«.

Am Sonntag danach fahren wir nochmal zu einer antirassistischen Demonstration mit rund 3.000 Personen nach Hoyerswerda. Die Polizei ist unterdessen durch den Bundesgrenzschutz verstärkt worden, der sich in erster Linie auf unsere Gegendemonstration konzentriert. HAP ist total sauer auf seine ehemaligen »Kollegen«.

Helmut von »Babylonia« will für mehr Öffentlichkeit sorgen und ein Video über den Konflikt machen. Er verabredet ein Interview mit dem 27jährigen Manuel Alexandre aus Mosambik, der jetzt in Berlin lebt. Julia und Lars von »autofocus« nehmen das Gespräch mit einer Videokamera auf. HAP und ich gehen mit und passen auf, dass nichts passiert. Man weiß ja nie bei diesen Deutschen.

Manuel ist verbittert über seine Erfahrungen in Deutschland. Er gehört zu den rund 17.000 mosambikanischen Vertragsarbeiter:innen, denen das »Bruderland« DDR in Ost-Deutschland eine Ausbildung versprochen hatte.

Erstaunt bin ich, wie gut Manuel Deutsch spricht.

Ich selbst habe bei HAPs Deutschunterricht in »Babylonia« ja auch immer gut aufgepasst und würde eine Prüfung über die unterschiedlichen Bezeichnungen für Ausländer:innen, die in Deutschland arbeiten (müssen), glatt mit eins bestehen. »Fremdarbeiter« nannte man zur Nazizeit die Arbeitskräfte, die aus den besetzten Ländern mehr oder weniger freiwillig zum Arbeiten nach Deutschland kamen, »Zwangsarbeiter« die Kriegsgefangenen, die gratis für Mercedes und andere Großkonzerne arbeiten und für deren Profit sorgen mussten.

Als die BRD in den 60er Jahren Arbeitskräfte benötigte, haben die Politiker:innen lange über eine neue Bezeichnung nachgedacht, die nicht an die Nazizeit erinnern sollte. Schließlich einigten sie sich auf »Gastarbeiter«. Wesentlich nüchterner – und bürokratischer – dagegen die Sprachregelung in der DDR: »Vertragsarbeiter«, die aus den »Bruderländern« kamen. Und was ist mit den »Schwesterländern«, frage ich mich. Oder gibt es die gar nicht?

Als die DDR-Wirtschaft Arbeitskräfte braucht, schließen sie Arbeits- und Ausbildungsverträge mit den Regierungen in Mosambik und anderen »Bruderländern« ab. Nach den Worten von Manuel bestand die versprochene Ausbildung aber lediglich in einem dreimonatigen Sprachkurs bei gleichzeitigem Verrichten von Hilfsarbeiten in einem Braunkohlewerk. Untergebracht wurden sie in der Zeit alle gemeinsam in einem Wohnheim. Ohne Ausgangserlaubnis.

1986 kommt er dann nach Hoyerswerde, wo er weiter unter harten Bedingungen im Tagebau für Braunkohle arbeitet. Die deutschen Arbeitskollegen betrachten die Mosambikaner wie Sklaven, sagt Manuel. Mosambik habe Schulden bei der DDR, die sie jetzt abarbeiten müssten. Sie dürfen sich nicht krankschreiben lassen und keine Pause machen. Im Konsum bekommt er Ärger, als er in einer Schlange ansteht, um einige der in der DDR seltenen Bananen zu ergattern, die gerade angeboten wurden. Er solle verschwinden und gefälligst in das Land zurückkehren, aus dem er kommt, bedeuten ihm die anderen Schlangestehenden.

Untergebracht sind die Mosambikaner alle zusammen in einem Wohnheim mit einem Pförtner am Eingang, der das jeweilige an der Wand aufgehängte Foto umdreht, wenn jemand rausgeht. Bei der Rückkehr umgekehrt und Kontrolle, ob sie nüchtern sind und keine weibliche Begleitung haben. In der Stadt gibt es öfters handfesten Streit mit Deutschen, die bis vor zwei Jahren im sozialistischen Bruderland von Mosambik lebten. Das neue Großdeutschland mit dem Namen BRD kündigt die Solidarität, löst die alten Verträge auf und schickt die Ausländer:innen in ihre Heimatländer zurück. Die ersten ohne jegliche Abfindung für ihre jahrelange Arbeit in der DDR.

Die Mosambikaner organisieren deshalb eine kleine Protestdemonstration vor der Leitung ihres Heims.

Gleich am nächsten Tag versammeln sich rund 15 Skinheads, mit Knüppeln, Steinen und Molotow-Cocktails bewaffnet, vor dem Heim. »Seltsamer Zufall«, meint Manuel. Lautstark skandieren die Skins: »Deutschland den Deutschen – Ausländer raus!« Unterstützt von deutschen Nachbar:innen und Arbeitskolleg:innen. »Viele habe ich erkannt«, sagt Manuel.

Die ersten Steine fliegen. Mollis. Es gibt Verletzte und zersplitterte Fenster.

Die Polizei erscheint mit zwei Pkws. Sie parken an einer Ecke und greifen nicht ein.

Die Angriffe gehen die nächsten Tage unvermindert weiter. Am Ende zieht die deutsche Meute weiter zum Asylanten-Wohnheim in der Thomas-Müntzer-Straße, das sie ebenfalls angreifen.

Nach zwei Wochen haben die Nazis ihr Ziel erreicht. Die Ausländer:innen werden abtransportiert.

»Da kann man nix machen«, sagt Manuel resigniert. »Sonst würden wir sterben wie früher die Juden.«

Nach neun Jahren Arbeit in der DDR bekommt er von der BRD-Ausländerbehörde eine Aufenthaltsgenehmigung für sechs Monate. Dann muss auch er zurück.

Ich weiß nicht genau warum. Irgendwie fühle ich mich schlecht, während ich neben Manuel sitze und ihm zuhöre. Ob er ahnt, dass mein Vater Deutscher war? Oder habe ich einen Bonus, weil ich nicht zur Spezies Mensch gehöre?

Seltsam. Als Kjeld mir vor rund 20 Jahren in Dänemark die Aufgabe übertragen hat, HAP bei seinem Leben in Deutschland zu begleiten und auf ihn aufzupassen, war ich froh und zufrieden. Inzwischen bin ich irgendwie angewidert von den Deutschen. Und allgemein von der Rasse Mensch.

Was gibt es Perverseres, als Menschen anzugreifen – und vielleicht zu töten, nur weil sie aus einem anderen Land kommen oder eine andere Hautfarbe haben?

HAP geht es ähnlich – zumindest was Deutschland betrifft. Ich höre, wie er mit Patri darüber spricht, dass sie spätestens 1992 auswandern wollen. Er will warten, bis Patri ihre Ausbildung zur Erzieherin abgeschlossen hat. Sonst würde er sofort emigrieren. Ins Baskenland. Hoffentlich macht er sich da keine Illusionen. Die Basken und Baskinnen gehören schließlich auch zur Spezies Mensch.

Erstmal übersetzen Patri und HAP jedenfalls das Video mit dem Interview aus Hoyerswerda auf Spanisch. Für die Menschen im Baskenland.

Als HAP mit mir auf dem Weg zum »Türkenmarkt« einen kleinen Umweg durch die Adalbertstraße macht, sehe ich von weitem Olga – alias Ruth, oder umgekehrt. Wahrscheinlich wohnt sie immer noch in der A6 in der Etage, wo früher Ralf und Silli gewohnt haben. HAP erblickt sie etwas später und hält zuerst inne. Erinnert sich wohl an den Stress, den sie bei ihrer »Babylonia«-Fahrt ins Baskenland um sein Video gemacht hat.

Olga hat uns nicht bemerkt, im Gegensatz zu dem Mann, mit dem sie spricht. Er winkt uns von weitem zu. Als wir nah genug sind, dass ich ihn riechen kann, erkenne ich ihn wieder. Klaus, der Ehemann von der in Italien einsitzenden Christel. Wir hatten ihn kennen gelernt, als HAP nach seiner Freilassung mal mit mir nach Hannover-Linden gefahren ist, um seinen ehemaligen BGS-Kameraden und Mitfahrer im Unfall-Mercedes, Reiner A., zu besuchen. Reiner war mit den Leuten von Christels WG befreundet und hatte uns Klaus vor ein paar Jahren in einer Kneipe vorgestellt. Jetzt erzählt uns Klaus, dass er seine Frau gerade in Italien besucht hat.

»Sieh mal einer an«, denke ich. »Unseren Europarlamentarier Michael haben sie damals nicht zu Christel durchgelassen. Aber die Familie ist den Italiener:innen heilig. Heiliger als das Europaparlament. Die Heilige Familie.«

Als Klaus nach dem Besuch Lust auf Berlin hatte, hat er in der Adalbertstraße angerufen und sich mit Olga verabredet. Ich kann verstehen, dass ein Hannoveraner Lust auf Berlin hat. Aber warum ruft er ausgerechnet Olga an? Ein Rätsel. Egal. Auch wenn HAP wahrscheinlich nie ihr Veto gegen die Einstürzenden Neubauten vergessen wird.

Als wir weitergehen zum Markt, fällt mir beim Thema A6 ein, dass wir unseren Freund und früheren Mitbewohner Ralf ewig lange nicht mehr gesehen haben. Die letzte Nachricht war, dass er wieder mit der Hilfsorganisation Medico in einer humanitären Mission unterwegs ist. Kurdistan und andere Krisengebiete.

Nach einer groβangelegten Hausdurchsuchung vom Staatsschutz in der Adalberstraβe 6 gibt es diesbezüglich neue Nachrichten. Ralf steht auf der Wunschliste vom Bundeskriminalamt (BKA), erzählt uns Roland, der bei der Durchsuchung anwesend war.

Nach den Informationen von Ralfs Anwalt hat das BKA nach Auswertung der Stasi-Akten über Hannes Weinrich, dem aus Bochum stammenden »Adjutanten von Carlos«, eine handschriftliche Aufzeichnung von ihm über eine »Vertrauensperson RB in Berlin« gefunden.

Der BKA-Computer hat diese Buchstaben dann geclustert und bei den Anrufen von Klaus in Berlin nach seinen Knastbesuchen in Italien gepiept. Die angewählte Nummer ist auf einen Ralf Bäcker angemeldet. Hausbesetzer. Fotograf. RB.

»Elementar, mein lieber Watson«. Wenn ich könnte, würde ich lachen über so viel Computergläubigkeit. Aber es ist ja nicht nur lustig. Ralf hat verständlicherweise keine Lust, die Knasterfahrungen von HAP zu wiederholen. Er bleibt verschwunden. Auf einem anderen Kontinent.

RB – Reisebus.

An einem sonnigen Dezembertag fährt HAP den neuen Bus auf den Hinterhof der Wrangelstraβe. Patri hat bei Getränke-Hoffmann Sekt gekauft, Schnittchen gemacht und ein paar Freund:innen zum Imbiss eingeladen. Alle zusammen bilden eine Kette bis auf den Hof und geben die Kartons weiter, die Patri und HAP gestern den ganzen Tag über gepackt haben.

Am Ende sind nur noch meine Sachen in der Wohnung. Meine Schlafdecke, der Wasser- und Fressnapf, Hundeleine und ein paar Dosen Schappi.

Ehrlich gesagt bin ich jetzt doch ein bisschen traurig. HAP hat mir erklärt, dass sie ins Baskenland umziehen (RB: Reiseziel Baskenland). Sie werden bei Fernando wohnen. Calle General Lertxundi. 6.Stock, ohne Fahrstuhl. So weit und so hoch tragen meine Pfoten nicht mehr. Unmöglich. Meine Entscheidung steht fest.

23 Jahre lang habe ich mein Wort gehalten, das ich als junge Welpin Kjeld in Dänemark gegeben habe. In den letzten Jahren habe ich tatkräftig Hilfe bekommen von Patri, die ebenfalls gut auf HAP aufpasst. Keine Frage, dass sie seine Schritte im Baskenland in die richtige Richtung lenken wird.

Gudrun hat mir Asyl angeboten. Als HAP sie jetzt anruft, steht sie zehn Minuten später auf dem Hof. Zwei frisch geschmierte Leberwurstbrote in der Adidas-Sporttasche, die ein plastifiziertes Foto von mir ziert und als mein Eigentum kennzeichnet. Eine Plüschdecke und eine Maus aus Stoff. »Die kann dann mit uns und dem Stoffelefanten im Bett schlafen«, teilt sie mir überglücklich mit. Ich mache gute Miene dazu. Schließlich habe ich eine neue Aufgabe. Ich werde meine Geschichte mit HAP aufschreiben.

Als HAP vom Hof fährt, belle ich ein bisschen. Dann gehe ich mit zu Gudruns Wohnung, esse ein paar Hundekekse und beginne zu schreiben.

(Mikel Laboa – *Liluaren kontra*)
Tronpatzerik ez!/ Bizitza ez da huskeria/
Edan ase arte beretik/ Ez da aski izango
Galtzear zaudelarik (bis)

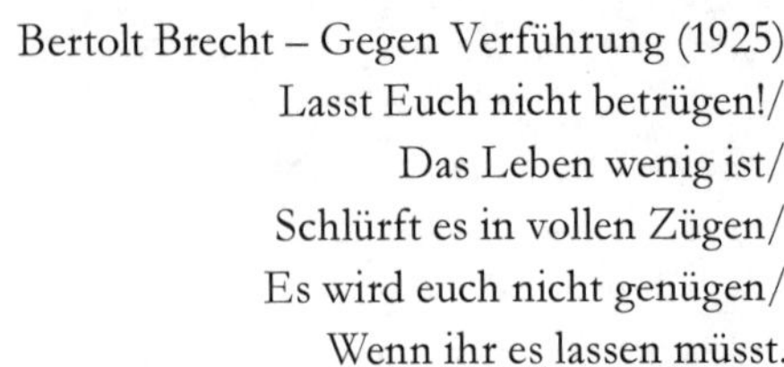

Bertolt Brecht – Gegen Verführung (1925)
Lasst Euch nicht betrügen!/
Das Leben wenig ist/
Schlürft es in vollen Zügen/
Es wird euch nicht genügen/
Wenn ihr es lassen müsst.

Musik-Liste:

- Die Toten Hosen – *Wort zum Sonntag*
- Bob Dylan – *If Dogs Run Free*
- Sandow – *Born in the GDR*
- Hanns Dieter Hüsch / Quartett 67 – *Ich bin ein deutscher Lästerer*
- Frank Zappa & Mothers of Invention – *Willie the Pimp*
- Tim Buckley – *Once I was*
- The Fugs – *Kill for Peace*
- Procol Harum – *In Held Twas In I*
- Edwin Starr – *War*
- The Clash – *Should I stay or should I go*
- Dieter Süverkrüp – *Baggerführer Willibald*
- Boris Vian / Serge Regianni – *Le déserteur*
- East of Eden – *Northern Hemisphere*
- Lou Reed – *Walk on the Wild Side*
- Ton Steine Scherben – *Rauch-Haus Song*
- Bettina Wegner – *Kinder*
- Napoleon XIV – *They are coming to take me away, haha*
- Wolf Biermann – *Die Ballade vom Kamermann*
- Kevin Coyne – *Saviour*
- Bob Dylan – *Subterranean Homesick Blues*
- Patti Smith – *Gloria*
- Erste Allgemeine Verunsicherung – *Ba-Ba-Banküberfall*
- Interzone – *Was ich an dir mag*
- Pink Floyd – *Wish you were here*
- Rolling Stones – *(I can't get no) Satisfaction*
- Kevin Coyne – *Jackie and Edna*
- Suicide – *Frankie Teardrop*
- The Who – *I'm free*
- Fehlfarben – *Ein Jahr (es geht voran)*

- Dead Kennedys – *California über alles*
- David Peel – *Here comes a cop*
- David Bowie – *Helden / Heroes*
- The Pogues – *Dirty Old Town*
- Mitch Ryder – *Er ist nicht mein Präsident*
- Mikel Laboa – *Gaberako aterbea*
- Steppenwolf – *Born to be wild*
- Ton Steine Scherben – *Mein Name ist Mensch*
- Jimi Hendrix – *Star Spangled Banner*
- Element of Crime – *Mach das Licht aus*
- Taste – *Same Old Story*
- Kortatu – *Sarri, Sarri*
- Hertzainak – *Aitormena*
- Gropiuslerchen – *Berlin, Berlin*
- Keimzeit – *Ratten*
- La Polla Records – *No somos nada*
- Su Ta Gar – *Haika mutil*
- Mikel Laboa – *Liluaren kontra*
- Bertolt Brecht – *Gegen Verführung* (1925)

Bücher und Videos, die in dem Buch vorkommen:

Videos:

- Interview Peel

- Sendung des *WDR* zu den Essener Songtage

- diverse Filme und Dokus, unter anderem Im Herbst der Bestie

- Documental *En el otoño de la bestia* en Español (Im Herbst der Bestie) (1989)

- *Christiane F. – Wir Kinder vom Bahnhof Zoo*

- Filme aus der Kollektivzeit bei der Medienwerkstatt Freiburg

- *Deutschland-Lied Schöneberger Fassung*

- SCHROEDER'S ROADSHOW – *Anarchy in Germoney*

- EINSTÜRZENDE NEUBAUTEN – *Sehnsucht*

- MC5 *Kick Out The Jams*

Bücher:

- Pieter Bakker Schut: *Politische Verteidigung in Strafsachen: Eine Fallstudie des von 1972–1977 geführten Strafverfahrens gegen Andreas Baader, Gudrun Ensslin, Ulrike Meinhof, Holger Meins und Jan Carl Raspe.* Neuer Malik Verlag 1986.
- Brecht, Berthold: *Der kaukasiche Kreidekreis.* Suhrkamp 1963.
- Dellwo, Karl-Heinz: *Das Projektil sind wir: Der Aufbruch einer Generation, die RAF und die Kritik der Waffen. Gespräche mit Christoph Twickel und Tina Petersen.* Edition Nautilus 2007.

- *Der Blues. Gesammelte Texte der Bewegung 2. Juni.* Selbstverlag 1982.
- Edschmid, Ulrike: *Das Verschwinden des Philip S.*. Suhrkamp 2013.
- Friedrich Engels: *Der Ursprung der Familie, des Privateigenthums und des Staats. Im Anschluss an L. H. Morgan's Forschungen.* J. H. W. Dietz 1894
- Forest, Eva: *Operation Menschenfresser. Wie und warum wir Carrero Blanco hingerichtet haben. Ein authentischer Bericht und Dokumente der ETA.* Karin Kramer Verlag 1987.
- Christian Geissler: *Kamalatta.* Rotbuch 1988.
- Mescalero: *Buback. Ein Nachruf.* nachgedruckt bei: Das Politische Buch 1977.
- Meyer, Till: *Staatsfeind. Erinnerungen.* Hoffmann und Campe 1996 .
- Mohr, Markus: *Legenden um Entebbe: Ein Akt der Luftpiraterie und seine Dimensionen in der politischen Diskussion.* Unrast 2016.
- Plack, Arno: *Die Gesellschaft und das Böse. Eine Kritik der herrschenden Moral.* List 1967.
- Ulrich Plenzdorf: *Die neuen Leiden des jungen W.*. Suhrkamp 1973.
- Projektgruppe Brelohstraße: *Hi ha ho – die Bonzen komm'n ins Klo. Bericht über zwei Jahre proletarische Vorschulerziehung. Theorie und Praxis.* Verlag Association 1973.
- Autonome Knast- und Widerstandsgruppen (Hrsg.): *Sand im Getriebe der Macht.* o. O, 1982.
- Alfonso Sastre: *Im Netz.* Volk und Welt 1968.
- Edgar H. Shein., In: *Journal of Correctional Psychiatry and Social Therapy* (Nr. 8), 1962. Zitiert in: *Autonomie* 10/79.
- Viett, Inge: *Nie war ich furchtloser.* Edition Nautilus 2005.
- Wondratschek, Wolf: *Oktober der Schweine und andere Texte.* Büchergilde Gutenberg 1972
- Zeitschrift *Erziehung & Klassenkampf*

- Biografie Lord Knud

- Mein Leben mit Tattoos (umbruch-bildarchiv.de)